Der Friede bleibt bedroht

Friedbert Pflüger

Der Friede bleibt bedroht

Europäische Sicherheit im 21. Jahrhundert

Mit einem Vorwort von
Dr. Wolfgang Schäuble

1998

BOUVIER VERLAG · BONN

Die Deutsche Bibliothek – CIP-Einheitsaufnahme

Pflüger, Friedbert:
Der Friede bleibt bedroht : europäische Sicherheit
im 21. Jahrhundert / Friedbert Pflüger.
Mit einem Vorw. von Wolfgang Schäuble. -
Bonn : Bouvier, 1998

ISBN 3-416-02820-1

Umschlaggestaltung: Michael Fischer, Köln. Druck und Einband: Druckerei Plump, Rheinbreitbach. Gedruckt auf säurefreiem Papier.

Für Margarita

Inhaltsverzeichnis

I.
Europäische Interessen und globale Verantwortung

II.
Abrüstung und Nichtverbreitung von ABC-Waffen

III.
Frankreich und Polen – Unsere Nachbarn, unser Schicksal

IV.
Interessen, Moral und Außenpolitik

V.
Deutsche Daten und Debatten

Vorwort

Das Ende des Kalten Krieges hat nicht den ewigen Frieden gebracht. Die Gefahr eines großen Krieges zwischen den Supermächten ist gebannt, doch eine Vielzahl neuer Bedrohungen, auch jenseits des Militärischen, ist an seine Stelle getreten. Terrorismus, grenzüberschreitende organisierte Kriminalität – Drogenhandel, Nuklearschmuggel, Geldwäsche –, Umweltkrisen, Proliferation und eine Völkerwanderung neuen Typs.

Die Welt um uns herum ist komplizierter geworden. Die Zahl der internationalen Akteure hat zugenommen, die Staatenwelt ist von Integration und Zerfall zugleich geprägt: Vergemeinschaftung weiter Politikbereiche einerseits, Wiederaufflammen des Nationalismus andererseits, relative Zonen des Friedens in der Gemeinschaft zivilisierter Staaten im Zentrum und an der Peripherie Zonen der Unruhe mit relativ schwachen Staaten. Die Kriege klassischen Typs sind verschwunden, dafür haben wir es heute mit zivilen Konflikten zu tun, die von anarchischer Gewalt bis zum Völkermord reichen. Militärische Kraft bedeutet im Zeitalter der nuklearen Waffen, der Millionenheere und der Mobilisierung aller wirtschaftlichen Produktivkräfte nicht mehr dasselbe wie im Zeitalter der methodischen Kriegführung im 18. Jahrhundert. Sicherheit definiert sich nicht mehr rein militärisch und ist nicht mit der Verteidigung der Landesgrenzen identisch. Konflikte entstehen heute häufiger infolge innerstaatlicher Auseinandersetzungen als aufgrund zwischenstaatlicher Rivalitäten.

Politisches Handeln ist in dieser komplizierter gewordenen Welt vor vielfältige Herausforderungen gestellt. Zur Lösung der grundlegenden Aufgaben innerer und äußerer Sicherheit sind die Staaten vor allem auf Kooperation angewiesen. Krisenbewältigung, Stabilitätstransfer und Konfliktprävention spielen eine größere Rolle als in der Vergangenheit. Der Weg in eine erfolgreiche Zukunft führt deshalb vor allem durch die Stärkung integrativer Strukturen, durch Vertiefung und Erweiterung von Atlantischer Allianz und Europäischer Union. Über die Vielzahl der Herausforderungen dürfen wir uns den Blick auf das Erreichte nicht verstellen lassen, darauf, daß wir seit den Umbrüchen 1989/90 der Vision der Verwirklichung von Freiheit, Demokratie und Menschenrechten auf dem ganzen Kontinent ein gutes Stück näher gekommen sind. Diese Vision bestimmt unsere Außenpolitik, und dieser Vision ist Friedbert Pflüger verpflichtet.

Politisches Handeln hat mit unserem Bild vom Menschen zu tun. Es gründet auf der Einsicht in die Geschichte und wird getragen vom Wunsch nach Gestaltung, von der Verantwortung für den nächsten und im Bewußtsein, der faktischen Schicksalsgemeinschaft aller Erdenbewohner anzugehören. Davon legen die hier vorgelegten Beiträge beredtes Zeugnis ab. Friedbert Pflüger nimmt kein Blatt vor den Mund. Er mischt sich ein, bekennt Farbe, bezieht Stellung, prononciert, immer anregend, bisweilen auch kontrovers. Friedbert Pflüger will anstoßen, wachrütteln und Partei ergreifen. Er schreibt nicht aus der sicheren Distanz der akademischen Zuschauertribüne, er ist Handelnder und engagierter Beobachter *cum ira et studio*. Person und politisches Engagement bilden eine Einheit. Es ist deshalb kein Zufall, daß in vielen Beiträgen von persönlichen Begegnungen die Rede ist, außenpolitische Einsichten mit gelebten Erfahrungen verbunden werden. Friedbert Pflüger liegen insbesondere die Beziehungen zu unseren Nachbarn Polen und Frankreich, mit denen uns eine lange, wechselvolle Geschichte verbindet, besonders am Herzen und finden ihren Niederschlag in trefflichen persönlichen Portraits. In ihrer Vielschichtigkeit spiegeln die Beiträge die Welt wider, in der wir leben. Sie benennen die Herausforderungen unserer Zeit und zeigen Wege in die Zukunft auf: eine europäische Perspektive für Frieden, Freiheit und Sicherheit an der Schwelle zum 21. Jahrhundert.

Wolfgang Schäuble

Einleitung

Das Ende des Kalten Krieges hat die Welt verändert. Deutschland ist zum ersten Mal in seiner Geschichte nur noch von Freunden umgeben, die Konfrontation im Herzen Europas mit Rüstungsspirale, Berlin-Krise und der verbreiteten Angst vor einem Dritten Weltkrieg gehören, zumindest vorerst, der Vergangenheit an. Die Zeit der Weltkriege, der Kampf der Ideologien, scheint vorbei, und an der Schwelle zum nächsten Jahrtausend besteht erstmals seit langer Zeit die Chance, daß die Alte Welt zu neuer Kraft findet. Die „Krise Europas" (Karl Dietrich Bracher) könnte überwunden und Europa politisch, ökonomisch und kulturell wieder ein bestimmender Faktor auf der Welt werden. Noch vor kurzem „Kriegstheater" der Supermächte, könnte der Kontinent sein Schicksal wieder selbst in die Hand nehmen.

Aber der Friede bleibt auch in der neuen Ära bedroht. Die Verbreitung von Massenvernichtungswaffen, vor allem wenn sie sich mit religiösem Fanatismus verbindet, ethnische Bürgerkriege, das Aufkeimen der Geister des Nationalismus, die wirtschaftlichen und sozialen Krisen, das sind die existentiellen Gefahren für Stabilität und Sicherheit im 21. Jahrhundert. Dazu kommen die globalen Herausforderungen: Die ökologischen Probleme der „Einen Welt", die wachsende Weltbevölkerung, regionale Rüstungswettläufe im Mittleren Osten, zwischen Indien und Pakistan oder in Südostasien, das nukleare Erbe des Kalten Krieges, die Plage von 100 Millionen ungeräumten Landminen, gewaltige Flüchtlingsströme, Menschenrechtsverletzungen und Wohlstandsgefälle.

In dieser Situation kommt es für die deutsche Außenpolitik mehr denn je auf einen klaren Kurs, auf Berechenbarkeit, Verläßlichkeit und Vertrauen an. Das Gewicht des vereinten und souveränen Deutschlands ist in der Welt größer geworden. Aber das bringt auch Verpflichtungen mit sich. Nicht allen Erwartungen, die in der Welt an uns Deutsche gestellt werden, werden wir entsprechen können. Aber wir können unserem eigenen Land Frieden, Freiheit und Wohlstand nur dann langfristig sichern, wenn das Umfeld stabil bleibt, wenn wir uns nicht in den Nischen der Weltpolitik verstecken, sondern eine aktive Rolle bei der Lösung der globalen Probleme und bei der Gestaltung der zukünftigen europäischen Sicherheitsarchitektur spielen: Außen- und Sicherheitspolitik sind nach Ende des Krieges noch wichtiger geworden. Bis 1989/90 ging es um das Management des Status Quo in einer bipolaren Welt, heute geht es um die Beherrschung des Wandels auf einer dynamisch sich verändernden multipolaren, manchmal geradezu chaotischen Erde.

Das vorliegende Buch besteht aus 40 Aufsätzen, Vorträgen und Bundestagsreden, die ich in den letzten vier Jahren verfaßt habe. In dieser Zeit ist auf außen- und sicherheitspolitischem Gebiet ein ungeheures Arbeitspensum absolviert worden und zahlreiche Entscheidungen von historischer Bedeutung gefallen: Die Entscheidung über die Öffnung der NATO, der Beginn der Verhandlungen über die Erweiterung der Europäischen Union, der Vertrag von Amsterdam über die institutionelle Reform und Vertiefung der EU, der Beschluß über die Einführung des Euro, die unbegrenzte Verlängerung des Nuklearen Nicht-Verbreitungsvertrages, das Abkommen über einen Atomaren Teststopp, die internationalen Konventionen zur Ächtung von Chemiewaffen und Antipersonen-Minen.

In diesen letzten vier Jahren hatten wir ferner die Auseinandersetzungen zunächst um die französischen und chinesischen Atomtests und dann die Nuklearversuche der Inder und Pakistani. Wir haben verschiedene Zuspitzungen der Krise am Golf erlebt, wo Saddam Hussein mehrfach versuchte, den UN-Kontrollen seine Massenvernichtungspotentiale zu entziehen. In diese Zeit fällt auch die Ermordung von Ministerpräsident Rabin in Israel, die dem Friedensprozeß im Nahen Osten einen Schlag versetzte, von dem er sich bis heute nicht erholt hat. Ferner hatte sich die Welt seit 1994 immer wieder mit dem islamischen Extremismus auseinanderzusetzen, nicht zuletzt durch den Terrorismus-Export aus dem Iran oder dem Blutbad in Luxor, wo Muslim-Fundamentalisten 58 Ägypten-Urlauber brutal ermordeten. Schließlich gab es die Konflikte zwischen der Türkei und Griechenland um die Seerechtskonvention, die Felseninsel Imia und Zypern, vor allem aber den manifesten militärischen Konflikt in Bosinen, wo die NATO im Sommer 1995 endlich ernsthaft eingriff und damit das Friedensabkommen von Dayton ermöglichte. Momentan eskaliert die Lage im Kosovo.

Durch meine Arbeit in den Ausschüssen Auswärtiges und Verteidigung bin ich mit diesen Themen immer wieder konfrontiert worden. In den Ausschüssen arbeiten wir Abgeordneten auf das engste mit den zuständigen Ministern und ihren Mitarbeitern zusammen und versuchen, den Lauf der Dinge vor dem Hintergrund unserer eigenen Erfahrungen und Eindrücke zu beeinflussen. Die unzähligen Gespräche mit den in Bonn weilenden ausländischen Delegationen, die Kontakte mit den Botschaftern in Bonn, in erster Linie aber die Kenntnisse, die man bei diversen Auslandsaufenthalten im Dialog mit den dortigen Entscheidungsträgern gewinnt, bringen wir in den Prozeß der Formulierung der deutschen Außenpolitik ein. Verteidigungsminister Volker Rühe hat die Notwendigkeit der NATO-Öffnung zwar als erster thematisiert, aber ob und wieweit er damit Unterstützung im eigenen Land bekommt, entscheidet sich nicht zuletzt auch durch die Meinungen, die sich die mit diesen Fragen zuständigen Abgeordneten bilden. Ob und inwieweit die NATO sich militärisch in Bosnien engagiert, die Bereitstellung der finanziellen Mittel, die Verantwortung für das Risiko der Soldaten – dazu können die Ministerien Vorschläge erarbeiten, aber entscheiden muß darüber der Deutsche Bundestag. Oftmals kommen die Initiativen aber direkt aus dem Bundestag. So hat die Bundestagsfraktion der CDU/CSU im Mai 1995 einen Antrag in das Parlament eingebracht, der eine Ächtung der Antipersonen-Minen weltweit forderte und vor allem auch einen Verzicht Deutschlands auf diese schrecklichen Waffen. Der Antrag mündete in einer gemeinsamen Entschließung der Unionsparteien, der SPD und der FDP, und nach anfänglichen Widerständen im Bundesministerium der Verteidigung erklärte Volker Rühe am 16. April 1996 den Verzicht der Bundeswehr auf Antipersonen-Minen.

Schließlich sind die Beiträge der Parlamentarier im bilateralen Bereich, d.h. in der Pflege unserer Beziehungen zu bestimmten Ländern, von nicht zu unterschätzender Bedeutung. Die meisten Kollegen im Auswärtigen Ausschuß haben einzelne Länder, in denen sie sich besonders gut auskennen, wo sie kontinuierlich Kontakte pflegen und langfristig Vertrauen aufbauen. Ich habe mich neben den USA, Frankreich und Griechenland ganz besonders um Polen gekümmert und bin in den vergangenen vier Jahren mehr als 20 Mal bei unserem östlichen Nachbarn gewesen. Das Auswärtige Amt oder die Konrad-Adenauer-Stiftung, die meine Termine vorbereitet haben und mich bei den Besuchen begleiteten, erstellen anschließend Berichte, die ihren Eingang in die politische Meinungsbildung finden. Man selbst berichtet im Kollegenkreis, in der Arbeitsgruppe der Fraktion und im Ausschuß von den gewonnenen Kenntnissen und trägt so dazu bei, das Bild über Polen und seine Politik zu konkretisieren, Vorurteile abzubauen, Risiken zu definieren und Chancen zu erkennen.

Seit ich 1983 mein erstes Buch über die amerikanische Menschenrechtspolitik schrieb, ging es mir immer wieder um das richtige Verhältnis von Idealismus und Realismus in der Außenpolitik. Als deutscher Abgeordneter sehe ich es als meine Aufgabe an, für die Interessen unseres Landes und seiner Bürger zu arbeiten. Dies aber geht heute nur dann, wenn wir unser nationales Interesse nicht isoliert verfolgen, sondern es in Übereinstimmung bringen mit dem ganzen Europa. Es kommt darauf an, grundlegende Werte unserer Verfassung auch in der Außenpolitik zum Tragen kommen zu lassen. Wer Menschenrechte und Freiheit auf der Welt fördert, bei Hunger und Not hilft, oder verhindert, daß sich Massaker wie in Srebrenica wiederholen – der tut beides: Er verschafft moralischen Maßstäben in der Außenpolitik ihren Raum, aber er fördert auch gleichzeitig die Interessen unserer Bundesrepublik Deutschland. Frieden und Freiheit haben nur dann eine Chance, wenn man sich in der Welt in einer Weise bewegt, die der Verantwortung gerecht wird, die aus der Freiheit resultiert. Nach meiner Erfahrung führt der erhobene Zeigefinger, der Moralismus, der von den realen Gegebenheiten unserer Welt getrennte Idealismus, gut gläubiger Pazifismus und die selbstgerechte Kreuzzugsmentalität im Namen hoher Werte nicht viel weiter. Die Politik überschätzt sich, wenn sie in der Welt den ewigen Frieden etablieren will.

Aber die Politik kann die Hölle verhindern. Sie kann das tun, indem sie sich der Grenzen der eigenen Macht bewußt bleibt, aber sich gleichsam nicht scheut, politische, wirtschaftliche und, wenn in letzter Konsequenz nötig, auch militärische Macht einzusetzen, wenn sofern eine Chance besteht, die Welt damit ein wenig friedlicher und freier zu machen. Was heißt das konkret? Alle rhetorischen Bekenntnisse zur Menschenliebe sind wertlos, wenn man im Angesicht eines Ereignisses wie Srebrenica wegschaut. Die Forderung nach Überwindung der Institution des Krieges, nach einer nuklearwaffenfreien Welt, nach „Ablösung" der NATO durch eine europäische Friedensordnung oder der Abschaffung der Bundeswehr sind wenig eindrucksvoll. Verkünder solcher Thesen, bei uns in Deutschland vor allem Bündnis 90/Die Grünen, machen es sich zu leicht. Man lebt mit solchen Forderungen in gutem Gewissen und ergötzt sich an der eigenen Moral. In Wahrheit aber tut der Diplomat, der über das C-Waffen-Übereinkommen verhandelt, der Soldat, der in Bosnien seine Pflicht tut, und der Politiker, der im Wahlkreis die Bürger von der Notwendigkeit von Entwicklungshilfe überzeugt, oft mehr für den Frieden als die „Gutmenschen" mit ihren hehren Forderungen. Freilich muß es auch diese geben. Manchmal tragen sie dazu bei, daß in der Politik Visionen ihren Platz behalten und gerade die Außenpolitik nicht zu einem geopolitischen Machtspiel als Selbstzweck entartet.

Die Beiträge dieses Buches gliedern sich in fünf Kapitel. Zunächst geht es um die europäische Sicherheitsarchitektur an der Schwelle zum nächsten Jahrhundert, die Zukunft der euro-atlantischen Institutionen, die Partnerschaft mit Rußland und die Rolle der OSZE. Im zweiten Kapitel beschäftige ich mich mit den gewaltigen Fortschritten, aber auch mit den gewaltigen Herausforderungen, die Abrüstung und Nichtverbreitung von ABC-Waffen an uns stellen. Besonders am Herzen liegt mir unser Verhältnis zu unseren wichtigsten europäischen Partnern im Westen und Osten, zu Frankreich und Polen. Mit der Gestaltung unserer Beziehungen mit diesen Ländern steht und fällt unser Schicksal in Europa. Dem widmet sich das dritte Kapitel. Im folgenden Abschnitt geht es in besonderer Weise um das eben bereits angesprochene Thema Moral- und Realpolitik in den internationalen Beziehungen. Es geht um Menschenrechtspolitik, Pazifismus, Bevölkerungswachstum, Völkermord, die Rolle der Frau im Islam und den zu vermeidenden „Kampf der Kulturen". Im fünften Kapitel schließlich geht es um deutsche Daten und Debatten, die für die Außenpolitik Bedeutung haben.

Herzlich möchte ich meinen Mitarbeiterinnen und Mitarbeitern der letzten vier Jahre danken. Dieser Dank gilt zunächst meinem wissenschaftlichen Mitarbeiter Markus Lackamp für eine ausgezeichnete und engagierte Zuarbeit seit 1994. Er gilt ferner Dagmar Opper, Franziska von Recum, Gabriele Göcke, Ilka Engelhardt, Oliver Krauß und Denise Wittkopf sowie meinen amerikanischen und polnischen Praktikantinnen Stephanie Plasse, Karla Nieting, Jennifer Mason, Elzbieta Mrowczynska und Katarzyna Tuszynska.

Friedbert Pflüger

Bonn/Hannover, im Juli 1998

I.
Eine Sicherheits-architektur für das 21. Jahrhundert

1. Die Beherrschung des Wandels: Europäische Interessen und globale Verantwortung

An der Schwelle zum 21. Jahrhundert sind die konzeptionellen Anforderungen an die Außen- und Sicherheitspolitik der Bundesrepublik Deutschland größer als je zuvor. Ging es während der vier vergangenen Jahrzehnte vornehmlich um das Management des Status quo in einer bipolaren Nachkriegsordnung, so geht es heute um die Beherrschung des Wandels in einer multipolaren Welt. Die alte Übersichtlichkeit des Ost-West-Systems ist einer neuen Weltunordnung mit weitreichender globaler Interdependenz und häufiger regionaler Anarchie gewichen. Die während des Kalten Krieges unterdrückten Grenz- und Nationalitätenprobleme, ethnischer Haß, religiöser Fanatismus und wirtschaftliche Not führen zu zahlreichen Konflikten. Der Krieg ist nach Europa zurückgekehrt, in unserer Nachbarschaft, in Bosnien und Kroatien, droht eine schreckliche Eskalation.

Neben den europäischen Krisen werden wir mit globalen Herausforderungen konfrontiert: der islamische Fundamentalismus mit seiner offenen Kampfansage an die westliche Zivilisation, die Weiterverbreitung von Massenvernichtungswaffen und entsprechender Trägersysteme, der härter werdende ökonomische Wettbewerb der europäischen Volkswirtschaften mit Amerika und Asien und nicht zuletzt die ungeheuren ökologischen Probleme vor dem Hintergrund einer dramatisch anwachsenden Weltbevölkerung. In der zunehmend vernetzten, kleiner gewordenen Welt haben fast alle globalen Krisen auch unmittelbare Auswirkungen auf die politische Situation bei uns. Der anwachsende Migrationsstrom ist dafür nur ein Beispiel.

Die nüchterne Bestandsaufnahme der europäischen und globalen Konflikte, Kriege und Krisen darf nicht zu Resignation und Weltflucht führen. Zwar ist der erhoffte „ewige Friede“ auch nach der europäischen Revolution von 1989/90 nicht näher gerückt, doch sollten die historischen Fortschritte der letzten fünf Jahre nicht gering geschätzt werden: die neugewonnene Freiheit für Millionen von Menschen östlich der Elbe, die friedliche Wiedervereinigung

Deutschlands, die Erfolge bei den Friedensbemühungen im Nahen Osten und in Nordirland oder die Abschaffung der Apartheid in Südafrika. Durch den Abzug der Roten Armee und die Umsetzung mehrerer Abrüstungsvereinbarungen ist die Waffenkonzentration im Herzen Europas heute weitaus geringer als Ende der 80er Jahre. Die Gefahr einer Konfrontation der nuklearen Supermächte mit der Gefahr eines menschheitsbedrohenden Dritten Weltkrieges scheint zumindest vorerst gebannt.

Zum ersten Mal in der deutschen Geschichte können wir sagen: unser Land ist nicht nur demokratisch verfaßt, sondern ausschließlich von Freunden und Partnern umgeben, ohne Feinde und ohne gegenseitige Territorialansprüche. Diese geschichtlichen Entwicklungen ermutigen zu vermehrten Anstrengungen, den europäischen und globalen Bedrohungen konstruktiv zu begegnen. Sie verlangen eine Politik mit Visionen, die nicht nur Konzeptionen und Ziele aufzeigt, sondern auch den Mut aufbringt, diese konsequent zu verfolgen. Doch: Eine Patentlösung kann es nicht geben. Der Wandel in der Welt ist zu schnell, die Lage zu chaotisch, die Entwicklungstendenzen zu anarchisch, als daß ein großer außenpolitischer Entwurf allein alle Fragen lösen könnte.

Vielmehr werden wir uns damit abfinden müssen, daß auf absehbare Zeit neue, unvorhergesehene Entwicklungen eintreten können, die zu entsprechenden neuen Reaktionen und strategischen Korrekturen führen werden. Um so wichtiger ist es, daß das vereinte Deutschland in den außen- und sicherheitspolitischen Grundentscheidungen an die Leitkonzeptionen der Bonner Republik anknüpft, europäische und atlantische Stabilitätszonen erhält und so in einer sich wandelnden Welt dazu beiträgt, Frieden und Freiheit zu bewahren und auszuweiten. Auf diesem Grundsatz fußend muß dann eine Tagesordnung mit den zentralen Zielen und Aufgaben unserer Außen- und Sicherheitspolitik aufgestellt werden. Fünf Schwerpunkt zeichnen sich ab:

Vertiefung und Erweiterung der EU

Die europäische Integration ist der weltgeschichtlich erfolgreichste Versuch, jahrhundertelange Nationalitätenkonflikte und Erbfeindschaften zu überwinden. Der Zusammenschluß der europäischen

Demokratien nach den Schrecken zweier Weltkriege hat zur längsten Friedensperiode in der Geschichte Westeuropas geführt. Diesen unbezahlbaren Gewinn sollten sich alle Euroskeptiker vor Augen halten und die Konzepte einer nationalstaatlichen Renaissance dort lassen, wo sie hin gehören: in der Mottenkiste des 19. Jahrhunderts. Es ist das vielleicht größte historische Verdienst Helmut Kohls, daß er auch während des Prozesses der deutschen Wiedervereinigung an der Notwendigkeit der institutionellen Einigung Europas festhielt – mit der Adenauer-Formel, daß deutsche und europäische Einheit zwei Seiten einer Medaille sind.

In der Vorbereitung auf die große europäische Regierungskonferenz im Herbst 1996 muß auf dieser Linie weitergearbeitet werden. Wirtschafts- und Währungsunion, eine gemeinsame Außen- und Sicherheitspolitik (GASP), eine abgestimmte Verbrechensbekämpfung (Europol), eine europaweite Asyl- und Immigrationspolitik, vor allem aber eine weitgehende institutionelle Reform der EU gehören auf die Agenda. In einem verfassungsähnlichen Dokument sollten die Kompetenzen von Union, Nationalstaaten und Regionen abgegrenzt und die Institutionen neu gewichtet werden: die Kommission sollte Züge einer europäischen Regierung annehmen, das Europaparlament mit echten legislativen Befugnissen ausgestattet und der Europäische Rat die Aufgaben einer zweiten, einer Staatenkammer übernehmen. Im Rat müssen zukünftig qualifizierte Mehrheitsentscheidungen möglich werden, der Langsamste darf nicht das Tempo bestimmen und die europäische Weiterentwicklung blockieren.

Doch darf ein solches Europa nicht zentralistisch sein, sondern muß sich am Subsidiaritätsprinzip orientieren. Der Europäischen Union auf diese Weise allmählich eine Staatlichkeit zu verschaffen, liegt im ureigensten Interesse der Deutschen. Die weitere institutionelle Verpflechtung ist die beste Immunisierung gegen ein Wiederauferstehen der „nationalen Geister, die nicht nur auf den Balkan beschränkt sind“ (Helmut Kohl). Keines der großen Probleme unserer Zeit – weder Arbeitsbeschaffung, Umweltschutz noch Kriminalitätsbekämpfung, geschweige denn Friedenssicherung – kann heute durch die Nationalstaaten allein erledigt werden. Langjährige intergouvernementale Abstimmungsprozesse, in denen ein oder zwei Länder notwendige Entscheidungen über Jahre blockieren, können wir uns nicht mehr leisten. Wer jetzt ein „Europa der Vaterländer“

und eine Verlangsamung des Einigungstempos fordert, der wird bald merken, daß es dann bald nur noch Nationalstaaten und kaum noch ein Europa geben wird. Europa würde zu einer Freihandelszone de luxe degenerieren und die Spielräume für nationale Egoismen nach dem Motto „mein Land zuerst" würden wieder wachsen. Das beste Konzept gegen die Europamüdigkeit der Bürger ist nicht das Abbremsen des europäischen Einigungsprozesses, sondern die Vertiefung und Demokratisierung der europäischen Institutionen.

Vielleicht wird es nicht gelingen, die weitgehenden Ziele bereits 1996 zu verwirklichen. Der Ausgang der französischen Präsidentschaftswahlen ist ungewiß, vor allem die britische Politik zeigt sich zunehmend euroskeptisch. So sehr dies vor dem Hintergrund von Nationalstaatsgeschichte und Commonwealth-Tradition verständlich sein mag, so wenig darf das Bremsen auf der Insel den Fortschritt auf dem Kontinent gefährden. Wolfgang Schäuble und Karl Lamers haben in ihrem „Kerneuropa"-Thesenpapier vom September 1994 das Konzept eines Europas zweier Geschwindigkeiten vorgelegt. Demnach bleibt auch derjenige eingeladen, später zum europäischen Kern aufzuschließen, der zum jetzigen Zeitpunkt zur vertieften institutionellen Zusammenarbeit noch nicht bereit oder in der Lage ist.

Das Konzept vom Europa der zwei Geschwindigkeiten erleichtert auch die zweite europäische Zukunftsaufgabe: die Erweiterung der Union in Richtung Osten. Was wir an Stabilität und Wohlstand gewonnen haben, müssen wir bewahren und entwickeln, gleichzeitig aber auch mit anderen teilen. Wenn es uns nicht gelingt, die Staaten Mittel- und Osteuropas zügig an die EU heranzuführen und das wirtschaftliche Gefälle abzubauen, dann werden wir bald selbst die Leidtragenden sein. Politische Instabilität und verstärkte Immigration wären die Folge. Auch wenn die Vertiefung und Erweiterung der europäischen Union gerade von uns Deutschen ungeheure Anstrengungen verlangen wird, liegt sie in unserem Interesse, denn eine bessere Friedens-, Freiheits- und Wohlstandssicherung als das vereinte Europa kann es nicht geben – besonders für Deutschland als Land im Zentrum des Kontinents und einer großen Anzahl von Nachbarn.

Die Modernisierung und Erweiterung der NATO

Nicht zuletzt aus Angst vor einer Reimperialisierung der russischen Außenpolitik (Doktrin vom „nahen Ausland", Tschetschenien) verfolgen die Staaten Mittel- und Osteuropas das Ziel einer baldigen Vollmitgliedschaft in der NATO. Besondere Hoffnungen richten sich dabei auf die Bundesrepublik Deutschland. Wir sollten sie nicht enttäuschen, sondern uns zum Anwalt einer schnellstmöglichen NATO-Osterweiterung machen. Verteidigungsminister Volker Rühe hat dieses entscheidende Thema in seiner Londoner Rede vom 26. März 1993 als erster auf die europäische Tagesordnung gesetzt und hat seitdem viele Skeptiker in der Koalition und bei den Alliierten überzeugen können.

Selbst Außenminister Klaus Kinkel, der in dieser Frage am meisten zögernde, hat seine Bremsversuche aufgegeben und verstanden, daß es für die Entwicklung von Demokratie, Marktwirtschaft und Stabilität östlich von Deutschland dringend notwendig ist, die NATO-Osterweiterung entschieden voranzutreiben. Sicherheitspolitische Grauzonen führen zur Unsicherheit. Je länger diese Entscheidungen offen bleiben, desto stärker wird die Kritik aus Moskau. Zaudern lädt zur Opposition ein – und der eilfertige Hinweis auf die Stärkung russischer Nationalisten durch eine NATO-Osterweiterung ist falsch. Gerade durch solche Warnungen wird die Position Moskauer Nationalisten gegenüber moderateren Stimmen ermutigt.

Der Zeitplan sollte wie folgt aussehen: Im Jahr 1995 prüft die NATO das Warum und das Wie der Erweiterung, um dann auf dem NATO-Gipfel im Dezember 1995 die Fragen nach dem Wer und Wann der nächsten Phase des Ausweitungsprozesses zu stellen. Dabei sollte die Schwelle für neue Bündnismitglieder nicht durch übertriebene militärische Forderungen – wie die vorherige Unterzeichnung von 1224 NATO-Standardisierungsübereinkommen – zu hoch gelegt werden. Auch muß eine NATO-Mitgliedschaft nicht unbedingt bedeuten, daß ausländische Truppen oder gar Nuklearwaffen auf dem Territorium der neuen Mitglieder stationiert werden. Über all diese Fragen sollte zwischen 1996 und 1998 in Ruhe gesprochen werden – wobei weder ein Veto Moskaus gegen die Osterweiterung noch ein Einflußnahme auf die Art der NATO-Mitgliedschaft akzeptiert werden darf.

Im Februar 1995 hat der stellvertretende russische Außenminister Georgij Mamedow durchblicken lassen, daß Moskau einer Lösung für Polen zustimmen könnte, die dem Status Frankreichs entspräche, d.h. Verzicht auf den Beitritt zur militärischen Integration. Sofern dieser Vorschlag Bewegung in die verhärtete russische Ablehnungsfront bringen will, ist er willkommen. Sofern er aber darauf zielt, die Entscheidungen freier Nationen zu präjudizieren, muß er abgelehnt werden. Viel wahrscheinlicher ist am Ende übrigens eine Art „norwegische Lösung“, d.h. Vollmitgliedschaft ohne die Stationierung ausländischer Truppen und ohne Nuklearwaffen auf dem Teritorium der mitteleuropäischen Beitrittsstaaten.

Es stellt sich die Frage, ob man mit einer baldigen NATO-Mitgliedschaft für die vier Visegrad-Staaten andere Staaten, vor allem die Balten, vor den Kopf stößt. Liefert man sie nicht automatisch der Gefahr einer neuen russischen Machtpolitik aus? Es liegt an uns, dieser Gefahr vorzubeugen, indem wir gegenüber den baltischen Staaten, aber auch in Sophia oder Bukarest verdeutlichen, daß die Aufnahme der Visegrad-Gruppe nur ein erster Schritt ist, dem weitere folgen sollten. Ohne einen ersten gibt es keinen zweiten Schritt. Deshalb rückt mit dem Beitritt Polens, Ungarns, Tschechiens und der Slowakei auch die Mitgliedschaft weiterer Staaten in greifbare Nähe. Diese sollten durch verstärkte Kooperation auch enger an EU und NATO angebunden werden. Auch dadurch wird de facto Sicherheit produziert, die Stabilitätszone in Europa ausgeweitet. Ob die Staaten Osteuropas in der NATO-Mitgliedschaft der Visegrad-Staaten eine Zurückweisung sehen oder aber einen wichtigen Schritt auf sie zu, hängt entscheidend vom Geschick unserer Politik und Diplomatie ab.

Gleichzeitig mit der Erweiterung der NATO muß das Bündnis den neuen sicherheitspolitischen Gegebenheiten angepaßt werden. Ein plötzlicher großflächiger Angriff aus dem Osten ist nicht zu befürchten. Deshalb kann die stehende Truppe kleiner werden, muß allerdings mobil, aufwuchsfähig und hervorragend ausgebildet bleiben. In der Bundesrepublik und den meisten westeuropäischen Ländern sind die entsprechenden, für die betroffenen Soldaten nicht selten schmerzhaften Entscheidungen bereits gefallen. Wesentlich ist, daß wir den europäischen Pfeiler der NATO, die Westeuropäische Union (WEU), ausbauen und stärken. Mit der multinationalen Verflechtung der Truppen, wie sie im deutsch-niederländischen

Korps oder dem Eurokorps zum Ausdruck kommen, sind bereits wichtige Weichen in Richtung einer europäischen Verteidigungsidentität gestellt worden.

Ehrenvolle Einbindung Rußlands

Sicherheit in Europa kann es nur mit, nicht gegen Rußland geben. Zwar hat Rußland kein Vetorecht hinsichtlich der Ausdehnung des atlantischen Verteidigungsbündnisses, doch muß es sicher sein können, daß es in diesem Prozeß keine ‚Überraschungen' geben wird. Volker Rühe hat wiederholt eine „strategische Partnerschaft" mit der osteuropäischen Großmacht vorgeschlagen, die parallel zur Osterweiterung der NATO „zu einem formalisierten Verhältnis Rußlands zum Bündnis führen könnte". Rußland muß einen ehrenvollen, seiner Größe und seiner Macht angemessenen Platz in der europäischen Sicherheitsarchitektur erhalten.

Es geht vor allem um neue Konsultationsechanismen und die Institutionalisierung einer langfristigen Zusammenarbeit. Es geht um kontinuierliche wirtschaftliche Zusammenarbeit, Ausbildungshilfe, Kulturaustausch und Unterstützung demokratischer Institutionen, z.B. durch politische Stiftungen. Ein Vertrag oder eine Charta könnten dafür die Grundlage bilden. Allerdings müßte darin auch eine Sicherheitsgarantie für die Ukraine enthalten sein und an den Verhaltenskodex der OSZE erinnert werden. Der Krieg in Tschetschenien, der ein eindeutger Verstoß gegen die europäische ‚Hausordnung' ist, hat in aller Deutlichkeit gezeigt, daß eine erneute Bekräftigung der OSZE-Regeln wichtig ist. Niemand bestreitet, daß Tschetschenien zur Russischen Föderation gehört. Aber angesichts der groben Menschenrechtsverletzungen war es falsch, von einer „inneren Angelegenheit" Rußlands zu sprechen. Will Rußland selbst aber eine langfristige Partnerschaft mit dem Westen Europas aufbauen, so ist die Einhaltung der vertraglich vereinbarten Verhaltensnormen eine unverzichtbare Voraussetzung.

Ein transatlantischer Vertrag

In seiner Rede am 2. März dieses Jahres in der Georgetown University in Washington hat Volker Rühe einen neuen transatlantischen

Vertrag angeregt. Nach dem Vorbild der Europäischen Politischen Zusammenarbeit (EPZ) soll die institutionelle Kooperation über den Atlantik hinweg erweitert werden. Neben der Festigung und Ausweitung der Wirtschaftsbezeihungen geht es bei einem solchen Vertrag (oder einer Charta) vor allem auch um die Absicherung einer langfristigen Militärpräsenz der USA in Europa. Das fortdauernde Engagement amerikanischer Trupppen sichert das geostrategische Gleichgewicht in Europa. Daß dies auch im amerikanischen Interesse liegt, ist in den USA nicht unbedingt Communis opinio. Die Vision einer neuen Partnerschaft könnte isolationistischen und unilateralistischen Tendenzen auf dem Capitol Hill entgegenwirken. Eine Chance auf Erfolg hat diese Vision allerdings nur, wenn die Europäer bereit sind, zukünftig einen größeren Teil der Verantwortung und Last innerhalb der Allianz zu übernehmen. Die Entwicklung der Westeuropäischen Union (WEU) als europäischen Teil der NATO und die Multinationalisierung der Streitkräfte geben die weitere Marschrichtung der Politik vor.

Übernahme globaler Verantwortung

In einer zunehmend interdependenten Welt haben regionale Probleme in immer größerem Ausmaß globale Auswirkungen. Für Deutschland als rohstoffarmes und exportabhängiges Land gilt dies besonders. Deutschland muß daher im eigenen Interesse verstärkte Anstrengungen zur Vermeidung, Einhegung oder Beilegung von Konflikten und Krisen leisten. Dabei geht es vor allem um präventive Politik, also um konfliktverhütende Diplomatie, um Hilfe zur Selbsthilfe, Öffnung unserer Märkte für Produkte aus der Dritten Welt, Initiativen gegen die Abholzung der Regenwälder oder die Verschmutzung und Ausbeutung der Weltmeere, Maßnahmen gegen das rasante weltweite Bevölkerungswachstum usw. Die Liste der Aufgaben ließe sich beliebig fortsetzen.

In all diesen Bereichen hat unser Land schon vor 1989 eine wichtige Rolle gespielt, weswegen das gern benutzte Bild des ‚Trittbrettfahrers' nicht ganz stimmt. Eine Vorreiterrolle spielt die Bundesrepublik Deutschland bei allen Verhandlungen zur Abrüstung und Rüstungskontrolle. Daher kann sie hier mit großer Glaubwürdigkeit für die entsprechenden internationalen Verträge und deren Verschärfung werben. Der zur Verlängerung anstehende Atomwaffensperrvertrag, die Verhandlungen über die Räumung und weitgehende Ächtung der Landminen sowie das Bemühen um den Beitritt weiterer Länder zum Chemie-Waffen-Übereinkommen sind einige Beispiele dafür.

Neben diesen Politkfeldern, in denen die Bundesrepublik schon traditionell tätig ist, erwarten unsere Partner aber in verstärktem Maße auch Beiträge, wenn friedenserhaltendes oder friedensschaffendes Engagement gefordert ist. Wir können uns solchen Anfragen nicht entziehen, wenn wir ein verläßlicher Partner bleiben wollen. Die Union hat sich deshalb frühzeitig dafür ausgesprochen, daß sich die Bundeswehr nach gewissenhafter Prüfung jedes Einzelfalls durch Regierung und Parlament an internationalen Friedensmissionen beteiligen kann.

Das hat mit „militärischem Maulheldentum“, „Säbelrasseln“ und „Kraftmeierei in Dinosaurier-Mentalität“ (Heidemarie Wieczorek-Zeul) nichts zu tun. Von den Verantwortlichen der Union will niemand eine neue Kanonenboot-Politik. Die Lehre aus unserer Geschichte darf kein vollständiger und unreflektierter Verzicht auf militärische Gewalt sein, sondern ihr Einsatz dann und dort, wo Freiheit und Menschenrechte verteidigt werden müssen und alle anderen Mittel versagt haben.

Die Nagelprobe, ob die Bundesrepublik zur gewachsenen internationalen Verantwortung steht und auch angesichts der gestiegenen Anforderungen bündnisfähig bleibt, ist die Anfrage der NATO-Partner nach militärischer Hilfe (u.a. durch Tornado-Kampflugzeuge) für einen Abzug der Blauhelme aus dem ehemaligen Jugoslawien. Das Bild, das große Teile der Oppositionsparteien und manchmal sogar die FDP in dieser Debatte abgaben, war wahrlich kein Ruhmesblatt für die deutsche Außenpolitik. Mit welchem Argument wollen wir z. B. unseren britischen Freunden erklären, daß wir nicht bereit sind, den Abzug ihrer Blauhelme zu sichern, nachdem Großbritannien seit Jahrzehnten durch die Rheinarmee die Freiheit der Bundesrepublik geschützt hat? Bei der Luftbrücke nach Berlin – kurz nach dem Weltkrieg – kamen 41 britische Soldaten ums Leben, um die Freiheit Berlins zu verteidigen. Was erklären wir den Angehörigen dieser jungen Männer, daß Deutschland sich drückt, wenn es nun darum geht, britische Soldaten aus dem ehemaligen Jugoslawien zu holen? Das Gegenargument, dort, wo deutsche Soldaten im Zweiten Weltkrieg gekämpft hätten, dürften heute nicht wieder deutsche Truppen auftauchen, ist nur bei vordergründiger Betrachtung einleuchtend. Vielmehr würden wir uns durch unser Nichtstun ein zweites Mal auf dem Balkan schuldig machen: dieses Mal durch Unterlassung.

Gewachsene militärische Verantwortung bedeutet nicht in erster Linie militärische Einsätze, auch nicht einen Sitz im UN-Sicherheitsrat. Aber es gibt Situationen, in denen die Staatengemeinschaft gegen Tyrannei oder ethnische Säuberung antreten muß. Dann darf sich Deutschland nicht entziehen. Wer eine Renationalisierung der Außenpolitik (zu Recht) ablehnt, darf sich der Übernahme internationaler Verantwortung nicht entziehen.

In der Europapolitik, bei der Frage der Osterweiterung der NATO, hinsichtlich der transatlantischen Bindungen und nicht zuletzt bei der Übernahme globaler Verantwortung hat die CDU/CSU in den letzten Jahren die Initiative ergriffen. Seit 1969 stellt die FDP den Außenminister. Daran wird sich so bald auch nichts ändern. Dennoch hat sich gezeigt, daß sich die außenpolitische Kompetenz zunehmend auf die Unionsparteien verlagert. Das liegt nicht nur am enormen Engagement des Kanzlers. Auch Volker Rühe, Wolfgang Schäuble, Karl Lamers, Karl-Heinz Hornhues, in letzter Zeit auch Rudolf Seiters – um nur einige Namen zu nennen – prägen die außenpolitischen Debatten. Die Außenpolitik ist nicht länger eine Domäne der FDP, das Auswärtige Amt weniger denn je ein Erbhof der Liberalen.

2. Europa und der Euro – Krieg oder Frieden?

The casual observer in Europe last spring might have feared that a war of words was erupting between Britain and Germany. London's **Independent** claimed Chancellor Helmut Kohl had evoked "a livid vision of Panzer tanks crashing through the walls of burning villages." According to the British capital's Sunday **Mail**, Kohl was pursuing "Germany's passport to wielding the kind of international power it craves but cannot currently obtain on its own." The **Sun** charged "Kohl couldn't care less about Britain, of course – he's just interested in creating a European superstate with Germany at its head. But Britain won't be bullied. Germany should know that by now." In essence, the shrill chorus in the British press ran, Kohl was pursuing the German domination of Europe once again – if not by tanks this time, then by Marks.

All this was part of a wave of reaction across the channel to a speech Kohl gave in Belgium. In the days that followed these remarks, leading Conservatives denounced the Chancellor. Foreign Minister Malcolm Rifkind asserted, "There are of course differences between Germany and Britain. I don't want to pretend we see eye-to-eye on these matters." Tory Euroskeptic John Redwood blasted the Chancellor for "living in the Germany of the 1930s rather than the future." Under the shadow of the Intergovernmental Conference (IGC) which was then approaching, the island nation's emotional reaction to the speech brought into the public eye the gulf of opinion between the British and German agendas for the European Union (EU).

What, then, was the stormy language that could stir up this British tempest in a teapot? In a speech of February 2, 1996, upon the occasion of receiving an honorary doctorate at the University of Louvain, the Chancellor delivered the message that "European integration is in reality a question of war and peace in the 21st century." He linked the fate of the projected European currency to peace on the continent and within the respective nation-states. He urged that the "slowest ship in the convoy should not be allowed to determine its speed." The British government – which alone had bucked the recommendations of the

15-nation Reflection Group for the preparation of the agenda for the IGC – clearly took that remark personally.

This disagreement taps into a multi-faceted debate about fundamentally different ideals of Europe envisioned by the governments of Britain and Germany: a Europe of classical nation-states versus a federal united Europe. The conflicting views date to the origins of European integration in the aftermath of the Second World War. A victorious England emerged with confidence in the nation-state as a political construct fully intact. A defeated Federal Republic of Germany sought to draw lessons from its negative experience with nationalism and turned to the cooperation inherent in multilateral organizations as a complement to the traditional nation-state. Indeed, the debate is historical. It can be traced to Winston Churchill's refusal in 1951 to join the European Coal and Steel Community, the first organization which required relinquishing some sovereignty. The debate is theoretical as well. It can be found in the disparity between England's intergovernmentalism, which argues for cooperation between existing states, versus Germany's supranationalism, which strives to create institutions that pool national sovereignty to a certain extent. The debate is philosophical in its broadest scope. It can be seen in the model of liberal free-market capitalism promoted by the likes of Lady Margaret Thatcher in comparison to the social market capitalism founded in the Federal Republic by Ludwig Erhard. These competing ideologies, deeply rooted in historical Anglo-Saxon and continental traditions, are both legitimate. They represent nothing less than the diversity at the heart of Europe. They mark the poles within which the European Union is challenged to reach consensus in the years ahead and to chart a middle way that continues in the direction of progress.

Seen in the context of European integration, Kohl's rhetoric of war and peace was, in fact, neither particularly bold nor new. For the Federal Republic, the language of friendship and hostility has been a justification since Chancellor Konrad Adenauer joined in the inauguration of European integration more than 40 years ago. In 1950, the French Foreign Minister Robert Schuman announced the Schuman Plan to create the European Coal and Steel Community. According to this groundbreaking proposal, cooperation in the economic sectors of coal and steel – the materials essential for conducting modern warfare – would rule out the possibility for military conflict between Germany, France, and other nations which chose to participate. As intended, this cooperative venture of the six founding nations marked a starting point that would have a spillover effect on the further development of integration. From the success of the Schuman Plan, integration deepened into new economic and political territory when the European Economic Community and Atomic Energy Agency expanded into agriculture and nuclear energy in 1957, the Single European Act created the internal market in 1986, and the Maastricht Intergovernmental Conference added the two pillars of foreign and justice policy to that of the common market in 1991. In a parallel process, the borders widened as the signatory members of France, Germany, Italy, and the Benelux nations were joined by successive expansions – north across the channel, south to the Mediterranean, and then north to Scandinavia – which brought the membership to 15 by 1994. Bonn's governing coalition has made clear for months that it applies similar logic – widening alongside deepening to prevent nationalist conflict – to the future of the Union that hangs in the balance with the IGC. This conference opened on March 29 in Turin, Italy, and is intended to conclude in the Netherlands after 18 months of meetings.

The challenges posed by forces of division present in Europe today require an investment in the projects that are on the agenda of the IGC, whose success serves the interests not only of Europe but of the United States of America as well. The success of the IGC is vital if the EU is to adapt its ill-suited Cold War institutions to the geopolitical landscape of the 21st century. The end of the bipolar domination of Europe produced seismic changes to which the EU must react. First, there has been a dramatic rise in security problems posed by weak political regimes, nuclear proliferation, and local hot wars. An EU that remains primarily an economic construct is, therefore, no longer sufficient to guarantee stability on the continent. Second, the transnational nature of problems confronting Europe's capitals, the results of the forces of increased interdependence and the technological revolution, have transformed global politics and require a broader understanding of the concept of security. Only a strengthened mulitinational EU is in a position to address such border-crossing problems as the endangered environment and international crime. In view of the challenges ahead, the alternative to progress is not inertia but regress.

When not ignoring the European Union entirely, Americans tend to write it off as an economic giant and political dwarf or as an alphabet soup of inscrutable acronyms from WEU and EMU to IGC and CFSP. Yet sheer statistics make the case for why Americans should take some interest. A total of 14 million jobs on both sides of the Atlantic are dependent on trans-Atlantic trade relations. Sixty percent of all EU foreign investments are in the United States, and the United States pours 50 percent of its investments abroad into the territory of the EU. Americans must take note of the repercussions of the new global environment for Europe and realize that the status quo will not suffice to protect these interests over the long term.

In the scope of American foreign policy, the strategic importance of the region has dimensions broader than trade alone. Richard Holbrooke, the former Assistant Secretary of State for European and Canadian affairs and former ambassador to Germany, has identified America's present stake in multilateral organizations in Europe. "I believe strongly that historians will look back in the latter part of last year as a seminal period in American foreign policy like the '47/'49 period ... We need the Europeans to work closely with us. The European institutions turn out to need some strengthening and we encourage them." The EU has defined the IGC opened in Turin as nothing short of a constitutional convention, admittedly of a unique variety but, nonetheless, on a par with that which produced America's Constitution in Philadelphia in 1787. And the ambitions for greater political stability, diplomatic capability, and economic unity are immense when one considers the assortment of European nations with their often powerful national identities, their long and diverse histories. In navigating between the poles of Bonn and London, the EU leadership in Brussels must allow those nations who wish to press for progress in integration to do so – a concept that has come to be known as 'variable geometry' or a 'multi-speed Europe.' The endeavor of strengthening the EU, which can then serve as the agent to extend the multinational structures, institutions, and values that promote the spread of peace and democracy across the continent, is worthy of support.

German practical approach. Bonn has developed an agenda for the IGC that is intended to prepare the EU for enlargement and thus extend the values associated with the European democratic order.

Rather than bullying other nations, then, Kohl was articulating a conviction of the German government that has grown out of its own national experience: The commitment to fostering cooperation as an antidote to the virus of nationalism that ravaged the continent in the first half of this century. In the European consciousness, this virus is more deeply associated with the nightmare of the century-long *Erbfeindschaft*, the traditional hostility between Paris and Berlin, that yielded war in 1870, 1914, and 1939. The ascendance of the ideologies of the Cold War led many politicians and pundits alike to pronounce nationalism a relic of the past. Yet events since of the fall of the Iron Curtain have shown that reports of the death of nationalism were, unfortunately, premature.

The experience in post – 1989 Western and Eastern Europe has revealed how "healthy patriotism" can turn to militant nationalism during these times of wrenching social change – and how ill-prepared Europe is for the challenge. During the early 1990s, right-radical nationalism infected the West. Germany saw the rise of neo-Nazi skinhead violence against foreigners and the thankfully short-lived surge in popularity of the far-right Republicans. France witnessed the increased electoral success of the far-right nationalist Robert Le Pen. Certainly, southeastern Europe, the former Yugoslavia, suffered the most violent outbreak of nationalism, unleashed by the end of the Communist ideology which had suppressed it for decades.

Drawing from this experience, Kohl's parliamentary group has developed a strategy to achieve the necessary push for further expansion and deeper integration despite the objections of reluctant nations. In the summer of 1995, the CDU/CSU Members of Parliament Wolfgang Schäuble and Karl Lamers published a position paper which laid out the German concept. The paper proposed that a "hard core" of six or so nations – with France and Germany as the "core of the hard core" – pursue the "ever deeper integration" advocated in the Maastricht Treaty by participating in projects that other nations might choose not to join. Indeed, this concept simply provided theory for what had already become the practice of a "variable geometry" or a Europe of different speeds. Member states had agreed at Maastricht that a third stage of monetary union would launch a single currency for only those nations who fiscally qualified. After feisty ratification battles, Denmark and Great Britain had accepted the Maastricht

Treaty only on the condition that they could opt out of certain policies such as the the currency union and the social chapter.

At the Turin conference underway, the German and British representatives will undoubtedly clash and negotiate to reach an outcome somewhere in the middle. The Federal Republic will almost certainly be forced to accept disappointments regarding some positions, for the history of integration has always followed a cycle of hesitant lurches forward and unexpected setbacks. Whether hailed by Euro-enthusiasts or reviled by Euro-pessimists, however, the process has safeguarded basic principles and slowly but consistently moved forward. Precedent demonstrates that accepting a healthy dose of realism regarding the need for compromise is a far cry from eliminating the possibility of achieving results that are satisfactory. The first IGC, the Single European Act, took the giant step of creating the internal market for 1993, despite notable gaps in various industries in most member states. The second IGC, the Maastricht Treaty, founded a stronger, more comprehensive European Union regardless of the weaknesses exposed in foreign policy during the following years. In this tradition, the current IGC can afford to fall short in some areas as long as it undertakes sufficient reform to maintain its momentum in moving toward its goals. It is the Kohl government's realistic expectation that the formula of a multi-speed Europe, which has since won support from other nations, will allow the EU to proceed in this direction.

Agenda for Reform

Political institutions. Reform of the existing institutions that comprise the EU is critical for the multilateral organization to be able to extend its stabilizing influence to the East and South. From the American point of view, Stuart Eizenstat who has recently left his post serving as the U.S. representative to the European Union in Brussels to become Undersecretary of Commerce for international trade underscored the key role of political reform in the venture being undertaken: "For the first time we're treating the EU as not simply an economic and trade organization, but as a full-blown political organization." He added, "It's a challenge whether they can get their political institutions up to the level of their economic institutions.

We're sort of betting that they will." Evidence of Samuel Huntington's oft-cited thesis in *Foreign Affairs* regarding the "clash of civilizations" – the outbreak of ethnic, religious, and national rivalries across Europe – testifies to the value of integrating the current candidates into the EU's democratic institutions. The urgency of expansion and accompanying reform to make it possible is the agenda issue that has found the most wide-reaching support in the EU. During this conference, the EU must accomplish an agenda of sweeping reform that encompasses its political organizations, decision procedures, and economic policies in order to be prepared to take on the weight of up to 15 new members without collapsing.

A revival of nationalism among many of the candidates which are applying to join the EU has revealed the urgency of strengthening these fragile democracies by incorporating them into European institutions and thereby binding them to European values. National tensions and conflicts over minority rights have broken out in concentric circles all along the rim of EU territory. On the border, Hungary and Rumania have failed to sign a Basic Treaty designed to guarantee peaceful relations between the states as well as to protect Rumania's Hungarian minority. Further into the territory of the former Soviet Union, the Baltic states have been struggling with the treatment of their large ethnic Russian minorities with varying degrees of success. While Estonia has created legal conditions to allow Russians to remain in the country, Latvia has proved to feel more threatened by its larger ethnic Russian minority. In the Caucasus, the war over Nagorno-Karabakh was a conflict between Turks and Armenians even as Chechenya has been between Turks and Russians. Whether or not Europe is defined in General De Gaulle's terms, from the Atlantic to the Ural, the European Union alone cannot contain the eruption of fierce ancient rivalries in Europe and Asia. Nonetheless, the proliferation of its standards for human rights, treatment of minorities, and democratic order undoubtedly functions to restrain these tensions from leading to violence.

Today's EU, however, is ill-equipped to absorb new members. Even for 15 members, reform of the bloated bureacracy, labyrinth of incomprehensible procedures, and burdened institutions designed for six nations is long overdue. Already, abundant examples of the inefficient reign of technocracy have given Brussels a bad reputation among the citizens of Europe. For instance, a new draft directive regulates the Europewide environmental conditions for industry. One would hope that this law would have prompted the establishment of border-crossing material limits on environmental damage. Yet the reality has been that EU authorities have preoccupied themselves with the details of the procedures that will govern the administration of implementing the law. Thus, the well-intended directive is bringing no benefit to the environment. At this current intolerable state of bureaucracy, the future of a Union with a total membership of between 27 and 30 nations without reform defies the imagination. The membership of the Commission would rise from the current 20 to at least 30. The number of official languages would rise from 11 to 23. Each nation would have to wait 14 years for its turn at the rotating six-month Presidency of the Council of Ministers. To expect that a multilateral organization in such condition could continue in its former capacity, much less take on new tasks and raise its global profile, is absurd. With entrance negotiations set to begin for Malta and Cyprus at the conclusion of the IGC in mid-1997 followed by the Eastern European applicants six months later, the EU has already set its own deadline for needed restructuring.

No matter how banal this reform may seem to outsiders, it is fundamental for the future role of the EU desired by Europe and America. A few examples serve to illustrate the work to be done to revamp EU institutions. Tedious attention to detail must be observed to streamline procedures for passing legislation from the current myriad of more than 20 procedures to 3 or 4; to calculate the future number of members of the European Parliament now on a course to reach an unwieldy 900-plus; and for a host of other issues. These problems indicate the banal technocracy involved in institutional reform yet also reveal how the petty irritation involved in reconfiguring these regulations does, in the end, connect to larger issues of competence, efficiency, and legitimacy without which expansion simply cannot go forward.

Alongside the politics of expansion, the financing of expansion – for Eastern Europe, in particular – also requires reform. The policy that is in the most dire need of restructuring is the Common Agricultural Policy (CAP). As with the institutions, expansion can serve as the impetus to spur an unpleasant reform process that is already long overdue. Although agricultural policy is the longest established policy of the Community, its failings from an outdated emphasis on production which poured huge sums into bolstering the prices of surplus products have long been apparent. Yet it is the prospect of expansion which renders restructuring an absolute necessity. Eastward expansion would absorb nations such as Hungary and Poland that possess large, inefficient agricultural sectors. These nations' agricultural sectors are not competitive on the world market because of their low concentration of land ownership, large labor force, inadequate technical equipment, and inefficient food processing. Estimates of the resulting increase on the CAP budget range from 35 percent to 200 percent of current expenditures. Even under the most rosy scenario, the cost would break the EU bank. Clearly, this conference must become involved in the financial complexities of agrarian policy if it is to be able to afford bringing in a slate of nations whose agricultural performances are poorer than the Union's most inefficient current members. Besides political will, expansion requires fiscal affordability to be feasible. The urgency of accepting the more than a dozen eager applicants can and must serve as incentive for the EU to tackle the much-needed reform that would render expansion an asset rather than a liability.

Common Foreign and Security Policy. The improvement of the European Union's dithering Common Foreign and Security Policy is another item on the agenda critical for the EU to be able to act as a bulwark against national conflict. Events of the past five years have revealed the responsibility to fill the vacuum left by European failures inevitably falls to America. Richard Holbrooke, in his usual succinct manner, summarized both the problem for Europe and consequences for the U.S. following American intervention in a conflict in the Aegean in early 1996: "While President Clinton was on the phone with Athens and Ankara, the Europeans were literally sleeping through the night." The absence of the European Union in the confrontation involving a member state, Greece, with a nearby nonmember state, Turkey, over the disputed islet of Imia was more than notable. For an America that seeks in Europe a partner on the world stage, these comments highlighted that the reality still falls far short of the desired image; for a European continent digesting the significance of the Dayton accords that brokered a delicate peace in the former Yugoslavia on American soil under American leadership after years of European irresolution, these remarks have resonated.

The Common Foreign and Security Policy, established at Maastricht as the second pillar of the European Union, is simultaneously a sensitive area of sovereignty for the nation-state and a fundamental point of coordination if the Union is to play a role in staunching nationalist conflict. Thus, it has unsurprisingly emerged as a touchy issue between Germany's plans to revise the role of the nation-state and England's quest to defend the status quo. It would be helpful if current-day British Conservatives would heed their political grandfather, Winston Churchill, as Chancellor Kohl heeds the legacy of Adenauer. For in 1950, Churchill pronounced, "There must be created, and in the shortest possible time, a real defensive front in Europe." The great Conservative thinker nobly threw down the gauntlet for Europeans to come together: "Courage and unity must inspire us and direct the mighty energies at the disposal of our Governments to solid and adequate measures of defense. Those who serve supreme causes must not consider what they can get but what they can give." Such a common starting line could help Bonn and London negotiate a course for defense policy today.

The example of European paralysis in the Aegean was only one recent sign of the disunity that must be overcome by integrated efforts that are opposed by Britain. A scheme of reform endorsed by the Federal Republic of Germany and others, while explicitly rejected by John Major's government, aims at removing some of the most glaring hurdles that presently stand in the way of diplomatic unity. The introduction of the qualified majority for foreign policy decisions to the Council of Ministers would increase the flexibility to act in the face of dissent from some capitals. Unlike much other political territory, diplomatic decisions taken by the Foreign Ministers have always required a unanimous vote, giving an effective veto to each member state. At a 1996 summit in Freiburg the French Foreign Minister Herve de Chavette and his German counterpart Klaus Kinkel supported constructive abstention as a compromise measure. This suggestion, admittedly still vague, would preserve unanimity in fundamental questions and introduce a qualified majority for measures of implementation. Nations voting 'no' would not be obliged to take part in a common action yet would have to show solidarity by helping to foot the bill. This proposal, which infringes on while preserving sovereignty, strikes a balance that represents progress. A variety of suggestions would create a recognizable figurehead to represent a united European view point to the outside world. Whether such a voice should be France's 'Mr. X' foreign minister or Germany's Secretary General or the Commission's 'tandem' of a member from the analytical unit in teamwork with one from the Council remains to be settled. In any of these cases, however, the EU will better be able to act as a partner that speaks with one voice in reacting to and preventing conflict and thus raise its profile as an actor on the world stage.

In the field of security policy, the conference which has been dubbed Maastricht II must undertake substantial measures to foster a European defense identity located in structures that can rapidly respond to crises. A two-pronged strategy can take advantage of existing structures by strengthening them for the post-Cold War environment. First, the EU must create formal links which fuse it to the Western European Union (WEU), the European defense organization created in 1948 which has mostly laid in a Sleeping Beauty dormancy for decades. In 1992, the WEU's Petersberg statement laid out goals for strengthening the organization's operational role in a variety of functions including peacekeeping, humanitarian relief operations, and crisis management. The Conference must support these internal reforms of Europe's independent security branch as well as work out the details of integrating the defense community into the EU, some of whose neutral members – Ireland, Finland, Sweden, and Austria – do not belong to both. Second, the Conference should commit to strengthening the European pillar of the North Atlantic Treaty Organisation. Since NATO's summit in January 1994, the notion of Combined Joint Task Forces has been a popular catchphrase. Under the proposal made at the summit, coordination at the operational level would allow European commanders to use NATO assets such as tactical headquarters, satellite intelligence, and early warning systems for missions involving European forces only. The concept foresees units ready to do the jobs of the future, no longer just collective defense, and allowing member nations to draw from NATO resources without the U.S. command structure. If Britain remains stubborn about blocking these parallel efforts, then security must become an area of European policy with multiple speeds. Nations which seek this closer defense cooperation must be allowed to move forward to achieve the flexibility necessary for effective action and reaction in the developing context of local conflicts and international criminal cooperation on the continent.

European Monetary Union. Another vital project waiting in the wings throughout this conference is the endeavor to forge European Monetary Union (EMU) via a common currency as agreed upon at Maastricht in 1991. In this area, too, past experience has shown the project's significance for the U.S. A weak dollar, while a boon for exports, has left America subject to Europe's varying monetary policies, a strong Mark concurrent with devaluations in Spain and Portugal. Divergent trade policies have also been unfavorable. During the Uruguay Round of the GATT, splits in European positions stymied talks for years. In the end, America was forced to straddle negotiations with multiple EU partners in order to overcome French objections to free trade for Europe's agricultural and film industries. Because of the long-term discipline required to ensure a stable European currency and the emotional attachment to national currencies, monetary union has become the clearest example where a variable geometry must reign. As already agreed upon, in the beginning there will be 'ins' and there will be 'outs'. Again, the United Kingdom is the most vocal critic, which is ironic considering that England was the partner in Europe's first currency union. In the Middle Ages, Charlemagne sealed a trade treaty with the most powerful Anglo-Saxon king, Offa of Mercia, that introduced a shared silver currency in both of their domains. Since Maastricht, London has been joined by Copenhagen in opting out of currency unification even as Bonn has worked with Paris to endorse the efforts for finacial convergence. Europe's battle with growing unemployment and the manifold technical details of the endeavor have cast a cloud over this project during recent months.

Maastricht established the framework for the single currency. The Maastricht treaty established the convergence criteria, the strict fiscal conditions for a member nation to be eligible for participation in monetary union. Provisions in regard to a common currency were widely understood as a trade-off between France, which strove to rein in the growing strength of Germany within the EU by tying the D-Mark to other currencies, and Germany, which acquiesced in order to push for further integration foreseen in other areas. In essence, a quid pro quo in exactly the form that has historically driven the Franco-German motor of integration. Under the resulting deal, the treaty established the European Monetary Institute as the forerunner to a European Central Bank. It also set limits in regard to inflation, budget deficits, national debt, and interest rates with the intention of guaranteeing a minimal degree of economic convergence for the nations that entered monetary union and arranging that only those nations both willing and able would enter.

As the Maastricht criteria have become economic orthodoxy and symbolic of trimming the bloated welfare state, Europe's jobs crisis has highlighted the need to address employment in the context of EMU. The zig zag of exchange rates in 1992 and 1993, which forced Britain and Italy out of the Exchange Rate Mechanism, first raised doubts about the project's feasibility. And this year's news has only been worse. Rising unemployment has left one in nine workers in Europe jobless, reaching a postwar record of 4.3 million people in Germany (six million, including early retirement and those who have quit looking for work, according to economists). The French government's proposals to scale back the welfare state in preparation for meeting the Maastricht requirement for national debt unleashed a backlash of strikes not seen since the student revolts of 1968. Then came the news that Germany – Europe's economic engine and one of the few members believed to qualify – had exceeded the 3 percent limit for annual deficits as a percentage of gross national product for 1995. Europe's politicians must use the IGC to show that the solution to generating jobs is compatible over the long term with the aim of introducing a single currency.

What is often poorly understood is that the convergence criterial themselves are vital for the health of the separate national economies. The attainment of the convergence criteria, that require such strict budgetary discipline, is in itself a critical goal. Some argue that the fiscal austerity needed to meet the convergence criteria require more pain than gain, but such arguments take a short-term view. The long-term perspective comes closer to the **Economist**'s remark on the occasion of Germany's proposed budget cuts in the spring: "Countries around the world are seeking to reform their welfare states and deregulate their economies in the face of international competition." In the global order taking shape, Europe's national economies simply must trim their welfare states. Regardless, it is difficult to build an acceptance for the tough choices to realize this urgent reform, to which there is no alternative.

But that is, in fact, the case. National debt alone demonstrates the burden on the welfare state in Europe. The average sum of debts of members stood at 41 percent of GDP in 1980, had climbed to 60 percent by 1991, and has reached 76 percent in 1996. As the rising interest payments drive governments' deficits ever higher, this mounting debt burden develops its own momentum. The trend must be reversed. And what is true of state finances also holds for the employment market, namely, salaries and benefits. Even independent of Maastricht, the time is ripe for a course of financial consolidation and adjustment of the social safety nets, along the lines so painfully begun in France and undertaken despite protest for the fiscal year 1997 in Germany. Europe's bloated welfare states must slim their bureaucracies, introduce hiring flexibility for businesses, and ease their tax burdens in order to chart a path for economic growth. All this argues for the strict maintenance of these criteria in preparation for the initiation of the first participants' circle – which must include France and Germany as well as a handful of others such as the Benelux nations, Austria, and Ireland – in 1999. The successful launch by a "hard core" who meet the fiscal requirements – as the Lamers/Schäuble paper stated – will have a magnetic effect on outsiders, who will then prepare to join.

In terms of the economic realities of the region, the single currency is required to complete the internal market. The euro would do so by eliminating the danger of currency fluctuations for once and for all. Although the D-Mark currently now the function of a European reserve currency, it will not be sufficient over the long haul. As the Mark's recent strength has already indicated, currency fluctuations can cost Germany exports and jobs, so that Germany and others stand to gain from reducing susceptibilities to these swings. The advantages of a strong single currency for all involved include stable prices, lower costs of doing business, enlarged opportunities for trade, specialisation, and economies of scale. A united currency would knock down barriers to trade within Europe and thus boost competition. It would eliminate the waste generated from exchange transactions, estimated at DM 40 billion annually. It would also vastly improve the transparency of business in the EU simplifying, for example, banking across EU borders by raising the speed while lowering the cost of transferring money and the operation of multinational corporations across member states. For single nations whose trading partners are to a great extent other member states, the benefits would be significant. Germany, for instance, exports more 50 percent of its products to member nations of the EU.

Perhaps most important, the euro would link participating nations financially – despite their differences in language and culture – and thus enable them to pool their resources to create the larger economic units that will mean survival in the global market. The European cooperation in the aircraft industry demonstrates the potential. Thirty years ago, the commercial aircraft businesses of France, Germany, England and Spain combined to found Airbus Industrie. Since then, the consortium has managed to compete with the American dominance of the civil jet market and to stake a claim for entering the lucrative Asian market. Alone, the separate industries would have withered. Europe must strive to achieve economies of scale to avoid collapse in the global market across many capital-intensive industries such as transportation and the arms trade, and the advent of the euro will greatly facilitate cross-border cooperation in the private sector. All this is not to deny that the details regarding introduction of the currency, participation of business, and involvement of banks are daunting, or that much work remains to be done. If accomplished, however, EMU allows Europe to strengthen as an economic region in the world economy.

Beyond the economic dividends, successful EMU possesses political significance as an immunization against nationalist turmoil within enlarged EU borders. A common currency has the power to bind the nations of Europe in a network of interdependence that requires cooperation. German Federal President Roman Herzog pointed out in a speech in Strasbourg before the European Parliament that the regional economic stability resulting from the currency union contributes to fighting today's threats of "devaluations, trade wars, protectionism, renationalisation of economic policy, deflation, if not depression." First, a single currency tangibly ties participating nations to each other economically and to the community. Second, the combined discipline required for monetary unity promotes the common financial policy that is fundamental to the long-term stability and prosperity of the community.

Europe stands at a watershed in 1996, and the U.S. should encourage the continent to overcome the British-German antagonism and move in the direction of progress. With this IGC, the EU stands before a crossroads at which it can either prove its merit in ensuring stability on the continent or risk sliding into irrelevance. One leading British politician, Paddy Ashdown of the Liberal Democrats, commented: "Chancellor Kohl is right to insist that the central purpose of Europe is not the Single Market, nor social harmonisation, but peace. Those who deny that are as short-sighted as their predecessors of the 1930s. Britain's security, now as then, is inextricably bound up with the security and stability of Europe as a whole." The task ahead is for the governments of Bonn and London to find the common ground inherent in their variations on the theme of liberal democratic nation-states. Beyond these projects, which are essential, the EU faces a host of internal reform measures to demonstrate its relevance to its own citizens, erect organizations such as Europol that attack shared problems posed by international crime, refugee migrations, and the like, and learn from the mistake of the Maastricht by informing citizens as to the content and significance of decisions taken. The nations participating in and observing this conference should realize it is a process and that they must contend with unpredictables, whether British beef or poor economic performance, that may pose unforeseen setbacks and require unexpected compromises.

American leaders have recognized that the success of this IGC directly affects fundamentally consists of European decisions. While it is not the U.S. role to take a stance on proposals for voting in the Council or the like, continued and appropriate American support from public servants and the media can contribute to the process of European integration at a critical moment. Intervention in two European great wars, General George Marshall's massive aid program for European reconstruction, and troops presently stationed in Bosnia all serve as yardsticks to measure America's links to developments in Europe this century. Through an unwavering commitment to expand NATO, unambiguously articulated by Secretary of State Warren Christopher in Prague in the spring of 1996, the U.S. has reacted to the security threat posed by the weak democracies of the former

Soviet bloc and republics. American support of EU expansion to absorb these same nations is a logical, if not vital, policy complement, as the EU must be part of the current endeavor to forge the New Atlantic Initiative underway to redefine the post-Cold War trans-Atlantic relationship.

The significance of the years ahead has been compared to that of the American diplomacy from 1947 to 49, which yielded the Truman Doctrine, the Marshall Plan, the creation of NATO and the policy of containment. At the dawn of that epoch, the American Secretary of State Dean Acheson asserted in a speech on May 8, 1947: "Not only do human beings and nations exist in narrow economic margins but also human dignity, human freedom, and democratic institutions. It is one of the principal aims of our foreign policy today to use our economic and financial resources to widen these margins. It is necessary if we are to preserve our own freedoms and our own democratic institutions. It is necessary for our national security. And it is our duty and our privilege as human beings." These ideals are as applicable to the struggling democracies across the continent in the wake of the Cold War as they were to the war-ravaged nations of western Europe in the ruins of the Second World War. The U.S. can learn from its own successes this century by using its continued influence in Europe to support the current IGC in the face of the voices of opposition, the naysayers, just as it has promoted the development of multilateral institutions to complement the nation-states of Europe for close to 40 years.

3. Weltmacht Europa

Die EU-Osterweiterung als politische und ökonomische Renaissance der „Alten Welt“

Europa ist wieder da. Nach der Schwächung durch die Bruderkriege dieses Jahrhunderts und den Kalten Krieg, der zur Teilung des Kontinents sowie zur Hegemonie der USA und der Sowjetunion über die europäischen Völker führte, meldet sich nun die „Alte Welt“ machtvoll zurück. Die „Eurosclerose“, jene Mischung aus Bequemlichkeit und Risikoscheu, ausufern dem Wohlstandsstaat, Technikfeindlichkeit, Überregelierung, Bürokratismus und fehlender Aufbruchsvision, scheint (fast) überwunden.

Europa verfügt über einen gewaltigen Binnenmarkt mit derzeit fast 380 Millionen Verbrauchern und einem Anteil von rund 20 % am Weltsozialprodukt. Von den 100 umsatzstärksten Unternehmen gehören 36 Europäern, nur 24 Amerikanern. Während sich in Südostasien Finanzkrisen und soziale Unruhen verbreiten, Japan in eine nachhaltige Rezession driftet, Indien und Pakistan ihre enormen Ressourcen in Atombewaffnungen und neuen Rüstungswettläufen vergeuden und auch China noch mindestens zwei Jahrzehnte Stabilität und innere Reformen benötigt, um an den Wohlstand Europas wenigstens annähernd anknüpfen zu können – meldet Europa die Wiederherstellung leistungsfähiger Volkswirtschaften. Insbesondere die Erwartung des Euro hat überall auf dem Kontinent zu einer neuen ökonomischen Stabilitätskultur geführt, eine Konsolidierung der Staatshaushalte bewirkt, den staatlichen Sektor zurückgedrängt, überfrachtete Sozialsysteme zurückgeschnitten und neuer Wettbewerbsfähigkeit im Zeitalter der Globalisierung den Weg geebnet. Die europäische Industrie hat bei Zukunftstechnologien aufgeholt, ihre Maschinen und Autos sind nach wie vor die besten in der Welt. War die als Fusion bezeichnete Übernahme Cryslers durch Daimler nicht ein Vorgang, der symbolhaft auf zukünftige Entwicklungen hinweist?

Paul Kennedy, Autor des Buches „Aufstieg und Fall der Großmächte“ jedenfalls gibt den Amerikanern nur noch „fünf Jahre zum Feixen“; das nächste Jahrhundert wird seiner Meinung nach ein europäisches. Auch der weltbekannte Harvard-Politikwissenschaftler

Samuel Huntington glaubt, daß der „Stab der Weltführung“ auf Europa übergehen könnte. „Europe is back“ konstatiert selbst das „Wall Street Journal“.

Im Zentrum dieser sich andeutenden neuen Europa-Euphorie steht die europäische Wirtschafts- und Währungsunion. Noch vor zwei Jahren haben die meisten Amerikaner und Asiaten nicht wirklich daran geglaubt, daß es den Europäern gelingen könnte, eine gemeinsame Währung einzuführen. Man bekundete öffentlich zwar sein Wohlwollen für das Projekt, äußerte intern aber nicht selten ironische Skepsis. Nun zeigt sich fast überall auf der Welt ein unverkennbarer Respekt vor der neuen Währung und das sie tragende (wesentlich von Bonn durchgesetzte) Stabilitätssystem. Anfangs werde es zwar politisches Chaos und immense technische Probleme geben, mutmaßt Jeffrey Garten, Management-Professor an der Yale-Universität. Doch schon bald werde die neue Währung Europa zur Supermacht machen: „Euroland wird Amerikas Überlegenheit in Frage stellen.“ Gail Fosler, die Chefökonomin des „Conference Boards“ glaubt, daß der Euro weiteren Strukturwandel erzwingen und so Europa noch dynamischer machen wird.

Aber neben dem Euro und den durch ihn erzwungenen Reformen benötigt Europa noch vier weitere Entwicklungen, um wirklich wieder Weltmacht zu werden:

- die institutionelle Reform der EU-Institutionen einschließlich eines neuen Finanzrahmens (Agenda 2000)
- eine wirklich gemeinsame Europäische Außen- und Sicherheitspolitik (GASP) mit der Westeuropäischen Union (WEU) als militärischem Arm (und einer europäischen Rolle der französischen und britischen Nuklearstreitkräfte)
- eine Konsolidierung der europäischen Luft- und Raumfahrtindustrie sowie der europäischen Rüstungsunternehmen und schließlich vor allem
- die Erweiterung der EU nach Mittel- und Osteuropa.

Dieser letzte Punkt bildet das Thema der kommenden Ausführungen.

Es ist im Interesse eines jeden europäischen Staats die Osterweiterung der EU zügig und umfassend voranzutreiben und gleichzeitig die institutionellen Reformen durchzuführen, um ein Europa mit 20 oder 25 Staaten handlungsfähig zu halten. Die Bundesrepublik

Deutschland hat seit Beginn der Erweiterungsdiskussion seit Anfang der neunziger Jahre eine führende Rolle, eine Anwaltsrolle für die Reformdemokratien des Ostens, gespielt. Vor allem Bundeskanzler Helmut Kohl gilt überall in Mittel- und Osteuropa (MOE) als der Architekt und Motor der EU-Erweiterung. Er könnte eines Tages als der europäische Staatsmann in die Geschichte eingehen, der die Grundlagen nicht nur der deutschen, sondern auch die der europäischen Einheit gelegt und so Europa wieder zu einem politisch wie ökonomisch machtvollen Subjekt der Weltpolitik gemacht hat. Niemand hat seit 1990 mehr Interesse, Engagement und Zuwendung in Mittel- und Osteuropa investiert wie der deutsche Kanzler und die CDU/CSU-Bundestagsfraktion.

Diese Politik wurde nicht aus kosmopolitischem Idealismus oder postnationalem Romantizismus geboren (obwohl ein wenig davon auch nicht schadet), sondern weil die großen Probleme dieser Welt – Arbeit für alle, Bekämpfung der Armut, Energiegewinnung, Umweltschutz, Kriminalitäts- und Terrorismusbekämpfung, Menschenrechte, Freiheit und Frieden – nicht mehr im nationalstaatlichen Rahmen lösbar sind. Namentlich die Globalisierung duldet keine nationalen Volkswirtschaften mehr. Vertiefung und Erweiterung Europas liegen im Interesse der Deutschen. Nicht weil Deutschland ein „deutsches Europa" anstrebt, eine neue Hegemonie (diesmal mit einem von Frankfurt beherrschten Euro, nicht mehr von aus Berlin geführten Panzern!), sondern weil Deutschland sich heute als eine (wichtige) europäische Nation unter vielen versteht. Deutschland will gleichwertiger Partner sein, das eigene Gewicht verantwortungsvoll gebrauchen und seine Kraft nicht mehr zerstörerisch in Europa einsetzen, sondern zum Nutzen von sich und seinen Partnern verwenden.

Wenn man von manchen Befürchtungen einzelner Politiker – nicht zuletzt in Großbritannien – absieht, vertrauen die Nachbarn der deutschen Politik, die die deutschen Interessen innerhalb Europas zwar engagiert wahrnimmt, aber vor allem erkennt, daß das übergeordnete deutsche Interesse eben in Wahrheit Europa und nicht „mein Land zuerst" heißt. Auf der Tagung der Staats- und Regierungschefs der Europäischen Union am 12./13. Dezember 1997 erklärte Helmut Kohl in diesem Sinne: „Für uns als Deutsche ist dies ein großer Tag, weil die Perspektive deutscher Politik am Ende dieses Jahrhunderts und im Übergang zum 21. Jahrhundert, das zugleich ein neues Jahrtausend bedeutet, etwas bringt, was wir noch nie hatten, nämlich in der politischen Landschaft Europas in allen Richtungen – nach West, nach Ost, nach Nord und nach Süd – von Freunden und Partnern umgeben zu sein. ... Für uns Deutsche ist es eine existentielle Frage, daß die Ostgrenze Deutschlands nicht zugleich die Ostgrenze der Europäischen Union ist."

Neben dem unbezahlbaren Gewinn, den die EU-Erweiterung für dauerhaften Frieden und Stabilität bedeutet, rechnet sie sich auch wirtschaftlich. Die mittel- und osteuropäischen Staaten sind neue zukunftsfähige Märkte, vom Handel mit ihnen profitieren alle, aber nicht zuletzt die exportorientierte deutsche Wirtschaft. Das von Helmut Schmidt eingeführte und seitdem leider immer wiederkehrende Gerede vom „Zahlmeister Europa" ist deshalb so töricht wie das Geschwätz von Deutschland als „Packesel der Welt", mit dem die Gegner der Weimarer Republik deutschen Nationalismus gegen europäische Zusammenarbeit in Stellung brachten.

Helmut Kohl hatte recht, als er im April 1994 in einem Interview mit der Süddeutschen Zeitung feststellte: „Wir Deutschen haben den größten wirtschaftlichen Nutzen von der europäischen Integration. Europa ist eben für Deutschland kein Luxus, sondern eine existentielle Notwendigkeit. Deshalb ist es kurzsichtig, darüber zu klagen, daß wir den größten finanziellen Beitrag zum EU-Haushalt leisten."

In der Tat gehört die Bundesrepublik Deutschland zu den „Nettozahlern", d.h. die direkten Rückflüsse nach Deutschland sind deutlich geringer als die Beiträge. Aber wie sollte eine Gemeinschaft auch funktionieren, wenn jeder Teilnehmer mindestens das an Rückflüssen erhält, was er einzahlt? Jeder Mitgliedstaat trägt zum EU-Haushalt vielmehr entsprechend seines Wohlstandes bei. Daß Deutschland als größte Volkswirtschaft der Mitgliedstaaten mit 28,5 % im Jahre 1997 auch der größte Einzahler ist, ist angesichts seiner wirtschaftlichen Leistungsfähigkeit nur folgerichtig. Korrekturen bei den Zahlungen mögen sinnvoll, ja notwendig sein. Aber generell kann von einer unfairen Belastung der Deutschen nicht gesprochen werden. Das Horrorgemälde von Milliardenschecks, die eine blauäugige Bundesregierung in Brüssel abliefern muß, während Mittelverschwender und Betrüger aus dem Süden kräftig abzocken, ist eben nur Stammtischniveau.

Das gilt zumal deshalb, weil Nettosalden nur ein sehr einseitiges Bild von den Vor- und Nachteilen der deutschen Mitgliedschaft in der EU zeichnen. So enthalten sie keinerlei Information über den allgemeinen politischen und wirtschaftlichen Nutzen der EU-Mitgliedschaft. Die positiven gesamtwirtschaftlichen Rahmenbedingungen, die allein der Zusammenschluß in der EU hervorbringen kann, tragen vor allem in der Bundesrepublik maßgeblich zu wirtschaftlichem und sozialem Wohlstand bei. Gerade die Industrie- und Exportnation Deutschland hat enorme Handelserleichterungen durch den europäischen Binnenmarkt erzielen können. Seit 1985 ist in Deutschland der Anteil des innergemeinschaftlichen Exports am Bruttoinlandsprodukt kontinuierlich gestiegen. Er hat sich seit den 60er Jahren verdoppelt. Deutsche Exporte ins Ausland machen allein 30 % des deutschen Bruttosozialproduktes aus, und mehr als zwei Drittel aller deutschen Exporte gehen in die europäischen Länder. Allein im ersten Halbjahr 1996 ist der Anteil der EU-Mitgliedstaaten am gesamten deutschen Außenhandel auf 56,2 % geklettert, die Tendenz bleibt steigend. Bei den Importen liegt der Anteil bei 54,7 % (178,5 Mrd. DM), bei den Exporten bei 57,1 % (212,8 Mrd. DM). Die EU-Mitgliedstaaten waren damit weiterhin der wichtigste Handelspartner Deutschlands mit einem Handelsvolumen von 391,3 Mrd. DM in diesem Halbjahr. Wenn man bedenkt, daß in Deutschland fast jeder vierte Arbeitsplatz direkt von diesen Handelsbeziehungen abhängt, dann fällt es schwer, die Bedeutung der EU für den Wirtschaftsstandort Deutschland nur nach „Nettosalden" zu beurteilen.

Es ist auch wahr, daß die Mittel des Struktur- und Kohäsionsfonds naturgemäß in erster Linie den am wenigsten entwickelten und ärmsten Regionen der EU zugute kommen. Begünstigt sind vor allem die vier ärmsten Mitgliedstaaten, nämlich Portugal, Irland, Griechenland und Spanien. Bei einer EU-Erweiterung werden zusätzliche Mittel benötigt, um die Strukturdefizite der vormals sozialistischen Länder beheben zu helfen. Wie kurzsichtig aber ist es, darin eine ungerechtfertigte Belastung der reichen Länder zu sehen! Ohne die Mittel der Gemeinschaft für den armen Süden hätte deren Wanderung nach Mitteleuropa, insbesondere nach Deutschland, nicht seit Ende der 60er Jahre entscheidend gebremst werden können. Die Not in den südlichen Regionen ist durch die strukturpolitische Leistung der EU weitgehend beseitigt, so daß die dort lebenden Menschen nicht mehr gezwungen sind, ihre vertraute Umgebung zu verlassen. Heute erfolgt eher umgekehrt eine Wanderungsbewegung von hochqualifizierten Arbeitnehmern aus dem Norden in den Süden. Auch sind die strukturhilfeberechtigten Staaten bevorzugte Empfänger von Anlageinvestitionen, bei denen die deutsche Wirtschaft besonders stark ist. Wenn dort Kraftwerke, Staudämme, Flughäfen, Schienenwege oder Kläranlagen gebaut werden, so gibt es Zuschüsse aus dem EU-Haushalt. Aber oft erhalten deutsche Firmen die entsprechenden Aufträge, so daß erhebliche Mittel auf diese Weise zurückfließen. Ähnlich wird es mit den MOE-Staaten sein: Strukturhilfe dort, unterstellt sie wird richtig eingesetzt, wirkt gleichzeitig auch als Auftrags- und Exportförderung für die deutsche Wirtschaft. Vor allem aber werden dadurch in der Zukunft leistungsfähige und nachfragestarke Märkte geschaffen.[1]

Ferner muß auf die alte Einsicht hingewiesen werden: Wer zahlt, der bestimmt. Wäre es möglich gewesen, den europäischen Binnenmarkt nach deutschen marktwirtschaftlichen Kriterien auszurichten ohne den hohen deutschen EU-Beitrag? Hätten wir die Stabilitätskultur der DM mit einer unabhängigen Zentralbank auf Europa ausdehnen können, wenn wir nicht der größte „Nettozahler" wären? Und schließlich: Würden wir nicht unseren Einfluß auf Tempo und Bedingungen der EU-Osterweiterung verlieren, wenn wir unsere Brüsseler Beiträge drastisch zurückfahren würden? Vielmehr gilt: Wenn wir Deutschen das Europa von morgen gestalten wollen, wenn wir von den gewaltigen Märkten im Osten profitieren möchten – dann müssen wir auch bereit sein, dafür jetzt einen angemessenen Preis zu zahlen! Und schließlich: Schafft das teure Projekt der EU-Erweiterung nicht letztlich dauerhaft Frieden und Stabilität auf unserem Kontinent? Und wie wollte man diesen Wert in Heller und Pfennig rechnen! Man sollte manchmal etwas weniger von den Kosten der europäischen Einheit und mehr über den Nutzen sprechen!

Im Gegensatz zu Franzosen und vor allem den Engländern hat Deutschland sehr frühzeitig die enorme strategische Bedeutung der

---

1 Vgl. zum Thema: „Nettozahler" die ausgezeichnete Studie von Elmar Brok „Das Finanzsystem der EU – Neue Ansätze und Perspektiven", in: Interne Studien der Konrad-Adenauer-Stiftung, Nr. 142 aus 1997.

mittel- und osteuropäischen Staaten erkannt und sich frühzeitig engagiert. Aber es hat dieses Engagement zumeist nicht mit dem Ziel kurzfristigen Profites selbstsüchtig und aggressiv unternommen, sondern mit einem politisch-ökonomischen Gesamtkonzept, das vor allem auf die langfristige Position der deutschen Politik und Wirtschaft in diesen Ländern zielt: Konferenzen, Stiftungen, Parlamentarierkontakte, Kultur- und Jugendaustausch, humanitäre Hilfe, militärische Kooperation, Wirtschaftsberatung, Sprach- und Managementtraining, Stipendien und Praktika etc. und eben nicht nur: „Tagesgeschäft". Ein führender rumänischer Sozialist sagte mir kürzlich im persönlichen Gespräch: „Alle, die nach Bukarest kommen, wollen Geld verdienen. Aber sich für uns interessieren, sich wirklich zuwenden – das tun nur die Deutschen!"

Dieses neue Ansehen der Deutschen zahlt sich mittel- und langfristig auch in Heller und Pfennig aus – bei der Privatisierung von Staatsunternehmen, bei der Vergabe von Großprojekten und Konzessionen beim Handel. Deshalb verhalten sich diejenigen auch ökonomisch töricht, die aus populistischen Erwägungen eine Verschiebung der Osterweiterung der EU fordern: Je länger die EU-Erweiterung dauert, desto länger müssen wir warten, bis die ökonomischen Vorteile „eingefahren" werden. Je größer das Wohlstandsgefälle, desto stärker die Wanderungsbewegungen und die Kriminalität, die auch viel kosten! Und schließlich: Wenn Deutschland seine Anwalts- und Motorrolle verliert, zerstört es das neue Vertrauen der MOE-Partner, die sich dann wieder stärker an anderen Staaten, vor allem an die USA, wenden werden. Dann wird eben Boeing aus Amerika gekauft, kein Airbus aus Europa!

Anders herum gilt aber auch: Wenn die westeuropäischen Staaten gewaltige Ressourcen in Strukturmaßnahmen im Osten investieren, dürfen sie auch erwarten, daß die MOE-Staaten dann der europäischen Wirtschaft faire Wettbewerbschancen einräumen und sich für große Umwelt-, Verkehrs- oder Rüstungsprojekte nicht nur amerikanische Partner holen. Die Deutschen und Europäer müssen ihre diesbezüglichen (völlig legitimen) Interessen allerdings gegenüber den Regierungen in Mittel- und Osteuropa deutlicher als bisher artikulieren – ohne freilich den souveränen Staaten in irgendeiner Weise „Vorschriften" machen zu wollen.

Wie sehr die deutsche Wirtschaft schon heute von der Annäherung der Staaten des ehemaligen COMECON an die EU profitiert, beweisen die folgenden Zahlen und Fakten:

1997 überstieg der Anteil der MOE-Staaten am deutschen Außenhandel mit 10,1 % erstmals die 10 %-Grenze. Damit hat der deutsche Osthandel einen wichtigen Beitrag zum konjunkturellen Aufschwung in Deutschland geleistet, der 1998 und 1999 an Kraft deutlich zunimmt.

Die Nachfrage nach deutschen Investitonsgütern und Konsumwaren wächst weiter. Der Wert der Ausfuhren Deutschlands in die MOE-Staaten übersteigt mittlerweile die Lieferungen in die USA. Mit mehr als 40 % am gesamten EU-Handel mit dieser Region ist Deutschland wichtigster Handelspartner der MOE-Nationen.

Einen Spitzensatz im deutschen Osthandel behauptet seit einiger Zeit Polen. Mit einem Gesamtumsatz von 35 Mrd. DM – dabei entfielen 20,7 Mrd. DM auf deutsche Exporte, 14,3 Mrd. DM auf Importe – wurde ein Anteil am deutschen Osthandel von 22 % erreicht. Nach Jahren der Stagnation wurden in den beiden zurückliegenden Jahren auch im Handel mit Rußland kräftige Steigerungsraten erreicht. 1997 stieg der Warenaustausch mit Rußland um 25 % auf 33,6 Mrd. DM. Den dritten Platz im deutschen Außenhandel mit den MOE-Staaten hält weiterhin die Tschechische Republik mit einem Umsatz von 30,3 Mrd. DM. Hohe Steigerungsraten zwischen 1996 und 1997 wurden auch im Warenverkehr mit Ungarn (40 %), den baltischen Republiken (45–55 %), der Ukraine (38 %) und Weißrußland (47 %) u.a. erzielt.

Die deutschen Direktinvestitionen in die Länder Mittel- und Osteuropas haben sich in den 90er Jahren verdreifacht. Bis Mitte 1997 flossen nahezu 12 Mrd. DM in diese Region. Damit war Deutschland einer der führenden Investoren in Mittel- und Osteuropa. Mehr als 80 % der Investitionen entfielen auf die Reformländer Ungarn, Tschechien und Polen. In diesen Ländern gibt es je rund 6.000 joint-ventures mit deutscher Beteiligung.

Die gesamte Struktur der Außenwirtschaftsverflechtung mit den MOE-Staaten nähert sich immer deutlicher der Struktur mit unseren westlichen Nachbarn an, d.h. es gibt eine große Nachfrage nach deutschen Investitions- und hochwertigen Gebrauchsgütern, deutsche Überschüsse im Handelsverkehr und einen immer stärkeren

Ausgleich in der Gesamtbilanz durch die Dienstleistungsbereiche. Die positive Entwicklung in den nächsten Jahren dürfte sich fortsetzen. Besonders die wirtschaftliche Verflechtung mit den künftigen EU-Mitgliedstaaten wird sehr schnell breiter und tiefer werden. Die MOE-Staaten werden immer mehr zu einem „Wachstums- und Arbeitsplatzmotor". Ängste vor Billigkonkurrenz im Osten sind im allgemeinen nicht berechtigt. Es ist zwar wahr, daß die Mercedes-Benz-Transporter und Stadtbusse im Werk Jelcz bei Breslau von polnischen Partnerunternehmen montiert werden. Aber ohne die neuen Märkte in Osteuropa würden sie keinen Sinn machen und außerdem stärken auch sie die Standorte im Westen: Motor, Getriebe und Lenkung kommen nämlich aus Deutschland und sichern einen Wertschöpfungsanteil von über 50 % eines traditionellen Standortes. Es ist keine Frage: Die Deutschen profitieren auch ökonomisch von der Überwindung von Mauer und Stacheldraht und der zunehmenden Heranführung der früheren sozialistischen Staaten des Ostens an die EU.

Die Politik ist gefordert, immer wieder den Versuch zu unternehmen, solche komplexen Zusammenhänge gegen populistisches Marktgeschrei zu verdeutlichen. Die EU-Erweiterung eignet sich bestens zum Anstacheln von Emotionen: Warum gehen Mittel des deutschen Steuerzahlers in Autobahnen oder Kläranlagen in Osteuropa, während es doch hier Arbeitslosigkeit und zuwenig Kindergärten gibt! Aber der Glaube an eine isolierte nationale Politik muß der Vergangenheit angehören. Langfristig wird sich auch der Westen Europas in der globalisierten Weltwirtschaft nur halten können, wenn der Osten seine ganze Kraft entfaltet.

Notwendig ist nicht kleinkrämerische Aufrechnung und von kurzfristigen Interessen gelenkte Verzögerungstaktik, sondern das Denken in großen Entwürfen und Konzepten: Die Wiederauferstehung einer Hanseregion an der Ostsee – von Lübeck und Rostock nach Stettin, Danzig, Riga und Tallin bis nach St. Petersburg. Oder große Verkehrsachsen wie Berlin- Warschau-Moskau oder München-Wien-Budapest-Bukarest-Sofia-Athen. Es geht darum, die Ausbeutung der Energiereserven des Kaspischen Meeres nicht allein Amerika zu überlassen, sondern die Transportwege von Aserbaidschan und Georgien auch über das Schwarze Meer, Bulgarien und Rumänien bis zur Adria zu legen.

Ohne Zweifel werden solche Projekte noch auf viele Schwierigkeiten treffen. Vor allem setzen sie eine Festigung der Demokratie und eine Fortsetzung der marktwirtschaftlichen Reformen im früheren sowjetischen Machtbereich voraus. Die MOE-Staaten müssen wissen, daß die EU-Mitgliedschaft nicht nur neue Finanzspritzen für die nationalen Volkswirtschaften bedeutet, sondern vor allem auch gewaltige Anstrengungen. Die breite Zustimmung, auf die eine EU-Mitgliedschaft in den meisten mittel- und osteuropäischen Ländern trifft, könnte ins Stocken geraten, wenn den Bürgern dieser Länder klar wird, daß der geforderte Anpassungsprozeß – etwa im Agrarbereich oder bei der Schwerindustrie – enorme Strukturveränderungen und zunächst hohe Arbeitslosigkeit in einzelnen Bereichen zur Folge haben wird. Nicht nur bei uns im Westen, auch in den MOE-Staaten muß der Prozeß der Osterweiterung gegen populistische Ressentiments nationalistischer Kreise verteidigt werden. Es gilt, besorgte Bürger immer wieder von neuem von der Richtigkeit des gesamteuropäischen Kurses zu überzeugen.

Die mittel- und osteuropäischen Staaten haben bereits seit 1989 gewaltige Veränderungen hinter sich gebracht. Während der Bestand an gemeinsamen EU-Regeln, der sogenannte acquis communautaire, früher nur einige Aktenordner füllte, sind es heute rund 80.000 Seiten. Allein für den Binnenmarkt gibt es mehr als 1.300 Richtlinien und Verordnungen. Auch wenn man schon heute weiß, daß es für die neuen EU-Mitglieder zum Teil erhebliche Übergangsfristen geben wird – etwa bei der Landwirtschaft, der Stahlindustrie, beim Abbau von Grenzkontrollen, bei der Freizügigkeit der Arbeitnehmer – so muß doch letztlich jedes vollwertige Mitglied den acquis communautaire auf Punkt und Komma erfüllen. Das bedeutet, daß auch das Bankensystem, die Sozialversicherung, die Verwaltungen und die Justiz auf EU-Niveau gebracht werden müssen. Seit dem 31. März 1998 führt die EU mit Ungarn, Polen, Estland, der Tschechischen Republik, Slowenien und Zypern individuelle Beitrittsverhandlungen. Die übrigen fünf nicht berücksichtigten MOE-Staaten nämlich Rumänien, die Slowakei, Lettland, Litauen und Bulgarien, sind Teil eines mehrstufigen Erweiterungsprozesses, mit dem sämtlichen Beitrittsanwärtern eine realistische Perspektive für deren schrittweise Annäherung an die EU eröffnet werden soll. Mit einer „intensivierten Heranführungsstrategie", d.h. Beitrittspartnerschaften und Heranführungshilfe, werden alle Reformstaaten des Ostens in ihrer Vorbereitung auf den EU-Beitritt künftig besonders unterstützt. Die EU hat eine regelmäßige Überprüfung der Beitrittsfähigkeit der Bewerberstaaten vereinbart und die Möglichkeit geschaffen, den Kreis der Verhandlungspartner zu erweitern. Es ist möglich, daß Kandidaten, die später erst mit Verhandlungen beginnen, dennoch früher zum Abschluß kommen (Überholspur), wenn sie besonders erfolgreich sind.

Die Verhandlungen beginnen mit einer analytischen und systematischen Vergleich („screening") des acquis communautaire mit der derzeitigen Gesetzgebung der Beitrittsanwärter. Der erwähnte Rechtsbestand der EU von 80.000 Seiten Text (davon ca. 40.000 Seiten zur Landwirtschaft) ist in 31 Kapitel von der Agrarpolitik bis zum Umweltschutz aufgegliedert worden. Die Dauer dieses screening-Prozesses wird wohl in das Jahr 1999 hineinreichen. Erst im Anschluß daran beginnen die eigentlichen Beitrittsverhandlungen, zur Zeit ist noch offen, ob die Verhandlungen in bestimmten Sektoren (z.B. Binnenmarkt) bereits vor Beendigung des gesamten screenings begonnen werden können.

Am 27. März 1998 hat der EU-Verwaltungsausschuß für das sogenannte Phare-Programm neue Leitlinien für die zehn Beitrittskandidaten für die Jahre 1998 und 1999 verabschiedet. Phare ist das wichtigste und umfangreichste Finanzinstrument der EU zugunsten der mittel- und osteuropäischen Staaten. Es dient zur Vorbereitung der Beitrittskandidaten auf die EU-Mitgliedschaft. Zwischen 1995 und 1999 sind dafür insgesamt 6,7 Mrd. Ecu bereitgestellt. Etwa 30 % dieses Finanzrahmens soll ab 1998 zur Verstärkung der Kapazitäten in den Bereichen Verwaltung und Justiz verwendet werden, 70 % für Investitionen im Zusammenhang mit der Übernahme und Umsetzung des acquis communautaire. Neben Ausbildungs- und technischer Hilfe, richtet sich nun die Unterstützung vor allem auf Partnerschaften zwischen Behörden und Einrichtungen in den beitrittswilligen Staaten und den EU-Mitgliedstaaten. Durch Beamten- und Expertenaustausch soll ein konkretes Verständnis der Anpassungsnotwendigkeiten und daraus resultierend der richtige Einsatz der erforderlichen Hilfe geschaffen werden. Mit den Ländern, mit denen nicht sofort verhandelt wird, wird im Rahmen der Phare-Haushaltsrichtlinie für die Jahre 1998 und 1999 eine sogenannte Aufholfaszilität (catch-up facility) in Höhe von 100 Mio. Ecu zur

Reduzierung des Rückstandes insbesondere in den Sektoren Privatisierung und Umstrukturierung, Förderung ausländischer Investitonen und Korruptionsbekämpfung zur Verfügung gestellt werden. Für die Jahre 2000 bis 2006 sieht die EU schließlich Beitrittshilfen in Höhe von jährlich 3,12 Mrd. Ecu vor.

Was aber bedeutet eine reformierte und erweiterte EU mit einer Gemeinsamen Außen- und Sicherheitspolitik und dem Euro für das europäisch-amerikanische Verhältnis? Richtet sich die Stärkung der EU etwa gegen Amerika? Sollen die USA herausgedrängt werden aus Europa? Kehren undankbare und sich selbst überschätzende Europäer zukünftig Washington den Rücken zu?

Nichts davon. Europa und ganz besonders Deutschland bleiben den Vereinigten Staaten unverbrüchlich als Partner und Freund verbunden. Trotz der beschriebenen europäischen Fortschritte: Es wird noch lange brauchen bis die „Krise Europas" (Karl Dietrich Bracher) überwunden ist und Europa auch in Konfliktfällen außenpolitisch agieren kann. Derzeit bleiben die europäischen Staaten fast immer auf amerikanische militärische Unterstützung und Führung angewiesen: in Bosnien, im Kosovo, in der Irak-Krise oder beim Zwischenfall um die Felseninsel Imia, die Anfang 1996 fast zu einem Krieg zwischen Griechenland und der Türkei geführt hätte.

Niemand sollte über die große Macht des heutigen Amerika Klage führen, im Gegenteil: Wir Europäer haben ihr unendlich viel zu verdanken. Aber niemand weiß, wie lange die Amerikaner bereit sein werden, sich in allen Konfliktgebieten der Welt so massiv zu engagieren wie bisher. Niemand weiß, ob nicht in einigen Jahren eine Mehrheit der amerikanischen Bürger ihren Präsidenten zum (partiellen) Rückzug aus der Weltpolitik zwingen wird. Hat der Wähler in Alabama oder Nebraska nicht recht, wenn er die Frage nach dem „burden sharing" der Europäer stellt?

Langfristig werden wir die USA nur dann als Freund und Partner behalten, wenn Europa ein starker und damit attraktiver Partner in der Weltpolitik wird. Ökonomische Kraft und militärische Fähigkeiten Europas stellen keine Bedrohung Amerikas dar, sie sind vielmehr die Voraussetzung für die Entwicklung Europas zu einem Partner, der Verantwortung übernimmt und mitentscheidet. In seinem Buch „Die einzige Weltmacht" hat der frühere Sicherheitsberater Präsident Carters, Zbirgniew Brzezinski, den Eindruck vermittelt, als seien die europäischen Länder für Amerika kaum mehr als Schachfiguren auf dem „Grand Chessboard". Er spricht von einer amerikanischen „Hegemonie neuen Typs", von „globaler Vorherrschaft" und von „Vasallenstaaten" der USA in Europa und Asien. Amerika ist für ihn die „einzige Supermacht", der „derzeitige Herrscher der Welt".

Das kann nicht der Zustand sein, den die Europäer auf Dauer akzeptieren könnten. Aber auch Brzezinski selbst weiß genau, daß die USA überfordert wären, wenn sie die Welt – wie einst Rom – auf Dauer alleine zu beherrschen trachteten. Wann und in welcher Form Europa zum echten Partner wird, das entscheiden die Europäer. Je schneller und umfassender sie sich einigen, desto mehr werden sie an der Gestaltung der Welt von morgen mitwirken können.

Die EU-Erweiterung ist eine wahrhafte Jahrhundertaufgabe. Aber ist sie nicht – trotz aller Mühen, Konflikte und zu erwartender Rückschläge – eine überaus lohnende, ja schöne Aufgabe? Wir überwinden Totalitarismus und Nationalismus, die das alte Europa allzu lange zerstückelt und geschwächt hatten. Wir machen die gute alte Welt wieder zu einem Faktor der Weltpolitik und schaffen Frieden, Freiheit und Wohlstand für alle Europäer. Sollten wir nicht dankbar sein, daß Deutschland heute als Architekt und Wegbereiter eines neuen Europas wirkt und nicht mehr als kriegstreibender Zerstörer europäischer Kultur und Zivilisation? Kann man sich einer erfüllenden Aufgabe verschreiben als der politischen und ökonomischen Rennaissance Europas?

4. OSZE: Konfliktverhütung und Krisenbewältigung

Dr. Friedbert Pflüger (CDU/CSU): Herr Präsident! Meine Damen und Herren! Ich gebe dem Kollegen Volmer völlig recht: Die KSZE bzw. die OSZE ist im öffentlichen Bewußtsein nicht so verankert, wie es der Organisation eigentlich zusteht; denn sie ist eine Erfolgsgeschichte.

(Zuruf von der CDU/CSU: So ist es!)

Die KSZE-Schlußakte von Helsinki war der wirklich sehr erfolgreiche Versuch, in Europa vom Kalten Krieg zu einer Form der Auseinandersetzung überzugehen, bei der man eine Art Hausordnung mit Prinzipien, mit gewissen menschlichen Erleichterungen und einem Kodex für Zusammenarbeit verankert.

Ich glaube, daß der KSZE-Prozeß dem Ost-West-Konflikt, der bis dahin lediglich von Abschreckung und Verteidigung geprägt war, eine andere, sehr wichtige Komponente hinzugefügt hat: Entspannung, Zusammenarbeit, Erleichterungen für die Menschen im ehemaligen Ostblock. Der KSZE-Prozeß war eines der ganz wenigen krisenfesten Elemente im Ost-West-Konflikt. Er hat mit seinem Bekenntnis zu den Menschenrechten die Dissidenten in Mittel- und Osteuropa bestärkt und den Menschen dort eine Berufungsinstanz gegenüber den kommunistischen Diktaturen gegeben. Der KSZE-Prozeß hat zur europäischen Revolution und damit auch zur Überwindung der Teilung Berlins, Deutschlands und Europas entscheidend beigetragen.

(Beifall bei der CDU/CSU und der F.D.P. sowie bei Abgeordneten der SPD)

Im Jahre 1990 wurde die KSZE-Charta von Paris verabschiedet. Sie symbolisiert den Wendepunkt der europäischen Nachkriegsgeschichte. Das Ende des Systemgegensatzes war erreicht. Eine gesamteuropäische Wertegemeinschaft schien in greifbarer Nähe. Wer nachliest, was damals in der Charta von Paris festgelegt worden ist, der sieht, daß dort ein ungeheurer Optimismus für die Zukunft vorhanden war. Es gab sogar einige, die meinten, die KSZE habe nun eigentlich ihr Ziel erreicht. Der „ewige Friede“ in der Alten Welt sei jedenfalls sehr viel näher gekommen. Einige sprachen sogar vom Ende der Geschichte. War die KSZE überflüssig geworden?

Die Konflikte, Krisen und Kriege, die wir seither erleben, haben den Romantikern aber sehr bald gezeigt, daß die neue Zeit eben noch nicht angebrochen war. Insbesondere der Krieg und Völkermord, die „ethnischen Säuberungen" im ehemaligen Jugoslawien haben gezeigt, daß wir in Europa nach wie vor Sicherheitsinstrumente und Sicherheitsorganisationen benötigen.

Man kann sogar sagen: Es ist seit 1990 schwieriger geworden. Denn bis 1990 ging es bei der KSZE um das Management von Status quo, nach 1990 ging es um die Beherrschung von dynamischem Wandel – nicht mehr in einer bipolaren, sondern in einer multipolaren Welt. Somit hat die KSZE nach 1990 immer mehr eine andere Aufgabe zugewiesen bekommen. Sie wurde dann folglich auch in OSZE umbenannt, Organisation für Sicherheit und Zusammenarbeit in Europa. Nicht mehr die Verhinderung des großen Ost-West-Krieges war die Aufgabe. Vielmehr besteht die Aufgabe nunmehr in Frühwarnung, Konfliktverhütung, Krisenbewältigung und Friedenskonsolidierung in regionalen Auseinandersetzungen. Einmischung für eine „Civil Society", Wahrung der Menschenrechte und Gewährleistung freier Wahlen, Eindämmung von Konflikten um Grenzen und Minderheiten, Abrüstung, Vertrauensbildung, Transparenz, kurz: die Institutionalisierung eines dauerhaften Dialogs zwischen den Staaten auf der Grundlage gemeinsamer Prinzipien – das ist die OSZE heute. Ich glaube, sie hat wie der Vorgänger KSZE ebenfalls die Chance, eine wirkliche Erfolgsgeschichte zu werden.

Bewährt haben sich die Einrichtung des Hohen Kommissars für nationale Minderheiten, das OSZE-Büro für demokratische Institutionen und Menschenrechte, das Forum für Sicherheitskooperation, das Konfliktverhütungszentrum, vor allem aber die OSZE-Langzeitmissionen in Bosnien, Georgien, Nagornij Karabach, Estland, Moldawien, Tschetschenien, der ehemaligen jugoslawischen Republik Mazedonien und anderswo.

Die Erfolge sind in der Tat – da gebe ich Ihnen ebenfalls recht, Herr Kollege – viel zuwenig in der Öffentlichkeit bewertet worden. Sie sind oft auch sehr schwer meßbar. Man kann natürlich sagen, daß zum Beispiel die Mission in Nagornij Karabach wesentlich dazu beigetragen hat, 1994 den Waffenstillstand herbeizuführen, oder daß die

Mission in der früheren jugoslawischen Republik Mazedonien dazu beigetragen hat, daß der Krieg sich nicht in dieser Region ausweitete, oder daß die Mission in Georgien, die übrigens von einem Deutschen geleitet wird, dazu beigetragen hat, daß es in Südossetien eben nicht zu einem Aufflackern von Kriegshandlungen gekommen ist.
Das sind ganz wichtige Erfolge, die keiner bei uns in der Regierungskoalition geringschätzt, sondern die wir würdigen, die von der Bundesregierung gewürdigt werden und die dazu beitragen, daß wir auch in Zukunft die OSZE mit aller Kraft unterstützen.

(Beifall bei der CDU/CSU und der F.D.P.
sowie bei Abgeordneten der SPD)

Den Vorwurf, die Bundesrepublik Deutschland und die Bundesregierung würden die OSZE nicht ernst genug nehmen, kann man, wie ich finde, wirklich schwerlich erheben. Er wird außer von den Grünen von niemandem erhoben. Vor allen Dingen das Ausland ist der Auffassung, daß wir uns als Bundesrepublik Deutschland im Gegenteil sehr entschieden an allem, was die OSZE macht, beteiligen.

(Beifall bei der CDU/CSU sowie bei Abgeordneten der F.D.P.)

Wir sind an allen zehn im Moment laufenden Langzeitmissionen personell beteiligt. Die OSZE-Mission in Georgien – das sagte ich bereits – wird von einem deutschen Diplomaten geleitet. Das politische und finanzielle Engagement Deutschlands wird überall gewürdigt und hat in der Wahl eines Deutschen zum Ersten Generalsekretär der Organisation sichtbaren Ausdruck erhalten.

Ich möchte hier, zumindest für meine Fraktion, ich nehme aber an: für das ganze Haus, dem ersten Generalsekretär der OSZE, der inzwischen aus dem Amt ausgeschieden ist, Wilhelm Höynck, ganz herzlich für seine Arbeit danken.

(Beifall bei der CDU/CSU, der F.D.P., der SPD
und dem BÜNDNIS 90/DIE GRÜNEN)

Ich möchte den Dank an all die Mitarbeiter unseres Landes und anderer Länder erweitern, die in wirklich schwierigen Missionen und in nicht immer schönen Städten ihren Dienst tun

(Beifall im ganzen Hause)

und unser Land wirklich ehrenvoll vertreten.

Ich möchte bei dieser Gelegenheit auch dem Kollegen Willy Wimmer danken.

(Beifall bei der CDU/CSU, der F.D.P. und der SPD sowie bei Abgeordneten des BÜNDNISSES 90/DIE GRÜNEN)

Er ist stellvertretender Präsident der OSZE-Parlamentarierversammlung. Ich finde, er macht das ausgezeichnet. Er ist jemand, der ebenfalls deutlich macht, daß dieses Parlament hinter der OSZE steht.

Neben der insgesamt positiven Würdigung der KSZE bzw. der OSZE muß aber auch etwas zu den Grenzen der OSZE gesagt werden; da unterscheiden wir uns, Herr Kollege Volmer. Im Falle militärischer Konflikte, manifester Machtinteressen, die gegeneinanderprallen, ist die OSZE als eine Institution kollektiver Sicherheit in der Regel überfordert. Man kann dies bedauern, aber es ist so. Sie kann deshalb die Institutionen kollektiver Verteidigung – WEU und vor allem NATO – nicht ersetzen, sondern nur ergänzen.

(Beifall bei Abgeordneten der CDU/CSU)

Sie sagten, man solle nicht mehr „NATO first“, sondern „OSZE first“ sagen. Das halte ich für völlig falsch; die Diskussion darüber ist zudem unnötig.

(Beifall bei der CDU/CSU und der F.D.P.)

Jede Organisation muß da tätig werden, wo sie wichtig ist und wo sie eine Leistung erbringen kann. Das ist im Falle von Konfliktverhütung, Prävention und Friedenskonsolidierung die OSZE. Wenn es aber wirklich manifeste Konflikte gibt, sind es – leider – nur NATO und WEU.

Die OSZE war überfordert, den Frieden in Bosnien-Herzegowina zu erzwingen; das mußte die NATO tun. Aber jetzt, beim Abrüstungsprozeß, beim Vertrauensbildungsprozeß und beim Prozeß freier Wahlen, hat die OSZE natürlich eine wichtige Funktion.

Wir müssen beide Arten von Institutionen zusammen nehmen. Wir dürfen sie nicht in eine Konkurrenz hetzen. Beide sind wichtig, beide erfüllen ihre Aufgabe in einer zukünftigen europäischen Friedensordnung.

(Beifall bei der CDU/CSU und der F.D.P.)

Auf dem Gipfel in Lissabon werden wir ein umfassendes europäisches Sicherheitsmodell für das 21. Jahrhundert, eine Plattform der kooperativen Sicherheit, verabschieden. Ich warne davor, zu viele Hoffnungen und Erwartungen zu haben. Die OSZE wird auch in Zukunft eine Organisation sein, die eher im Stillen, in der Vermittlung und in der Früherkennung und Frühwarnung, ihre Kraft entfaltet und nicht in dramatischen, spektakulären Aktionen.

Deshalb – da stimme ich Ihnen wieder zu, Herr Kollege Volmer – ist es unsere Aufgabe als gesamtes Parlament, der OSZE, ihren Beamten und dem, was dort in hervorragender Weise geleistet wird, von Zeit zu Zeit ein bißchen mehr Rückendeckung zu geben, als das in der Vergangenheit vielleicht der Fall gewesen ist.

(Beifall bei der CDU/CSU, der F.D.P. und der SPD sowie der Abg. Waltraud Schoppe (BÜNDNIS 90/DIE GRÜNEN))

5. Partnerschaft mit Rußland

Unsere wichtigste außenpolitische Aufgabe besteht in der Schaffung einer gesamteuropäischen Stabilitätsordnung, in der eine reformierte Nato sich nach Osten öffnet und gleichzeitig durch eine Charta mit Rußland eine dauerhafte Sicherheitspartnerschaft mit Moskau begründet. Dabei muß die Nato verteidigungsfähig bleiben. Henry Kissingers Warnung, daß Rußland durch die vorgesehenen Konsultationsrechte de facto ein Veto bei künftigen Entscheidungen des Bündnisses erhalte, sind ernst zu nehmen.

Andererseits aber muß die Nato legitimen russischen Sicherheitsinteressen Rechnung tragen. Der Ansatzpunkt für einen strategischen Ausgleich mit Moskau liegt darin, Rüstungskontrolle und Abrüstung wieder zu einem Kern der Beziehungen zu machen.

1. Der Vertrag über konventionelle Streitkräfte in Europa (KSE) von 1990 hat zu der Vernichtung von 50.000 angriffsfähigen Waffensystemen zwischen Atlantik und Ural geführt. Rußland fordert nun, die damals vereinbarten Obergrenzen neu zu verhandeln, da durch die Ost-Erweiterung der Nato eine neue Lage entstanden sei. Noch gibt es dazu keine abgestimmte Haltung des Westens. Aber der russische Wunsch nach einer Rückversicherung gegen eine mögliche Vorverlegung des konventionellen Potentials der Nato ist verständlich. Allianz und Beitrittsländer sollten Moskau entgegenkommen und eine weitere Senkung der Obergrenzen für Waffen und Truppen vorschlagen. Bei der Lösung der sozialen Probleme, die bei der Entlassung russischer Soldaten entstehen, sollte der Westen im eigenen Interesse helfen. Davon würde eine große vertrauensbildende Wirkung ausgehen.

2. Im Rahmen dieser Vertrauensbildung sollte Rußland im Gegenzug endlich START II, das Abkommen über die strategische Nuklearabrüstung, das Chemiewaffenübereinkommen und den Vertrag über den „offenen Himmel" ratifizieren. Eine Mehrheit in der russischen Duma hat bisher versucht, diese Verträge zum Faustpfand im Hinblick auf die Nato-Öffnung zu machen. Sie hat damit den russischen Interessen keinen Dienst erwiesen, denn eine umfassende Abrüstung würde ja gerade die angeblich befürchtete Bedrohung Rußlands mindern. Im Rahmen einer Gesamtvereinbarung über eine

europäische Sicherheitsarchitektur besteht jedoch für diese Abkommen eine neue Chance, zumal der Westen, vor allem Amerika, auch in Zukunft bereit sein wird, den nuklearen und chemischen Abrüstungsprozeß in Rußland technisch und finanziell zu unterstützen. Der Vertrag über den offenen Himmel, der allen Beteiligten Beobachtungsflüge zwischen Vancouver und Wladiwostok erlaubt, ist gerade wegen der Nato-Erweiterung im Interesse Rußlands. Er schafft Transparenz im Hinblick auf Truppenbewegungen.

3. Schließlich sollte die Nato mit Rußland ein gemeinsames Aktionsprogramm gegen die Weiterverbreitung von Massenvernichtungswaffen ausarbeiten: Mehr Sicherheit und Kontrolle beim nuklearen Abrüstungsprozeß, Verhinderung der Abwanderung russischer Atomwissenschaftler in nukleare Schwellenländer, Inkrafttreten des Atomteststopp-Vertrages, Verbesserung der Kontrollmöglichkeiten der Internationalen Atomenergie Organisation (IAEO) in Wien – aber auch Zusammenarbeit bei der „counterproliferation", den möglicherweise notwendigen militärischen Gegenmaßnahmen gegen Staaten, die sich heimlich in den Besitz von ABC-Waffen bringen. Die Interessen der Nato und Rußlands sind hier weitgehend identisch: um so erstaunlicher ist es, daß es bisher kaum Zusammenarbeit gibt.

Wenn die Nato-Öffnung von einem umfassenden Abrüstungsdialog begleitet wird, könnte Moskau eines Tages doch noch zu der Überzeugung gelangen, daß es besser ist, in seinem Westen stabile Partnerländer zu haben als unruhige Pufferstaaten.

6. Der NATO-Rußland-Rat: Auf dem Weg zum „appeasement"?

Um den Schmerz der NATO-Erweiterung zu lindern, hat der Westen Rußland einige Zuckerbrote angeboten: Mitgliedschaft in der Gruppe der 7 Industrieländer, Schritte in Richtung auf einen neuen Vertrag über strategische Waffen, Wirtschaftshilfe-Pakete, keine Kernwaffen in die neuen NATO-Mitgliedstaaten und die Einsetzung eines NATO-Rußland-Rats für Sicherheitsfragen.

Rußland mag sich zwar darüber beschweren, den Krieg um die Erweiterung des Bündnisses verloren zu haben, doch hat es beinahe alle Schlachten gewonnen. Indem die NATO berechtigte Sicherheitsinteressen Moskaus angesprochen hat, könnte sie in der Tat zu weit gegangen sein. Sie muß ihre Position mit Rußland in vier Themenbereichen klären oder neu bewerten:

Als ersten und wichtigsten Schritt muß die NATO den Zeitabstand zwischen der Einsetzung des NATO-Rußland-Rats für Sicherheitsfragen und dem Beitritt neuer Mitgliedstaaten in 1999 überwinden. Er ist ein Paradoxon: Durch die Schaffung eines neuen Rats wird Moskau mindestens eineinhalb Jahre früher an die NATO-Entscheidungen beteiligt als die Bewerber um die volle Mitgliedschaft. Auf kurze Sicht könnten die Sicherheitsinteressen Rußlands zu einem früheren Zeitpunkt berücksichtigt werden als die der neuen Mitglieder. Tatsächlich äußerten sich einige Vertreter der polnischen Regierung bereits besorgt darüber, daß Rußland den Zeitplan für die Aufnahme der neuen Mitglieder verzögern könnte. Bevor der mühsame Ratifizierungsprozeß im Jahre 1998 stattfindet, sollten künftige NATO-Mitglieder deshalb bereits unmittelbar nach dem Gipfeltreffen des Bündnisses im Juli in Madrid einen Sitz im Rat erhalten. Dies würde den neuen Mitgliedern ermöglichen, vor ihrem offiziellen Beitritt zum Bündnis zumindest als Beobachter an den Konsultationen teilzunehmen.

Der zweite Themenbereich, der eine Klärung erfordert, betrifft den NATO-Rußland-Rat selbst, der jederzeit jedes Thema diskutieren darf. Dies könnte als Hintertürchen dienen, Rußland den Beitritt zum Bündnis zu ermöglichen. Selbst wenn Rußland formell nicht die Macht hat, Maßnahmen der NATO zu blockieren, könnten die Unabhängigkeit und Flexibilität des Bündnisses beeinträchtigt werden, wenn sich Mitglieder verpflichtet fühlen, den Kreml zuerst zu konsultieren. Es wird großer Druck bestehen, mit Rußland einen Konsens zu erreichen. Wird die Aufnahme Rußlands die Fähigkeit der NATO, auf Bedrohungen rasch zu reagieren, beeinträchtigen? Wenn die russische Regierung ihren Kurs ändert und infolge dessen die Muskeln erneut spielen läßt, wird dann die NATO über die Stärke zur Auflösung des Rats verfügen oder wird sie sich zu einem bedeutenden Instrument der Beschwichtigung (appeasement) entwickeln?

Einige behaupten, die Satzung für den NATO-Rußland-Rat sei nicht rechtsverbindlich (der Kongreß und die westlichen Parlamente ratifizieren sie nicht) und man könne deshalb im Falle einer Krise ohne weiteres von ihr abrücken. Die Russen werden die Satzung jedoch in der Duma ratifizieren und Präsident Boris Jeltsin hat bereits klargestellt, daß sie nach Auffassung Moskaus Teil des Völkerrechts ist.

Die dritte Frage betrifft die Art und Weise, wie die Verhandlungen über die Dislozierung von Nuklearwaffen auf die neuen NATO-Staaten beschränkt wurden. Weshalb soll Rußland nicht zu ähnlichen Konzessionen in Gebieten wie Kaliningrad, das zwischen Polen und den baltischen Staaten liegt, aufgefordert werden? Die NATO hat zwar den russischen Forderungen nach neuen Verhandlungen über konventionelle Streitkräfte in Europa nachgegeben, jedoch nicht die enorme russische Überlegenheit im Bereich der taktischen Nuklearwaffen angesprochen.

Schließlich muß die NATO die Unabhängigkeit der baltischen Staaten gewährleisten. Da die früher von der Sowjetunion kontrollierten baltischen Staaten in der ersten Runde nicht für eine NATO-Mitgliedschaft in Betracht gezogen werden, müssen wir ihnen versichern, daß sie der NATO zu einem späteren Zeitpunkt werden beitreten können. Rußland sollte hinsichtlich ihrer Mitgliedschaft nicht über ein de facto-Vetorecht verfügen.

Der Abbau der Sorgen der mittel- und osteuropäischen Länder ist Voraussetzung für eine wirkliche Partnerschaft mit Moskau. Er ist ebenfalls Voraussetzung für Frieden und Stabilität in Europa. Die NATO muß jegliche Befürchtung zerstreuen, daß der Alptraum von Jalta wiederauflebt.

7. NATO-Öffnung und Sicherheitspartnerschaft mit Rußland

Dr. Friedbert Pflüger (CDU/CSU): Frau Präsidentin! Meine Damen und Herren! Die derzeitige Konzentration auf die Wirtschafts- und Finanzpolitik, die ganz verständlich ist, verstellt leider oft den Blick auf die wirklich eindrucksvollen Erfolge auf dem Gebiet der Außen- und Sicherheitspolitik. Der NATO-Rußland-Gipfel von Paris Ende Mai und der NATO-Gipfel in Madrid Anfang Juli bilden zusammen einen historischen Markstein auf dem Weg zu einer dauerhaften europäischen Friedensordnung im 21. Jahrhundert.

(Beifall bei der CDU/CSU und der F.D.P.)

Wir bauen mit diesen beiden Gipfelbeschlüssen die europäische Friedensordnung auf drei Säulen auf: auf der Kooperation der Allianz mit Rußland, auf der Integration mittel- und osteuropäischer Staaten in die Allianz und auf der Offenheit des Bündnisses für weitere Staaten Mittel- und Osteuropas einschließlich des Baltikums.

(Beifall bei der CDU/CSU und der F.D.P.)

Diese drei Säulen tragen nur zusammen. Man kann sie nicht einzeln betonen. Das Fundament hat nur dann Tragfähigkeit, wenn wir alle drei Dinge – Integration, Kooperation und Offenheit – zusammennehmen.

Ich möchte zunächst einige Bemerkungen zum Thema Kooperation mit Rußland machen. Die größte Gefahr für unsere Sicherheit geht von dem Erbe des Rüstungswettlaufes des Kalten Krieges aus: Verbreitung von Massenvernichtungswaffen, Schwarzhandel mit Spaltmaterial, Transfer von nuklearem Know-how. Ohne Rußland können wir dieses große Problem nicht annähernd lösen. Wir brauchen Rußland dafür. Deshalb ist es gut und richtig, daß wir in der Grundakte eine enge Kooperation mit Rußland beschlossen haben.

(Beifall bei der CDU/CSU und der F.D.P.
sowie bei Abgeordneten der SPD)

Wir haben ein fundamentales Interesse am Fortgang der demokratischen und wirtschaftlichen Reformen in Rußland, an der Einbindung dieses mächtigen Landes in die europäische Sicherheitsarchitektur und daran, gemeinsam mit den Russen die Krisenherde am Rande Europas zu beseitigen – und wenn nicht zu beseitigen, so doch zu mildern und einzudämmen.

Wir haben ferner ein großes Interesse an weiterer Abrüstung, und wir wollen, daß der Prozeß der NATO-Öffnung nicht zu neuen Rüstungswettläufen führt, sondern im Gegenteil zu vermehrter Abrüstung. Die NATO hat in der Grundakte mit Rußland erklärt, daß sie keinen Grund und keine Absicht hat, Atomwaffen auf dem Gebiet der Beitrittsländer zu stationieren, und daß sie auch nicht dauerhaft ausländische Truppen auf diesem Gebiet stationieren möchte.

Vor diesem Hintergrund appellieren wir – ich glaube, von allen Seiten dieses Hauses – an die Kollegen in der russischen Duma: Ratifizieren Sie endlich den Start-II-Vertrag zur Verminderung der strategischen Atomraketen!

(Beifall bei der CDU/CSU, der F.D.P., der SPD
und dem BÜNDNIS 90/DIE GRÜNEN)

Bereiten Sie damit den Weg für einen Start-III-Vertrag für die noch weitergehende Abrüstung bei den interkontinentalen Nuklearraketen! Ratifizieren Sie die Chemiewaffenkonvention und das Abkommen über den offenen Himmel! Ermöglichen Sie schnelle und konstruktive Verhandlungen in Wien zur Senkung der Obergrenzen bei den konventionellen Waffen! Und lassen Sie uns auch über die taktischen Nuklearwaffen sprechen, bei denen Rußland nach inoffiziellen Angaben eine Überlegenheit von etwa 40 : 1 hat! Lassen Sie uns diese taktischen Nuklearwaffen soweit wie möglich aus Europa wegverhandeln!

(Beifall bei der CDU/CSU, der F.D.P. und der SPD)

Schließlich: Bilden Sie Vertrauen bei Ihren westlichen Nachbarn, und achten Sie das, was in der NATO-Rußland-Akte festgelegt ist, nämlich das Recht der Nationen auf Souveränität und Bündnisfreiheit! Dies gilt zumal für die Ukraine und das Baltikum.

Zweitens: zum Thema Integration. In Madrid geht es nicht um die Expansion einer Militärmaschine, sondern es geht um die Öffnung einer wertgebundenen Sicherheitsallianz. Wir im Westen haben die Staaten Mittel- und Osteuropas doch nicht gedrängt, in das Bündnis zu kommen. Sie haben vielmehr an die Tür des Bündnisses geklopft. Hätten wir weghören sollen? Hätten wir die NATO zu einer Festung machen sollen, nur wir, und die anderen haben kein Recht auf Stabilität?

Ich glaube, daß vor allen Dingen das Beispiel Polens zeigt, daß ein solcher Weg politisch, moralisch, aber auch aus unserer Interessenlage heraus völlig unakzeptabel gewesen wäre. Wenn wir uns die Geschichte Polens anschauen – Polen seit 250 Jahren immer wieder geteilt, zerstückelt, Spielball der Mächte im Osten und im Westen, über 100 Jahre von der Landkarte ganz verschwunden –, ist es doch ganz verständlich, daß die Polen nun, wo sie ihre Souveränität haben, sagen: Jetzt wollen wir unsere geographische Mittellage mit einer politischen Westbindung überlagern. – Das ist die gleiche Entscheidung, die Konrad Adenauer für die Bundesrepublik Deutschland 1949 getroffen hat. Sollten wir das den Polen, den Ungarn, den Tschechen und anderen verweigern? Sollten wir sie draußen vor lassen? Nein, die Erweiterung, die Öffnung des Bündnisses bedeuten Stabilitäts-, Friedens- und Freiheitsexport. Wir haben das wie selbstverständlich für die neuen Bundesländer nach der Wiedervereinigung beansprucht: ganz Deutschland hinein in die NATO. Mit welchem Argument sollten wir Polen, Tschechen und Ungarn sagen: Was wir für uns verlangt haben, das bekommt ihr nicht?

Ich appelliere an diejenigen bei den Grünen, die noch immer gegen die NATO-Erweiterung und die NATO-Öffnung sind. Hören Sie doch endlich auf damit, besser als diese Länder selbst zu wissen, was für deren Sicherheit wichtig und notwendig ist!

(Beifall bei der CDU/CSU, der F.D.P., der SPD und dem BÜNDNIS 90/DIE GRÜNEN)

Ich möchte hier neben Herrn Bundesaußenminister Kinkel vor allen Dingen Bundeskanzler Kohl, dem Fraktionsvorsitzenden Schäuble und unserem Bundesverteidigungsminister Rühe danken, daß sie sehr frühzeitig, nämlich schon vor mehreren Jahren, erkannt haben, daß die NATO-Öffnung unsere politische und moralische Pflicht ist, aber auch in unserem Interesse liegt. Ganz herzlichen Dank! Denn das ist es, was die Länder von Deutschland erwarten: daß wir eine Anwaltsrolle übernehmen. Und diese Anwaltsrolle haben wir übernommen.

(Beifall bei der CDU/CSU und der F.D.P.)

Es bleibt allerdings ein Problem, das darin liegt, daß der NATO-Rußland-Rat zum erstenmal in Kürze zusammentreten wird, während der Beitritt der neuen Länder zum Bündnis frühestens im April 1999, nach dem Ratifikationsprozeß in 16 Ländern, vollzogen werden kann. Was machen wir in diesen eineinhalb Jahren? Wir sollten versuchen, die Beitrittsländer, die wir zu Verhandlungen in Madrid einladen werden, so bald wie möglich und soviel wie möglich an den Institutionen des Bündnisses zu beteiligen durch Kooperation, Konsultation und Mitwirkung.

1951, als Griechenland und die Türkei in das Bündnis aufgenommen worden sind, wurde für diese Länder vor Hinterlegung der Ratifikationsurkunden ein Beobachterstatus festgelegt. Das könnte jetzt ein gutes Beispiel sein. Ich glaube, daß wir, wenn wir dies in der Allianz forderten und verträten, der Anwaltsrolle, die wir beanspruchen und die wir aus Sicht der mittel- und osteuropäischen Länder haben, gerecht werden würden.

(Beifall bei Abgeordneten der CDU/CSU, der F.D.P. und der SPD)

Drittens: die Offenheit. Ich möchte für die Fraktion der CDU/CSU ganz deutlich sagen: Der ersten Runde der Erweiterung des Bündnisses, der Öffnung unserer Allianz, werden weitere Runden folgen.

(Beifall bei der CDU/CSU, der F.D.P. und der SPD)

Die Allianz bleibt offen für die Staaten der Europäischen Union und für die Staaten, die der EU assoziiert sind, einschließlich des Baltikums.

(Beifall des Abg. Ulrich Irmer (F.D.P.))

Wahrscheinlich hätte man im Deutschen Bundestag sogar für die Aufnahme weiterer Länder eine Mehrheit erzielen können. Andererseits aber gilt: Je unvollständiger die erste Runde, desto sicherer kommt die zweite.

Mit dem Schritt, den wir jetzt beschließen, kommt die NATO näher an diejenigen Staaten, die diesmal noch nicht dabei sein können. Niemand wird zurückgewiesen. Aber die Allianz darf sich nicht überfordern. Sie muß handlungs-, abschreckungs- und notfalls auch verteidigungsfähig sein. Sie ist kein Debattierklub, sondern ein Sicherheitsbündnis. Aber wir sagen unseren Kollegen in den Staaten

Mittel-, Ost- und Südeuropas: Das Bekenntnis zur NATO-Öffnung als einem Prozeß ist nicht nur diplomatische Kosmetik; Kooperation mit Moskau und weitere Integrationsschritte schließen sich nicht aus.

Erlauben Sie mir zum Schluß – ich glaube, ich spreche für uns alle –, dem Generalsekretär der NATO, Herrn Solana, für seine glänzende Arbeit ganz herzlich zu danken.

(Beifall bei der CDU/CSU, der F.D.P., der SPD und dem BÜNDNIS 90/DIE GRÜNEN)

Nach Manfred Wörner sitzt wieder eine überragende Persönlichkeit in Brüssel, die großen Anteil an dem hat, was wir in Madrid beschließen werden. Die NATO-Öffnung ist eine Niederlage für die Ewiggestrigen im Kreml. Sie ist eine Niederlage für die Nationalisten in Mittel- und Osteuropa. Sie ist eine Niederlage für die Balance der Nationalstaatenbefürworter in Westeuropa, und sie ist eine Niederlage für die Isolationisten in Amerika.

Bis weit in das nächste Jahrhundert hinein haben wir nun mit Amerika eine gemeinsame Agenda in Europa. Zusammen mit unseren amerikanischen Freunden werden wir die europäische Zukunft bestimmen. Von Kulturbruch ist keine Spur, wohl aber von gleichgelagerten Werten und Interessen mit Amerika. Gerade durch die Öffnung haben wir das Bündnis auf eine tragfähige, zukunftsgerichtete Basis gestellt.

(Beifall bei der CDU/CSU und der F.D.P. sowie bei Abgeordneten der SPD)

8. Neue Mitglieder im Bündnis – Von Freunden umgeben

Dr. Friedbert Pflüger (CDU/CSU): Frau Präsidentin! Meine Damen und Herren! Die Rede des Kollegen Volmer ist der beste Beweis dafür, daß das, was Karsten Voigt hier geschildert hat – die Kontinuität, die wir nach einem Regierungswechsel zu erwarten hätten –, wirklich nicht zutreffend ist.

(Beifall bei der CDU/CSU und der F.D.P. –
Norbert Geis (CDU/CSU): So ist es!)

Mir scheint, es ist ganz deutlich geworden, daß hier ein Sicherheitsrisiko für die Politik der Bundesrepublik Deutschland, eine Art sicherheitspolitisches Garzweiler, droht, Herr Kollege Volmer.

(Beifall bei der CDU/CSU und der F.D.P. – Lachen bei Abgeordneten der SPD und des BÜNDNISSES 90/DIE GRÜNEN –
Wilhelm Schmidt (Salzgitter) (SPD):
Das Sicherheitsrisiko ist diese Regierung und ihre Koalition! –
Ludger Volmer (BÜNDNIS 90/DIE GRÜNEN):
Ist ja toll, daß Sie uns so stark einschätzen!)

Ich glaube, daß es sich trotz der großen Mehrheit, die wir für die NATO-Öffnung erhalten werden, lohnt, sich mit den Argumenten der Gegner der NATO-Öffnung wie denen des Kollegen Volmer auseinanderzusetzen.

Erste Frage: Ist es wirklich wahr, daß die NATO-Öffnung, also das, was wir jetzt hier diskutieren, eine Ausweitung der Militärmaschinerie, eine antirussische Allianz, wie Sie das genannt haben, nach Osten darstellt?

Wenn wir uns die Lage richtig vergegenwärtigen, stellen wir fest, daß die Idee der NATO-Erweiterung nicht bei irgendwelchen dunklen Strategen in Brüssel, Washington oder Bonn entstanden ist, sondern in den Köpfen der Leute in Tschechien, in Ungarn, in Polen und in den anderen mittel- und osteuropäischen Ländern. Die haben doch an unsere Tür geklopft. Sollen wir die Tür versperrt lassen und nicht hinhören?

(Beifall bei der CDU/CSU und der F.D.P.
sowie bei Abgeordneten der SPD)

Ich glaube, daß es unsinnig ist, hier von einer „Expansionsstrategie" zu sprechen. Vielmehr ist es eine Strategie gegen Instabilität, gegen das Wiederaufleben von Nationalismen. Das ist etwas völlig anderes.

Ich bin stolz darauf, daß meine Fraktion und diese Bundesregierung mit als erste und mit am entschiedensten für diesen historischen Prozeß gekämpft haben.

(Dr. Karl-Heinz Hornhues (CDU/CSU): Jawohl!)

Das ist wirklich wichtige europäische Politik gewesen.

(Beifall bei der CDU/CSU)

Zweitens. Ist es wirklich richtig – was der Kollege Volmer sagt –, daß Rußland isoliert und aus Europa herausgedrängt wird und daß neue Gräben geschaffen werden?

(Dr. Karl-Heinz Hornhues (CDU/CSU): So stellt er sich die Welt vor!)

Nein. Wir haben mit Rußland den NATO-Rußland-Rat vereinbart: Integration der mittel- und osteuropäischen Staaten, Kooperation mit Rußland. Darüber hinaus gibt es die NATO-Rußland-Grundakte und eine gemeinsame Agenda mit Rußland. Das läuft doch: zum Beispiel auf den Gebieten Energiesicherung, Bekämpfung der Kriminalität, Bekämpfung des Terrorismus, nukleare Sicherheit, Abrüstung, Nonproliferation. Da funktioniert doch einiges; von Bosnien brauche ich jetzt gar nicht zu reden. Das hat doch nichts mit der Isolierung von Rußland zu tun. Nein, wir wollen mit Rußland diesen Prozeß gestalten, weil nur das Frieden bringt in Europa.

(Beifall bei der CDU/CSU sowie bei Abgeordneten der F.D.P.)

Aber ich füge hinzu: Dies wird um so leichter sein, je mehr Rußland die Souveränität und die Bündnisfreiheit der Länder in Mittel- und Osteuropa tatsächlich akzeptiert – stärker noch als bisher.

(Zustimmung der Abg. Dr. Karl-Heinz Hornhues (CDU/CSU) und Ulrich Irmer (F.D.P.))

Drittens. Herr Volmer und die Kollegin Gysi haben hier gesagt, die erste Runde der NATO-Öffnung führe zu Diskriminierung und Enttäuschung derjenigen, die nicht dabei sind. Ich kann nur sagen: Natürlich konnte die NATO nicht alle auf einmal aufnehmen. Das hätte sie funktionsunfähig gemacht. Aber enttäuscht sind die gar nicht. Die sind voller Hoffnung. Ich sage für meine Fraktion – ich glaube, ich kann es auch für die ganze Koalition sagen –: Wir werden diese Hoffnung nicht enttäuschen. Der Prozeß der NATO-Öffnung geht weiter. Wir werden die NATO weiter öffnen.

(Beifall bei der CDU/CSU und der F.D.P. –
Günter Verheugen (SPD): Das möchte ich sehen!)

Es ist noch zu früh, über konkrete Länder und Zeitpläne zu reden. Man sollte erst einmal das jetzige Protokoll ratifizieren, die ersten drei Länder aufnehmen. Aber im NATO-Dokument von Madrid werden schon die ersten beiden weiteren Kandidaten erwähnt: Rumänien und Slowenien. Nach der Konsolidierung in Sofia gehört Bulgarien dazu. Ich nenne auch das Baltikum. Die Kollegen Verheugen und Schmidt haben ferner völlig zu Recht auf die Slowakei hingewiesen. Auch für sie sind wir offen, wenn sich dort die Reformdemokraten durchsetzen. Österreich ist ebenfalls immer willkommen.

(Christian Schmidt (Fürth) (CDU/CSU): Ein sehr guter Hinweis!)

Und natürlich, so füge ich hinzu, würden wir uns alle in diesem Hause freuen, wenn Frankreich wieder zur militärischen Integration dazugehörte. Denn die Franzosen brauchen wir, auch um ein stärkeres europäisches Gewicht innerhalb der NATO zu entfalten.

(Beifall bei Abgeordneten der CDU/CSU und der F.D.P.
sowie des Abg. Karsten D. Voigt (Frankfurt) (SPD))

Die NATO bleibt also offen für neue Mitglieder.

Es gibt ein weiteres Gegenargument, das allerdings nicht der Kollege Volmer gebracht hat. Eher von Kommentatoren und eher von der konservativen Seite wird die Frage gestellt: Bleibt das ein funktionsfähiges Bündnis, wenn sich die NATO öffnet, oder wird das ein Debattierclub? – Ich finde, das ist eine sehr ernstzunehmende Frage. Aber auch diesbezüglich kann ich nur darauf verweisen, sich die Realität anzuschauen. Auf der Herbsttagung der NATO im letzten Jahr haben wir die institutionelle Reform der NATO beschlossen. Es gibt jetzt direkt unterhalb der strategischen Ebene nur noch zwei Kommandozentralen. Die vier Kommandoebenen der NATO wurden generell auf drei reduziert. Statt 60 Headquarters sind es jetzt nur noch 25.

(Joseph Fischer (Frankfurt) (BÜNDNIS 90/DIE GRÜNEN): Das ist aber schade!)

Das heißt, die NATO ist bereits schlanker und flexibler geworden. Ich finde, daß sie damit die Voraussetzungen geschaffen hat – trotz mancher Probleme, die es immer noch gibt –, sich für neue Mitglieder zu öffnen. Aber, Kollege Volmer, das kann man nicht auf einmal machen. Damit würde man diese Allianz überfordern. Wir machen das schrittweise. Aber diese Schritte – ich sage es noch einmal – müssen folgen; und sie müssen ohne Pause folgen, damit der Prozeß als solcher erkennbar bleibt.

(Beifall bei Abgeordneten der CDU/CSU)

Schließlich ist immer wieder über die Kosten geredet worden – interessanterweise in der heutigen Debatte weniger als sonst. Das hat seinen guten Grund. Ich kann mich an die Horrorzahlen erinnern: Der amerikanische Kongreß hat davon gesprochen, das würde 130 Milliarden DM kosten; die Rand Corporation hat von 42 Milliarden DM gesprochen; das Pentagon kam noch im letzten Jahr mit einer Studie heraus, nach der sich so um die 35 Milliarden DM ergaben. Jetzt sehen wir die tatsächlichen Zahlen:

(Uta Zapf (SPD): Wir haben doch gar keine Zahlen, Herr Pflüger!)

Die NATO wird in den nächsten zehn Jahren 1,5 Milliarden DM bezahlen müssen. Wenn man das auf den Anteil Bonns umrechnet, dann bedeutet das etwa 30 bis 50 Millionen DM.

(Joseph Fischer (Frankfurt) (BÜNDNIS 90/DIE GRÜNEN): Peanuts!)

Das meiste davon wird man wahrscheinlich sogar aus den laufenden NATO-Haushalten finanzieren können. Ich finde, das sollten Sicherheit und Stabilität in Mittel- und Osteuropa uns wirklich wert sein, meine Damen und Herren,

(Beifall bei der CDU/CSU und der F.D.P. sowie des Abg. Karsten D. Voigt (Frankfurt) (SPD))

zumal die Zeche in dem Moment, in dem es dort wieder Instabilitäten, Konflikte und Kriege geben würde, für uns alle sicher teurer werden würde. Deshalb glaube ich, daß wir auf dem richtigen Weg sind.

Ich komme zu meinem letzten Gedanken: Natürlich gibt es Verlierer dieser NATO-Öffnung. Die Verlierer sind die Falken im Kreml, die Isolationisten in Amerika und die Nationalisten in Europa.

(Zuruf von der F.D.P.: Und die Grünen!)

Ich finde, das sind die richtigen Verlierer! Wir finden es gut, daß diese Leute jetzt mit dem Prozeß der NATO-Öffnung auf der Verliererseite stehen und daß wir eine Politik haben, die langfristig die Vereinigten Staaten von Amerika an Europa bindet.

Vielen Dank.

(Beifall bei der CDU/CSU und der F.D.P.sowie der Abg. Karsten D. Voigt (Frankfurt) (SPD) und Peter Zumkley (SPD))

9. Die Allianz bleibt offen

Dr. Friedbert Pflüger (CDU/CSU): Frau Präsidentin! Meine Damen und Herren! Ich möchte zunächst ein Wort an den Ehrenvorsitzenden der CDU/CSU-Bundestagsfraktion, an unseren Kollegen Alfred Dregger, richten.

(Beifall bei Abgeordneten der CDU/CSU)

Ich glaube, daß die Rede, die wir von Herrn Dregger heute gehört haben, eine eindrucksvolle Bilanz seiner Beiträge zur Außenpolitik der Bundesrepublik Deutschland und ein richtungweisendes Vermächtnis für die Zukunft darstellt.

(Beifall bei der CDU/CSU sowie bei Abgeordneten der F.D.P.)

Die meisten von uns werden sich an eine andere Rede erinnern, nämlich an die Rede, die der damalige polnische Außenminister, Herr Bartoszewski, in diesem Haus am 8. Mai 1995 gehalten hat. Er hat damals gesagt: Polen, Ungarn, Tschechien, die mittel- und osteuropäischen Staaten wollen in die EU und in die NATO, weil das für sie die Rückkehr nach Europa bedeutet, zurück in die europäische Zivilisation nach den Jahren des Stalinismus. – Wenn wir uns diese Worte von Herrn Bartoszewski, dieses Klopfen an die Tür der NATO vor Augen halten, wenn wir hinhören, was zum Beispiel in Polen gesagt wird, dann gibt es überhaupt keinen Grund, den Polen zu sagen: Nein, wir stimmen gegen eure NATO-Mitgliedschaft; wir wissen besser als ihr, was für eure Sicherheit notwendig und richtig ist. – Das ist Arroganz und Ignoranz, die wir aufs schärfste zurückweisen.

(Beifall bei der CDU/CSU und der F.D.P.)

Wir erinnern uns an Lech Walesa auf der Lenin-Werft in Danzig, an Geremek, an Mazowiecki, an die großartigen Leute der Solidarnosz, die aufgestanden sind und denen wir in Deutschland unsere Wiedervereinigung und die Europäer auf dem ganzen Kontinent ihre Freiheit verdanken.

(Beifall bei Abgeordneten der F.D.P.)

Diesen Menschen schulden wir Dankbarkeit statt Arroganz und Ignoranz, Frau Kollegin Beer.

(Beifall bei der CDU/CSU und der F.D.P.)

Den mittel- und osteuropäischen Ländern steht es bis obenhin, von weltfremden Ideologen belehrt zu werden. Sie wissen selbst, was für sie am besten ist, und bedürfen nicht der Belehrung von Beer, Trittin und anderen in der Grünen-Fraktion.

(Beifall bei der CDU/CSU sowie bei Abgeordneten der F.D.P.)

Meine Damen und Herren, zu diesem heutigen Tag, zu dieser wirklich historischen Entscheidung haben viele von uns beigetragen. Ich möchte in der Bundesregierung – ich glaube, ich trete damit niemandem zu nahe – ganz besonders Volker Rühe ansprechen. Ich möchte Volker Rühe für das, was er geleistet hat, danken; denn er ist der erste in Europa, in der westlichen Welt gewesen, der das Thema der NATO-Öffnung auf die internationale Tagesordnung gesetzt hat.

Ich danke aber auch den Kollegen in meiner Fraktion, dem Fraktionsvorsitzenden Schäuble, der sich ebenfalls schon zu einem Zeitpunkt dafür eingesetzt hat, als viele andere noch zögerten.

(Beifall bei der CDU/CSU sowie bei Abgeordneten der F.D.P. – Wilhelm Schmidt (Salzgitter) (SPD): Karriere!)

Ich danke den vielen, die mit zahlreichen Kontakten und sehr vielen Reisen in diesen Ländern Vertrauen geschaffen haben, das 1990 und 1991 noch nicht da war. Ich nenne Reinhard von Schorlemer, den Vorsitzenden der Deutsch-Ungarischen Parlamentariergruppe,

(Beifall bei Abgeordneten der CDU/CSU)

Karl-Heinz Hornhues, der sich in Polen engagiert hat, Karl Lamers und Rudolf Seiters, die sich um Tschechien gekümmert haben. Solche Menschen gibt es auch in der SPD-Fraktion, sie gibt es im ganzen Haus.

Der Deutsche Bundestag hat mit einer Vielzahl von Kontakten dazu beigetragen, daß dieses Vertrauen wachsen konnte und in Polen, Tschechien und Ungarn der Eindruck entstanden ist: Die kommen nicht nur mal kurz vorbeigefahren, sondern die wenden sich uns wirklich zu, die interessieren sich für uns. Daß uns diese Länder wirklich vertrauen, ist doch etwas, was man immer wieder spürt und worauf man auch ein wenig stolz ist.

Frau Kollegin Schulte, Sie haben soeben den Moskauer Gipfel angesprochen. Sie haben recht: Er ist nicht so unproblematisch. Aber dadurch, daß Helmut Kohl, unser Bundeskanzler, da hinfährt und die Polen, Tschechen und Ungarn Vertrauen zu ihm aufgebaut haben, ist das Ganze überhaupt kein Problem mehr für sie.

(Beifall bei der CDU/CSU sowie bei Abgeordneten der F.D.P.)

Meine Damen und Herren, ich möchte ein Wort zu den Sozialdemokraten sagen, und zwar im Zusammenhang mit einer sehr wichtigen Sache, die wir immer wieder mit sehr viel Zustimmung erleben: Es kommen Offiziere aus Polen, Tschechien und Ungarn an unsere Führungsakademie nach Hamburg. Wir erleben, daß die Bundeswehr ein Vorbild an Innerer Führung für sie ist. Das Bild vom Soldaten als dem Bürger in Uniform, die Innere Führung und das Primat der Politik haben für sie Vorbildfunktion. Diese Offiziere kommen zur Führungsakademie nach Hamburg und gestalten ihre Armeen nach dem Vorbild der Bundeswehr. Dies tun sie aber bestimmt nicht, weil sie glauben, dort seien Rechtsradikale am Werk.

(Beifall des Abg. Andreas Schmidt (Mülheim) (CDU/CSU))

SPD und Grüne haben diesen unsinnigen Untersuchungsausschuß eingerichtet, und er ist wirklich ein Skandal, weil er die Bundeswehr – gewollt oder ungewollt – unter Generalverdacht stellt.

(Beifall bei der CDU/CSU sowie bei Abgeordneten der F.D.P.)

Diese Länder sind das beste Beispiel dafür, wie unsinnig Ihr Beschluß war, diesen Untersuchungsausschuß einzusetzen.

Vizepräsidentin Dr. Antje Vollmer: Herr Abgeordneter, einen Moment! Ich will versuchen, für Ruhe zu sorgen. Mir ist gesagt worden, daß man auf den hinteren Bänken nichts mehr verstehen kann, obwohl wir das Mikrofon so laut wie möglich eingestellt haben. Ich bitte Sie, mehr Ruhe zu halten.

Dr. Friedbert Pflüger (CDU/CSU): Ich finde, daß wir sehr gut daran tun, unserer Bundeswehr Dank für das zu sagen, was sie in Bosnien macht,

(Günter Verheugen (SPD): Das habe ich doch getan!)

und zwar zusammen mit den mittel- und osteuropäischen Staaten, zusammen mit Rußland. Wir sollten ihr für das danken, was sie an der Oder gemacht hat, und sie nicht den peinlichen Dauerbefragungen, einem Dauerverdacht aussetzen, der die Kräfte der Bundeswehr nur lähmen und ihr Ansehen in der Bevölkerung nur beschädigen kann.

(Beifall bei der CDU/CSU)

Die Frage, die wir hier zu stellen haben, lautet: Wie geht es jetzt weiter? Ich finde es sehr wichtig, daß wir gemeinsam beschlossen haben, Karsten Voigt, daß wir jetzt nicht Schluß machen mit der NATO-Öffnung, daß wir auch an den amerikanischen Kongreß appellieren, jetzt nicht ein Moratorium zu verhängen. Das würde die Rumänen, die Bulgaren, die Slowenen, die Slowaken, die Balten auf das tiefste enttäuschen und neue Konflikte und Unsicherheiten in diesen Ländern schaffen. Deshalb sagen wir klar: Der Prozeß der NATO-Öffnung muß ohne Pause in Phasen fortgesetzt werden.

(Beifall bei Abgeordneten der CDU/CSU und der SPD)

Ein letztes Wort zum Thema Rußland: Heute wird in Moskau zwischen Chirac, Kohl und Jelzin über eine neue, gemeinsame Agenda gesprochen. Wir sehen, daß die russische Außenpolitik konstruktiver geworden ist: In Bosnien und im Kosovo, bei der Verhinderung der Weiterverbreitung von Massenvernichtungswaffen gibt es gute Ansätze; es gibt gute Ansätze bei der Abrüstung, bei der Bekämpfung internationaler Kriminalität. Wir wollen Rußland als Partner einer neuen NATO haben. Aber wir sollten uns auch darüber im klaren sein, daß diese NATO mehr ist als ein politischer Debattierklub. Sie ist und bleibt ein Verteidigungsbündnis. Als Verteidigungsbündnis schafft sie Sicherheit und Stabilität für alle in Europa.

Meine Damen und Herren, ich glaube, daß auch in Polen, Tschechien, Ungarn und den anderen mittel- und osteuropäischen Staaten deutlich geworden ist, daß dieses Deutschland heute ein Partner, ein Anwalt und nicht mehr ein Gegner und Feind wie in früheren Jahren ist. Ich habe von dem Spruch: Ich bin stolz, ein Deutscher zu sein, oder: Ich bin stolz, ein Franzose oder Belgier oder Amerikaner zu sein, nie viel gehalten, weil man für seine Staatsangehörigkeit nichts kann. Man wird geboren und hat erst einmal noch keine Verdienste, auf die man stolz sein könnte. Aber wenn ich in diesen Ländern sehe, welches Vertrauen uns Deutschen entgegenschlägt, wie dort erklärt wird: „Jawohl, ihr seid jetzt unser Anwalt, nachdem ihr noch vor etwas mehr als 50 Jahren über uns hergefallen seid", dann, meine ich, haben wir in der Tat ein bißchen Grund, auf unser Land und auch auf unsere Regierung stolz zu sein.

(Beifall bei der CDU/CSU und der F.D.P.)

II.
Abrüstung und Nichtverbreitung von ABC-Waffen

1. Frieden schaffen mit weniger Waffen – Eine Erfolgsbilanz

In den letzten zehn Jahren haben wir einen Prozeß der Abrüstung erlebt, wie es ihn in der Geschichte nie zuvor gegeben hat. Diese Chance war Europa durch das Ende des Kalten Krieges eröffnet worden. Sie wurde konsequent genutzt. Eine dramatische Reduzierung des Streitkräfte- und Waffenpotentials haben den Frieden sicherer gemacht.

Bis zur Mitte der 80er Jahre wurde lediglich eine Politik der Rüstungskontrolle betrieben – oft als bloße Maßnahme zur Sicherung des Status Quo in der Auseinandersetzung der konkurrierenden Systeme, um eine Eskalation der latenten Spannungen zu verhindern und den Frieden in einem negativ geprägten internationalen Umfeld zu sichern. Vor etwa zehn Jahren wurde die Rüstungskontrolle um eine aktiv betriebene Abrüstungspolitik ergänzt. Damit wurde ein Bereich, der zuvor lediglich provisorisches Konfliktmanagement beinhaltet hatte, auf eine neue partnerschaftliche Basis gestellt, die die Chance umfassender Kooperation und des Aufbaus gemeinsamer Sicherheitsstrukturen eröffnete. Seit der europäischen Revolution von 1989/90 wurde dieser Prozeß weiterentwickelt und beschleunigt. Die beispiellose Konzentration von Waffen im Herzen Europas gehört der Vergangenheit an.

Die Bundesrepublik Deutschland gehört zu denjenigen Staaten, die den Abrüstungsprozeß von Beginn an forciert haben. In keinem anderen NATO-Staat wurden so umfangreiche Reduktionen bei Streitkräften und Material vorgenommen wie in Deutschland. Auch im Bereich Massenvernichtungswaffen wurden große Erfolge erzielt. Bei Abrüstung, Rüstungskontrolle, Verifikation, bei Vetrauens- und Sicherheitsbildenden Maßnahmen sowie bei den Anstrengungen gegen die Weiterverbreitung von Massenvernichtungswaffen – überall gehört Deutschland zu den Vorreitern. Diese Politik ist von der CDU/CSU maßgeblich mitkonzipiert, begleitet und unterstützt worden.

Die Bundesrepublik Deutschland hat den **Verzicht** Konrad Adenauers **auf ABC-Waffen** (Atomare, Biologische und Chemische Waffen) im sog. „Zwei-Plus-Vier-Vertrag" vom 12.9.1990 verstärkt und bekräftigt. Als hochindustrialisierter Staat, der jederzeit technisch in der Lage ist, diese Waffensysteme zu entwickeln, nimmt sie eine wichtige Mittlerrolle zwischen den Atomwaffen- und Nicht-Kernwaffenstaaten ein. Aus diesem Grund ist es auch ein Erfolg der deutschen Politik, daß der nukleare **Nichtverbreitungsvertrag** (NVV) im Mai letzten Jahres verlängert werden konnte. Vor allem angesichts des risikoreichen nuklearen Erbes der Sowjetunion war es von entscheidender Bedeutung, daß der Vertrag unbefristet verlängert wurde, da sonst die Weiterverbreitung nuklearen Materials, know hows sowie der entsprechenden Trägertechnologien gedroht hätte.

Obwohl Deutschland als Nicht-Kernwaffenstaat nicht selbst an der atomaren Abrüstung beteiligt ist, hat es diesen Prozeß – wo immer möglich – unterstützt. Durch den INF- und den START I-Vertrag (sowie den noch nicht in Kraft getretenen START II-Vertrag) wurde Ende der achtziger Jahre ein enormer **nuklearer Abrüstungsprozeß** festgeschrieben. Deutschland hat frühzeitig erkannt, daß eine Unterstützung Rußlands und der Ukraine bei der Vernichtung der Atomwaffen und der entsprechenden Infrastruktur nötig ist und unserem eigenen Sicherheitsinteresse entspricht. Daher wurden seit 1993 immerhin 25 Mio. DM für die atomare Abrüstung in Rußland und der Ukraine zur Verfügung gestellt.

Die Bundesregierung hat zusammen mit ihren Verbündeten und Rußland das **Internationale Wissenschafts- und Technologiezentrum** (IWTZ) in Moskau ins Leben gerufen, das Wissenschaftlern und Ingeneuren der ehemaligen Sowjetunion, die über Kenntnisse zur Herstellung von Nuklearwaffen und anderen Massenvernichtungswaffen verfügen, ihr Wissen im Rahmen ziviler Projekte im eigenen Land einzusetzen Seitdem das IWTZ 1994 die Arbeit aufgenommen hat, wurden 180 Projekte mit einem Gesamtfördervolumen von 75 Mio US-$ bewilligt. Etwa 10.500 Wissenschaftler werden dadurch bis zu drei Jahre finanziert. Damit trägt das IWTZ wesentlich dazu bei, die Verbreitung nuklearen Know hows zu verhindern.

1985 befanden sich allein auf westdeutschem Gebiet ca. 3.500 nukleare Sprengköpfe und damit die umfangreichste nukleare Infrastruktur der Welt. Zehn Jahre später war auf gesamtdeutschem Gebiet nur noch ca. 5 % von dieses Potential vorhanden.

Ausdrücklich unterstützen wir das im NVV niedergelegte Ziel, bis zum Herbst dieses Jahres einen **Vertrag über einen** wirklich **Umfassenden Atomteststopp** (CTBT) zu erreichen. Die auf dem Moskauer Atomgipfel am 20. April beschlossene Erklärung, in der die G7 und Rußland ihre Bereitschaft bekunden, bis zum September 1996 den CTBT unterzeichnen zu wollen, ist von großer Bedeutung. Diese Initiative ist nicht zuletzt ein Verdienst Helmut Kohls, der das Thema nukleare Sicherheit als erster beim G7-Treffen in München 1992 auf die Tagesordnung gebracht hat. Nun sträubt sich als letzter Kernwaffenstaat nur noch China, das sich die Möglichkeit sogenannter ‚friedlicher' Kernexplosionen offen halten will, gegen den CTBT.

Der Bundestag hat im Haushalt 1996 einen Betrag von 1,55 Mio. DM zur Unterstützung der **Korean Energy Development Organisation** (KEDO) eingesetzt, um damit einen nationalen Beitrag zu dem Programm der USA, Japans und Südkoreas zur Verhinderung eines nordkoreanischen Nuklearwaffenprogramms zu leisten. Diese Maßnahme ist ein Symbol dafür, daß unser Engagement in der Nonproliferation nicht auf Europa begenzt ist.

Die Bundesregierung hat sich bei den Verhandlungen zum **Chemiewaffenübereinkommen** (CWÜ), das im Januar 1993 in Paris unterzeichnet wurde, nicht nur für Verbote, sondern darüber hinaus erfolgreich für ein striktes Verifikationsregime eingesetzt. Danach hat sie alle Anstrengungen darauf gerichtet, daß das CWÜ auch von der notwendigen Anzahl von 65 Staaten ratifiziert wird, damit es in Kraft treten kann und die vertragliche Verpflichtung zur chemischen Abrüstung greift. Auch in diesem Bereich gehört die Bundesrepublik zu den Vorreitern: Chemiewaffen-Restbestände aus dem Ersten Weltkrieg werden umweltverträglich vernichtet, die Ratifikationsurkunde zum CWÜ wurde bereits im August 1994 hinterlegt. Es ist anzunehmen, daß noch in diesem Jahr die Anzahl von 65 Staaten erreicht wird. Entscheidend ist aber, daß die beiden einzigen erklärten Chemiewaffenbesitzer, die USA und Rußland, ebenfalls ratifizieren. Um insbesondere Rußland den Einstieg in die chemische Abrüstung zu erleichtern, gewährt Deutschland umfangreiche Abrüstungshilfe, die sich bis Ende dieses Jahres auf insgesamt 25 Mio. DM belaufen wird.

Im Bereich der konventionellen Abrüstung markiert der **Vertrag über Konventionelle Streitkräfte in Europa** (KSE-Vertrag) einen Meilenstein. Der KSE-Vertrag wurde am 19. November 1990 von 22 Staaten der NATO und des Warschauer Paktes unterzeichnet. Dieser Vertrag, dem seit der Auflösung der Sowjetunion 30 Staaten angehören, sah die Vernichtung von insgesamt 50.000 angriffsfähigen Waffensystemen der Kategorien Kampfpanzer, gepanzerte Kampffahrzeuge, Artilleriewaffen, Angriffshubschrauber und Kampfflugzeuge vor. Bis zum 17. November 1995 mußten diese Reduzierungen vorgenommen werden. Der KSE-Vertrag hat die Gefahr eines Überraschungsangriffes oder einer großangelegten militärischen Offensivoperation in Europa drastisch verringert.

Die Bundesrepublik hatte bereits vor dem förmlichen Inkrafttreten des KSE-Vertrages mit der Zerstörung von 8.700 Waffensystemen begonnen und diese Demontage am 23. Mai letzten Jahres, also sechs Monate früher als vertraglich gefordert, abgeschlossen. Deutschland hatte – bedingt durch die Übernahme ehemaligen NVA-Materials – nach Rußland und mit großem Abstand vor den übrigen Vertragsstaaten die zweitgrößte Reduzierungsverpflichtung. Insgesamt war der Bestand um 2.566 Kampfpanzer, 4.357 gepanzerte Kampffahrzeuge, 1.638 Artilleriewaffen und 140 Kampfflugzeuge zu reduzieren. Die Kosten beliefen sich für die Reduzierungen gemäß KSE-Vertrag sowie für die Zerstörung überflüssigen NVA-Materials auf über 750 Mio. DM. Vor dem Hintergrund der gewachsenen Aufgaben der Bundeswehr und der Herausforderung der Integration der ehemaligen NVA, die bei einem konstant sinkenden Verteidigungshaushalt gemeistert werden mußten, stellte diese Waffenvernichtung eine enorme Leistung dar. Es geht jetzt darum, den KSE-Vertrag auf der bevorstehenden Überprüfungs-konferenz zu sichern und alsbald mit frischen Impulsen die Rüstungskontrolle in Europa an die neuen Herausforderungen anzupassen.

1990 – zum Zeitpunkt der Wiedervereinigung – standen etwa 700.000 deutsche Soldaten unter Waffen. Heute sind es nur noch 340.000 – binnen sechs Jahren also eine Reduzierung um über 50 %. Wie das Internationale Konversionszentrum Bonn (BICC) feststellte, hat **Deutschland seine Streitkräfte stärker reduziert als jedes andere NATO-Land.** Dem entspricht auch die Entwicklung der Wehrpflicht. 1988 war geplant, sie von 15 auf 18 Monate zu verlängern. Mittlerweile ist dahingegen eine zehnmonatige Wehrpflicht eingeführt worden.

Seit der Wiedervereinigung wurden 600 Stützpunkte der Bundeswehr aufgelöst, Insgesamt konnten 11.400 Hektar für die zivile Nutzung zurückgegeben werden.

98 % der deutschen Rüstungsexporte gehen in NATO-Staaten, skandinavische Länder oder an die UNO, also an vollkommen unbedenkliche Partner. Zwar sind die deutschen Exporte in den letzten Jahren angewachsen, doch resultierten diese Ausfuhren aus der preisgünstigen Abgabe gebrauchten NVA-Materials. Sie werden in Kürze drastisch sinken. Die deutsche Rüstungsindustrie, die seit Ende des Kalten Krieges 50 % ihrer Beschäftigten und in manchen Bereichen bis zu 90 % ihrer Fertigungskapazitäten abgebauen mußte, hat von diesem angeblichen Exportboom nicht profitiert und unterliegt weiterhin den strengen Bestimmungen des Kriegswaffenkontrollgesetzes, das in seiner Reichweite international einmalig ist.

1986 waren auf gesamtdeutschen Gebiet über 800.000 ausländische Soldaten stationiert. Zehn Jahre später sind es nur noch knapp über 140.000.

1975 betrug der Anteil des Verteidigungsetats am Gesamthaushalt ca. 20 % (Anteil am BSP 3,00 %). 20 Jahre später ist dieser Anteil auf nur noch ca. 10 % (bzw. 1,38 %) geschrumpft, wodurch der veränderten sicherheitspolitischen Lage nach dem Ost-West-Konflikt beispielhaft Rechnung getragen wurde. Daß Deutschland eine **Friendensdividende** eingefahren hat, kann auch ein anderes Zahlenbeispiel verdeutlichen: In realen Preisen (Rechnunsgrundlage 1991) sank der Verteidigungshaushalt von 1988 mit 56,23 Milliarden DM auf veranschlagte 41,29 Milliarden DM in diesem Jahr. Weitere Einsparungen erscheinen allerdings auf absehbare Zeit nicht mehr möglich, wenn nicht die Verteidigungs- und Bündnisfähigkeit Deutschlands leiden soll.

Gleichzeitig mußten neue Herausforderungen bewältigt werden. Dazu gehört nicht nur die Integration der NVA in die Bundeswehr oder die Sanierung heruntergekommener Liegenschaften im Osten, sondern auch „out-of-area"-Einsätze wie z.B. der UNSCOM-Auftrag im Irak. Die zur Verfügung gestellten deutschen Lufttransportkapazitäten haben dort einen wesentlichen Beitrag zur Kontrolle der Abrüstung der irakischen Massenvernichtungswaffen geleistet. Dieser Einsatz hat das Verteidigungsministerium bis heute ca. 100 Mio. DM gekostet. Mit diesem Engagement hat sich Deutschland weltweit viel Anerkennung gesichert. Es sollte fortgesetzt werden, wenn es nicht gelingt, andere Länder dafür zu gewinnen.

Besondere Aufmerksamkeit genießt aufgrund der erst Freitag abgeschlossenen Verhandlungen zum Minenprotokoll des VN-Waffenübereinkommens das internationale **Landminenproblem**. Der unkontrollierte und unterschiedslose Einsatz von Landminen, vor allem der sogenannten Anti-Personen-Minen (APM), hat dazu geführt, daß insbesondere in Ländern der Dritten Welt jedes Jahr 20.000 Zivilisten getötet oder verstümmelt werden. Die CDU/CSU-Bundestagsfraktion hat sich daher bereits im vergangenen Jahr für ein Verbot dieser Waffen ausgesprochen. Die Entscheidung des Verteidigungsministers, Volker Rühe, auf APM bei der Bundeswehr zu verzichten und alle Restbestände zu zerstören, unterstreicht die Glaubwürdigkeit der deutschen Politik und ist ein Appell an diejenigen Staaten, die als Bremser auftreten, ihren Widerstand gegen Verbote und strengste Auflagen aufzugeben. Die Bundesregierung hat sich zusammen mit unseren westlichen Partner in Genf erfolgreich für weitreichende Einsatzauflagen für alle Landminen ausgesprochen. Bei den Verhandlungen konnten Verbote von nicht detektierbaren Landminen und von APM ohne Selbstzerstörungsmechanismus durchgesetzt werden. Auch gilt das Minenprotokoll im Sinne der deutschen Forderungen zukünftig auch bei innerstaatlichen Konflikten.

Neben dem Verzicht auf APM haben Koalition und Regierung weitere Maßnahmen im Kampf gegen das Landminenproblem ergriffen: Dazu gehören

- die Entfristung des Exportmoratoriums für APM,
- die Vernichtung von über drei Mio. Landminen aus Bundeswehr- bzw. NVA-Beständen,
- die Erhöhung des Minenräumfonds von 3 auf 13 Mio. DM im Jahre 1996 und
- der Aufbau des Minendokumentationszentrums der Bundeswehr und die Bereitstellung der Daten für die UN.

Trotz ihres hohen politischen Stellenwerts ist Abrüstung kein Selbstzweck. Sie dient der Sicherheit und ist ein Instrument der Sicherheitspolitik. Abrüstung darf nicht um ihrer selbst willen angestrebt werden, sondern muß immer mit der Frage verknüpft werden, ob sie in einem bestimmten internationalen Umfeld wirklich dem Frieden dient oder aber andere Staaten zur Aggression einlädt. Verifikation und Vertrauen, Gleichberechtigung und Dialog werden auch zukünftig die Grundlage für unsere Sicherheits- und Abrüstungspolitik sein.

Die CDU/CSU hat Wort gehalten. Der von Bundeskanzler Helmut Kohl geprägte Satz „Frieden schaffen mit weniger Waffen" wurde Leitfaden deutscher Politik. Wer sich die sicherheitspolitische Lage in Europa vor zehn Jahren vor Augen hält und sich die Truppen- und Materialkonzentrationen auf dem Gebiet der Bundesrepublik und der ehemaligen DDR vergegenwärtigt, muß feststellen, daß sich ein epochaler Wandel vollzogen hat. Dem utopischen und letztlich gefährlichen Ansatz der Friedensbewegung – „Frieden schaffen ohne Waffen" – hat die CDU/CSU einen realistischen Ansatz gegenübergestellt, der es erlaubte, auf der Basis der Gleichberechtigung und ohne Gefahr der militärischen Erpressbarkeit Verhandlungen zu führen, die zu einem vorher für nie möglich gehaltenen Abrüstungsprozeß geführt haben. Unser Land muß verteidigungs- und bündnisfähig bleiben. Aber es ist absurd zu behaupten, daß sich die Außenpolitik der Bundesrepublik Deutschland „militarisiert" habe. Soweit es die Sicherheit unseres Landes zuläßt, muß auch in Zukunft unsere ganze Aufmerksamkeit und unser entschiedenes Engagement der Abrüstung gelten. Der Prozeß der Abrüstung bleibt fragil. Es geht in diesem Jahr vor allem darum, bereits bestehende Vereinbarungen und Vorhaben tatsächlich umzusetzen.

2. Ein Damm gegen die Verbreitung von Atomwaffen

Dr. Friedbert Pflüger (CDU/CSU): Frau Präsidentin! Meine Damen und Herren! Der Kollege Fischer hat eben in einem Zwischenruf bei der Rede des Ehrenvorsitzenden unserer Fraktion Dr. Dregger gesagt, das sei eine Ostermarschrede gewesen.

(Ulrich Heinrich (F.D.P.): Das sollte ein Lob sein!)

Ich stehe zwar in dieser Frage ein bißchen rechts von Herrn Dregger,

(Heiterkeit bei allen Fraktionen)

möchte aber sagen: Wenn der Zwischenruf des Kollegen Fischer so zu verstehen ist, daß demnächst die GRÜNEN Ostermärsche zur Unterstützung der Position unseres Ehrenvorsitzenden organisieren, dann sind wir in der CDU/CSU darüber sehr erfreut.

(Beifall bei der CDU/CSU und der F.D.P. – Uta Zapf (SPD): Wir haben auch nichts dagegen, wenn Herr Dregger mitmacht!)

Meine Damen und Herren, der Nichtverbreitungsvertrag ist der wichtigste Damm gegen die Proliferationsflut. Wenn er scheitert, dann droht nicht eine Ära der nuklearen Abrüstung, wie wir sie uns alle nach 1989 erhofft haben, sondern dann droht eine Ära der nuklearen Weiterverbreitung. Angesichts des nuklearen Erbes der Sowjetunion muß es einfach gelingen, eine Mehrheit für die Verlängerung des Vertrages zustande zu bringen.

Im Moment gibt es diese Mehrheit nicht. Das bedeutet für uns, d.h. sowohl für die Parlamentarier wie für die Regierung, daß wir in den nächsten zwei Monaten überall auf der Welt, wo es unentschlossene Staaten gibt, anfangen zu werben, und zwar zu werben in einer Art und Weise, die sich nicht nur auf schriftliche Demarchen beschränkt. Vielmehr müssen wir versuchen, die Argumente mancher Entwicklungsländer gegen die Verlängerung des Atomwaffensperrvertrages ernst zu nehmen und uns mit diesen Argumenten auseinanderzusetzen.

Was sind diese Argumente? Einer der wesentlichen Gründe, der immer wieder angeführt wird, ist, daß viele Entwicklungsländer glauben, mit dem Atomwaffensperrvertrag und der Einteilung in Kernwaffenbesitzer und -nichtbesitzer würde es eine internationale Statuseinteilung geben. In den 60er Jahren, als der Vertrag geschlossen worden ist, war es ja in der Tat in der damals bipolaren Welt so, daß die Frage des Besitzes oder Nichtbesitzes von Kernwaffen Aufschluß über den Standort eines Landes in der internationalen Rangordnung gab. Das ist aber inzwischen nicht mehr der Fall.

Gerade die Bundesrepublik Deutschland als Kernwaffennichtbesitzer oder ein Land wie Japan zeigen, daß es heute, wenn es um Prestige und Einfluß geht, auf ganz andere Dinge ankommt: z.B. auf wirtschaftlichen Erfolg, auf Beiträge zur Entwicklung und zum Umweltschutz. Umgekehrt zeigt Rußland, daß der Besitz von Kernwaffen keineswegs von vornherein den Status eines Landes in der internationalen Staatengemeinschaft garantiert.

Der zweite wesentliche Grund, der immer wieder vorgebracht wird, ist, daß die Kernwaffenbesitzer ihre Verpflichtungen zur Abrüstung nicht eingehalten hätten. Das haben wir heute auch von Frau Beer, von Frau Zapf und von Frau Lederer in dieser Debatte gehört. Ich würde sagen, daß das für 20 der 25 Jahre Geltungsdauer auch wirklich zutreffend ist. Vor fünf oder sechs Jahren hätte ich genau das gleiche Argument gebraucht. Aber, Frau Kollegin Lederer und Frau Kollegin Beer, Sie können doch wirklich nicht die gewaltigen Abrüstungsfortschritte in den letzten fünf Jahren verkennen! Wenn es überhaupt Bemühungen gegeben hat, dann doch in den letzten fünf Jahren mit dem START-Vertrag, mit dem INF-Vertrag und jetzt natürlich auch mit den Cut-Off-Verhandlungen und den Verhandlungen über einen umfassenden Atomteststopp. Das sind doch Fortschritte, die Sie nicht einfach leugnen können! Vielmehr sollten Sie versuchen, gegenüber den Staaten der Dritten Welt umgekehrt zu argumentieren: Guckt doch, hier ist jetzt Bewegung hineingekommen, so daß ihr zustimmen könnt!

Das dritte Argument, das immer wieder angeführt worden ist, sind die mangelnden Sicherheitsgarantien. Auch dieses Argument müssen wir in der Tat sehr ernst nehmen. Denn seien wir doch einmal ehrlich: Wäre denn die Bundesrepublik Deutschland dem Atomwaffensperrvertrag beigetreten, wenn wir nicht den NATO- und USA-Schutzschirm gehabt hätten? Wir konnten nur deshalb beitreten, weil wir uns in einem Bündnis befanden, das uns eine Sicherheitsgarantie gegeben hat. Deshalb sollten wir das Argument mancher Entwicklungsländer aufnehmen und dafür werben, daß es zumindest negative Sicherheitsgarantien gibt, etwa durch eine Erklärung des Sicherheitsrates der Vereinten Nationen.

Im ganzen gesehen liegt es im Interesse aller Staaten, sowohl der Kernwaffenbesitzer wie der Nichtwaffenbesitzer, daß der Vertrag verlängert wird. Ich behaupte: Die Kernwaffenbesitzer haben sogar ein geringeres Interesse an der Vertragsverlängerung; denn wenn sich der eine oder andere Staat in der Dritten Welt oder das eine oder andere Schwellenland Nuklearwaffen besorgt, dann entsteht dadurch noch nicht eine fundamentale Bedrohung der kernwaffenbesitzenden Staaten. Im Gegenteil: Sie haben die finanziellen Mittel, dann „Counter-Proliferation" zu machen, d. h. über neue Rüstungen neuen Bedrohungen entgegenzutreten.

Die wirklichen Verlierer bei einer Nichtverlängerung des Atomwaffensperrvertrages sind die Staaten der Dritten Welt, weil in dem Moment, in dem das ganze Proliferationsregime zusammenbricht, sie es sind, die neue Rüstungswettläufe machen werden, da sie fürchten, der Nachbar könnte nuklear rüsten. Sie sind es, die dann Gelder für Rüstung statt für den Erhalt der Regenwälder, für Entwicklung, für die Bekämpfung von Hunger und Krankheit ausgeben. Deshalb ist es im fundamentalen Interesse gerade der Entwicklungsländer, diesem Vertragswerk zuzustimmen.

Auf diese Weise sollten wir versuchen – vielleicht in Form einer Sondermission eines Staatsministers –, in den nächsten zwei Monaten in die Welt hinauszugehen und mit guten Argumenten und ohne moralisch erhobenen Zeigefinger zu werben. Dann werden wir den Vertrag auch verlängern. Erst dann geht unsere Arbeit hier richtig los, denn der Vertrag ist nichts mehr als die Grundlage für ein dann zu schaffendes Netz von weiteren Vereinbarungen, die die Proliferation von Nuklearwaffen verhindern oder erschweren.

Ich danke Ihnen für Ihre Aufmerksamkeit.

(Beifall bei der CDU/CSU sowie bei Abgeordneten der F.D.P., der SPD und des BÜNDNISSES 90/DIE GRÜNEN)

3. Die Ächtung der Chemiewaffen

Dr. Friedbert Pflüger (CDU/CSU): Herr Präsident! Meine Damen und Herren! Die Chemiewaffenkonvention, die im Januar 1993 in Paris unterzeichnet worden ist, ist ein für einen internationalen Vertrag relativ konkretes Abkommen. Es sieht nämlich vor, daß C-Waffen weder entwickelt noch produziert, erworben, gelagert, zurückbehalten, transferiert oder angewandt werden dürfen. Existierende Bestände müssen beseitigt werden, ebenso die Produktionsstätten. Es sind weitgehende Verifikationsmaßnahmen vorgesehen worden, einschließlich Verdachtskontrollen. Es wird eine Behörde mit einem Exekutivrat und einem technischen Sekretariat aufgebaut. Die einzelnen Länder sind verpflichtet, nationale Behörden aufzubauen, damit die internationale Organisation jeweils einen Ansprechpartner vor Ort hat.

Das ist ein gutes und wichtiges Abkommen. Der Kollegin Zapf ist nur zuzustimmen: Es ist von entscheidender Bedeutung, daß es bald in Kraft tritt; denn es ist auch für andere Bereiche der Abrüstung ein wichtiger Schrittmacher. Dieses Jahr ist generell ein Jahr der Schlüsselentscheidungen im Abrüstungsbereich. Gelingt es, das Gesamtregime aufrechtzuerhalten, oder bricht ein Teil nach dem anderen weg? Deshalb ist es so wichtig, daß dieses Abkommen, das inzwischen 160 Staaten unterzeichnet haben, auch ratifiziert wird.

Ich glaube, der Bundestag hat dabei eine wirklich wichtige Aufgabe. Wir sollten an unsere Kollegen in den anderen Ländern appellieren, Druck zu machen, damit auch die anderen Parlamente dieses wirklich wichtige und gute Übereinkommen ratifizieren und in Kraft setzen. Ich glaube, wir können sagen, der gesamte Bundestag appelliert an die Kollegen im Ausland, dies bald zu tun, damit dieser Vertrag noch in diesem Jahr in Kraft treten kann.

(Beifall bei der CDU/CSU und der SPD –
Zustimmung des Abg. Ulrich Heinrich (F.D.P.))

Koalition und Sozialdemokraten haben getrennte Anträge vorgelegt. Ich stimme der Kollegin Zapf völlig zu: Es ist wünschenswert und auch möglich, daß wir vor der abschließenden Lesung zu einem gemeinsamen Antrag kommen. Das ist eine Praxis, die sich schon beim Atomwaffensperrvertrag, bei der Landminenproblematik und auch gestern abend im Unterausschuß in der Frage der KSE-Überprüfungskonferenz, wo wir eine Vereinbarung erzielt haben, bewährt hat. Ich glaube, daß wir als Deutscher Bundestag damit ein Signal setzen, wie ernst wir es mit diesen Themen meinen.

Ich möchte den Kollegen von der SPD ausdrücklich für die konstruktive Mitarbeit und Zusammenarbeit danken. Ich finde es ein bißchen schade, Frau Kollegin Beer, daß die Grünen immer wieder auf Maximalforderungen bestehen

(Angelika Beer (BÜNDNIS 90/DIE GRÜNEN): Einer muß es doch tun!)

und sich unseren Positionen nicht anschließen. Denn wenn die Grünen mitmachen würden, würden wir noch mehr Gewicht in die Waagschale werfen können.

Das liegt aber in diesem Fall wahrscheinlich daran, daß die Grünen doch gerne ein Klischee aufrechterhalten, nämlich daß sich diese Gesellschaft und vor allen Dingen die Bundesregierung immer weiter militarisiere. Daß wir, gerade was die C-Waffen angeht, als Bundesregierung und als CDU/CSU und F.D.P. eine Vorreiterfunktion wahrnehmen, paßt nicht so in das Bild, das man gerne verbreitet.

Wir in der Bundesrepublik Deutschland sind hier von Anfang an Vorreiter gewesen. Konrad Adenauer ist es gewesen, der am 3. Oktober 1954 auf der Londoner Neun-Mächte-Konferenz einseitig einen Verzicht auf C-Waffen ausgesprochen hat. Außenminister Genscher hat das am 22. August 1990 für das wiedervereinigte Deutschland auf der vierten Konferenz zur Überprüfung des Nichtverbreitungsvertrages bekräftigt.

Der Vertrag über die abschließende Regelung in bezug auf Deutschland, der sogenannte Zwei-plus-Vier-Vertrag, hat am 12. September 1990 ebenfalls einen ausdrücklichen Verzicht auf die Herstellung, auf den Besitz und die Verfügung von chemischen Waffen festgehalten. Dies war eine einseitige Maßnahme, die weiter geht, als jedes andere Land auf der Welt gegangen ist.

Die Bundesregierung hat ferner zu den Ländern gehört, die sich am deutlichsten und entschiedensten für eine solche Chemiewaffenkonvention eingesetzt haben. Wir haben weiterhin als eines der ersten Länder nach der Unterzeichnung die Ratifikation hier im

Deutschen Bundestag vorgenommen und die Ratifikationsurkunde bereits im August 1994 hinterlegt. Wir haben hier im Deutschen Bundestag auch bereits ein entsprechendes Ausführungsgesetz für die nationale Umsetzung verabschiedet.

Ferner hat die Bundesregierung im Herbst 1994 eine weltweite Démarche-Aktion gestartet und bei anderen Ländern für die rasche Ratifizierung geworben. Außenminister Kinkel und Außenminister de Charette haben im vergangenen Jahr in einer persönlichen Botschaft gegenüber den Außenministern der Staaten der Genfer Abrüstungskonferenz für das Inkrafttreten des CWÜ geworben.

Schließlich – das ist ein sehr wichtiger Punkt – haben zwischen 1993 und 1995 die entsprechenden Ausschüsse des Deutschen Bundestages 16 Millionen DM an Abrüstungshilfe bei Chemiewaffen für Rußland zur Verfügung gestellt. 1996 werden es voraussichtlich 9 Millionen DM sein. Das heißt, am Ende dieses Jahres werden wir 25 Millionen DM ausgegeben haben, um Rußland bei der Abrüstung von Chemiewaffen zu helfen.

(Dr. Olaf Feldmann (F.D.P.): Das ist aber eine gute Investition!)

Das ist eine richtige und gute Investition. Wir investieren vor allen Dingen in eine Pilotanlage in Gorny, wo zukünftig Lewisit vernichtet werden soll. Das deutsche Geld wird vor allem für die Entnahme der Kampfstoffe, für einen sicheren Transport der Kampfstoffe zur Verfügung gestellt, aber auch für Anlageteile und für den Laborbereich. In der Tat, Herr Kollege Feldmann, das sind wichtige Investitionen, denn das sind auch Investitionen in unsere Sicherheit. Wenn die 40.000 Tonnen chemischer Kampfstoffe vernichtet werden, ist das nicht zuletzt in unserem Interesse. Deswegen können wir dieses Geld vor den deutschen Steuerzahlern guten Gewissens rechtfertigen.

(Beifall bei der CDU/CSU und der F.D.P.
sowie bei Abgeordneten der SPD)

Ein weiterer Punkt, wo sich die Bundesrepublik Deutschland als Vorreiter betätigt hat: Seit 1991 unterstützt die Bundesregierung fast unbemerkt von der Öffentlichkeit die Vereinten Nationen bei dem Versuch, die irakischen Massenvernichtungswaffen zu erfassen und zu eliminieren. Seit damals haben wir für die Luftunterstützung der Vereinten Nationen bei ihrer Mission im Irak 100 Millionen DM ausgegeben, vor allem für Lufttransporte, aber auch für die technische Überwachung.

Wir wissen, daß der Irak beträchtliche Bestände nicht nur von biologischen, sondern auch von chemischen Kampfstoffen zur Verfügung hatte.

(Angelika Beer (BÜNDNIS 90/DIE GRÜNEN): Woher er sie hat, wissen wir auch!)

Wir wissen, daß er auch nicht davor zurückgeschreckt ist, sie zum Beispiel gegenüber Kurden oder gegenüber dem Iran im Iran-Irak-Krieg anzuwenden. Der Irak hätte nicht gezögert, diese Kampfstoffe anzuwenden, wenn es nicht ein entschiedenes amerikanisches Engagement im Golfkrieg gegeben hätte.

Ich glaube, es ist von ganz wichtiger Bedeutung, was die Bundesrepublik Deutschland an der Spitze der UNSCOM in den letzten Jahren geleistet hat. Es ist eine großartige Leistung für den Frieden, weil wir uns bei dem wahrscheinlich weltweit wichtigsten Abrüstungs- und Rüstungskontrollprojekt engagiert haben, nämlich bei der Kontrolle und Zerstörung der irakischen Massenvernichtungswaffen.

(Gernot Erler (SPD): Schade, daß das jetzt aufhören soll!)

In der Tat, Herr Kollege Erler. Nach viereinhalb Jahren des Engagements mußte es, wie es auch international üblich ist, zur Beendigung dieser Aktion kommen. Wir bemühen uns als Bundesrepublik Deutschland darum, andere Länder für dieses Engagement zu gewinnen. Ich glaube, daß dafür gute Chancen bestehen. Es gibt zum Beispiel mit Chile Gespräche über diese Fragen. Wir sollten in jedem Fall dafür sorgen, daß die UNSCOM weitermachen kann; denn das wäre ein weiterer Beweis dafür, daß wir es als Union, als Bundesregierung, als Bundesrepublik Deutschland mit dem Ziel ernst meinen, das Helmut Kohl 1982 verkündet hat: Frieden schaffen mit weniger Waffen.

(Zuruf von der CDU/CSU: Sehr gut!)

Vizepräsident Dr. Burkhard Hirsch: Herr Kollege.

Dr. Friedbert Pflüger (CDU/CSU): Im C-Waffenbereich jedenfalls haben wir den Beweis angetreten, daß wir es ernst meinen.

Ich danke Ihnen für die Aufmerksamkeit.

(Beifall bei der CDU/CSU und der F.D.P. sowie bei Abgeordneten der SPD)

Vizepräsident Dr. Burkhard Hirsch: Entschuldigen Sie, Herr Kollege Pflüger. Gestatten Sie noch eine Frage der Kollegin Beer?

Dr. Friedbert Pflüger (CDU/CSU): Bitte schön.

Angelika Beer (BÜNDNIS 90/DIE GRÜNEN): Herr Kollege Pflüger, Sie haben eben zu Recht die Unterstützung Deutschlands für UNSCOM hervorgehoben. Wie bewerten Sie vor diesem Hintergrund, daß das Bundesverteidigungsministerium plant, diese Unterstützung einzustellen?

Dr. Friedbert Pflüger (CDU/CSU): Frau Kollegin, ich bin eben schon darauf eingegangen. Es ist international üblich, daß sich ein Land nach einer gewissen Zeit aus solchen sehr kostenintensiven Unternehmungen zurückzieht und daß ein anderes Land der Vereinten Nationen eine führende Position übernimmt.

(Dr. Olaf Feldmann (F.D.P.): Trotzdem bedauerlich!)

Wir haben 100 Millionen DM ausgegeben. Der Verschleiß der Transall-Maschinen und der Hubschrauber in der Wüste des Irak ist ungeheuer groß. Durch unseren Auftrag zur Unterstützung der IFOR in Bosnien gibt es neue Anforderungen an unsere Lufttransportkapazitäten. Von daher ist es nach meinem Gefühl berechtigt, daß die Bundesrepublik Deutschland jetzt, nach viereinhalb Jahren, den Versuch unternimmt, andere Länder stärker in diese Verantwortung einzubinden.

Ich bin allerdings, wahrscheinlich mit Ihnen, der Auffassung, daß wir alles tun sollten, um auch wirklich sicherzustellen, daß wir nicht aus dem Irak herausgehen, bevor nicht eine wirkliche Ersatzlösung gefunden ist.

(Paul Breuer (CDU/CSU): Das ist doch interessant! Frau Beer wollte doch die Bundeswehr auflösen!)

Sie haben völlig recht, Herr Kollege Breuer. Das ist ein sehr gelungenes Beispiel dafür, wie wichtig es ist, daß die Bundesrepublik

Deutschland auch „out of area“ tätig ist. Ohne diese Fähigkeit wären wir nicht in der Lage gewesen, die Massenvernichtungswaffen des Irak zu kontrollieren und zu eliminieren. Dieser Einwand ist völlig richtig.

(Beifall bei der CDU/CSU)

Ich habe gerade festgestellt, daß ich entgegen meiner Vermutung – gerade hat hier ein rotes Lämpchen geleuchtet – noch zwei Minuten Redezeit habe. Ich will sie nicht ganz ausschöpfen, möchte aber noch eine Frage an den Staatsminister Hoyer richten.

(Wilhelm Schmidt (Salzgitter) (SPD):
Aber Sie hatten sich doch eben schon verabschiedet!)

In letzter Zeit gab es eine Reihe von Presseberichten, nach denen in Libyen eine sehr große Giftgasfabrik gebaut wird. Diese Presseberichte sind uns allen nicht neu; sie geistern schon seit längerer Zeit durch die Gazetten. Es gibt, wie ich gehört habe, inzwischen auch entsprechende Berichte, die das bestätigen. Es gibt auch Berichte darüber, daß sich daran die eine oder andere deutsche Firma beteiligt. Ich gehe davon aus, daß das im einzelnen auf dem geeigneten juristischen Weg streng überprüft wird und daß die Verantwortlichen nötigenfalls zur Rechenschaft gezogen werden.

Was mich aber in erster Linie interessiert: Wenn wir wissen, daß in diesem oder im nächsten Jahr eine solche Giftgasfabrik fertiggestellt wird, wenn wir ferner die Hinweise ernst nehmen, daß die Libyer auch daran arbeiten, neue Trägersysteme mit größerer Reichweite zu bauen, dann stellt sich mir die Frage: Können wir eigentlich so zusehen, wie dort eine so neue, fundamentale Herausforderung heranwächst? Mich interessiert, was die Bundesregierung eigentlich im Konzert mit unseren Verbündeten tut, um sich gegen diese Gefahr zu wappnen, und ob wir eigentlich schon in irgendeiner Weise in Libyen oder sonstwo in dieser Frage vorstellig geworden sind.

(Beifall bei der CDU/CSU und der F.D.P. sowie bei Abgeordneten der SPD
– Klaus Dieter Reichardt (Mannheim) (CDU/CSU):
Eine sehr wichtige Frage!)

4. Konventionelle Abrüstung – Schlüssel zur Stabilität

Dr. Friedbert Pflüger (CDU/CSU): Am 19. November 1990 unterzeichneten 22 Staaten der NATO und des Warschauer Paktes den Vertrag über konventionelle Streitkräfte in Europa, den KSE-Vertrag. Dieser Vertrag, dem seit der Auflösung der ehemaligen Sowjetunion 30 Staaten angehören, sah die Vernichtung von insgesamt 50.000 angriffsfähigen Waffensystemen wie Kampfpanzern, Kampfflugzeugen oder Hubschraubern vor. Am 17. November dieses Jahres mußten die Verpflichtungen durch die Vertragsstaaten erfüllt werden. Die Bundesrepublik hat bereits vor dem förmlichen Inkrafttreten des Vertrages mit der Zerstörung von 8.700 Waffensystemen begonnen und diese Demontage am 23. Mai dieses Jahres, sechs Monate früher als vertraglich gefordert, abgeschlossen. Diese Waffenvernichtung stellt eine enorme Leistung dar. Deutschland hatte – bedingt durch die Übernahme des Materials der ehemaligen NVA – nach Rußland und mit weitem Abstand vor den übrigen Vertragsstaaten die zweithöchste Reduzierungsverpflichtung. Insgesamt war der Bestand um 2.566 Kampfpanzer, 4.357 gepanzerte Fahrzeuge, 1.638 Artilleriewaffen und 140 Kampfflugzeuge zu reduzieren.

In anderen Staaten gibt es noch Probleme bei der vollständigen Umsetzung der Bestimmungen. Diese resultieren zum Beispiel in Rußland aus der sogenannten Flankenregelung oder in Armenien und Aserbaidschan aus den Kriegswirren. Allerdings stehen die Chancen, nicht zuletzt auf Grund der Bemühungen der deutschen Diplomatie, gut, daß bis spätestens Mitte 1996 alle vertraglich geforderten Demontagen erbracht sein werden.

Obwohl wir weiterhin ein fundamentales Interesse an einer Fortsetzung der konventionellen Abrüstung in Europa haben, ist es zur Zeit wichtiger, die vorhandenen Bestimmungen umzusetzen und langfristig abzusichern. Die Überprüfungskonferenz hat nicht, wie fälschlicherweise im SPD-Antrag steht, das Ziel, diese konventionelle Abrüstung fortzusetzen, sondern sie dient der Überprüfung der Wirkungsweise des Vertrags. Die von der SPD geforderte Aufnahme neuer Bestimmungen in den KSE-Vertrag, die verringerte Obergrenzen und die Aufnahme weiterer Waffensysteme in die Reduzierungsverpflichtungen zur Folge hätte, wäre aber nur über eine erneute Ratifizierung des gesamten Vertragswerkes in den 30 Mitgliedsstaaten zu erreichen. Angesichts der instabilen Lage in Osteuropa ist aber ein derartiges Vorgehen, das die Grundlage der konventionellen Abrüstung im ganzen nordatlantischen Raum in Frage stellt, ein zu gefährliches Spiel.

Die SPD schreibt selbst, daß sich auf Grund des KSE-Vertrags die „Gefahr eines Überraschungsangriffes oder großangelegter militärischer Offensivoperationen in Europa drastisch verringert" habe. Dem kann ich nur uneingeschränkt zustimmen. Ich sehe darin auch ein Kompliment für die Bundesregierung. Aber es wäre falsch, jetzt diesen gewaltigen sicherheitspolitischen Fortschritt zu gefährden, indem man neue Forderungen erhebt – indem man den Topf öffnet, ohne zu wissen, ob man den Deckel wieder draufbekommt. Deshalb wird es die wichtigste Aufgabe der Überprüfungskonferenz sein, den Stand der Implementierung zu prüfen, den Bestand des Vertrags zu sichern und Bestimmungen wie die Flankenregelung an das veränderte sicherheitspolitische Umfeld anzupassen, ohne daß eine formelle Änderung des Vertrags nötig wird.

Trotz dieser Verschnaufpause bei der konventionellen Abrüstung müssen wir uns auch einmal vor Augen halten, daß der KSE-Vertrag in einer ganzen Reihe umfassender abrüstungspolitischer Anstrengungen steht. Der Anteil des Verteidigungshaushaltes am Gesamtetat des Bundes ist von 1975 bis 1995 von einem Fünftel auf ein Zehntel gesunken. Diese dramatische Reduktion der Verteidigungsausgaben war und ist eine gewaltige Leistung. Das gilt erst recht für die Reduktion der Truppenstärke: Diese umfaßte zum Zeitpunkt der Wiedervereinigung in Gesamtdeutschland fast 700.000 Mann, wurde aber innerhalb von sechs Jahren auf knapp 340.000 gesenkt.

Bei den Vorbereitungen zur Überprüfungskonferenz des Waffenübereinkommens der Vereinten Nationen, die in diesem Herbst in Wien stattfindet, hat sich die Bundesregierung vehement für strengste Einsatzauflagen für Anti-Personenminen, APM, eingesetzt. Diese Waffen sind besonders grausam und treffen in erster Linie Zivilisten. Die Bundeswehr hat daher weit über eine Million APM vernichtet. Darüber hinaus wurde trotz großer haushaltspolitischer Engpässe der Etat für Minenräumung für das Jahr 1996 von 3 auf 13 Millionen DM aufgestockt. Diese Etaterhöhung ist auch eine Mahnung an diejenigen Staaten, die bei den Verhandlungen in Wien als Bremser auftraten und für das vorläufige Scheitern der Konferenz verantwortlich sind, mehr für eine politische Lösung des Landminenproblems zu tun.

Der Posten Abrüstungshilfe des Auswärtigen Amtes wurde auf 18 Millionen DM erhöht. Ebenso wie die Aufstockung der Mittel für Minenräumung geht diese Etaterhöhung auf eine parlamentarische Initiative zurück.

Die atomare Abrüstung, an der wir natürlich nicht direkt teilhaben, macht ebenfalls große Fortschritte. So wurde die Anzahl der atomaren Sprengköpfe, die auf dem Gebiet der Bundesrepublik stationiert sind, in den letzten Jahren von 7.000 auf weniger als 500 reduziert. Allein diese wenigen Beispiele machen deutlich, daß das von Helmut Kohl geprägte Wort „Frieden schaffen mit immer weniger Waffen" der Leitfaden der deutschen Verteidigungs- und Sicherheitspolitik bleibt. Abrüstung und Rüstungskontrolle behalten weiterhin höchste Priorität.

5. Verbot von Antipersonen-Minen

Dr. Friedbert Pflüger (CDU/CSU): Herr Präsident! Mein Damen und Herren! Ich glaube, wir sind uns in diesem Haus alle einig, daß das Landminenproblem von ganz großer Bedeutung ist und daß es eine humanitäre Katastrophe darstellt, wenn diese Waffen schleichender Massenvernichtung morden und verstümmeln. Deshalb bin ich froh und dankbar, daß die Bundesrepublik Deutschland beim Kampf gegen Antipersonenminen wirklich der absolute Vorreiter auf der Welt ist. Ich möchte die Gelegenheit nutzen, nicht nur der Landminenkampagne zum Nobelpreis zu gratulieren – auch das tun wir –, sondern vor allem dem Bundesaußenminister und seinen Beamten ganz herzlich dafür zu danken, daß wir hier eine ganz wesentliche und wichtige Rolle einnehmen.

(Beifall bei der CDU/CSU, der F.D.P. und der SPD)

Es gibt bei der Bekämpfung der Minenkatastrophe elf wichtige konkrete Erfolge, die ganz wesentlich auf die Politik der Bundesrepublik Deutschland zurückgehen.

Erstens. Schon 1993 hat Bonn ein Minendokumentationszentrum gegründet, in dessen Datenbank Informationen über Landminen, Sprengmittel und Zünder gespeichert sind. Diese Informationen werden den Vereinten Nationen zur Unterstützung bei der Minenräumung zur Verfügung gestellt.

Zweitens. Als einer der ersten Staaten hat Deutschland im Juni 1994 einen zunächst auf drei Jahre befristeten Exportstopp für Antipersonenminen beschlossen, der am 11. Januar 1996 unbefristet verlängert worden ist.

Drittens. Meine Fraktion hat als erste im Bundestag das Landminenproblem überhaupt thematisiert, und wir haben in diesem Haus einen umfassenden Antrag zu Lösungsvorschlägen eingebracht gegen die humanitäre Katastrophe und in diesem Antrag vor allen Dingen bereits ein vollständiges Verbot von Antipersonenminen gefordert.

(Dr. Olaf Feldmann (F.D.P.):
Das war eine gemeinsame Koalitionsleistung!)

Dieser Antrag, der letztlich eine interfraktionelle Fassung erhielt, also von F.D.P. und SPD unterstützt worden ist, ist am 29. Juni 1995 im Bundestag von allen drei Fraktionen – SPD, F.D.P., CDU/CSU – verabschiedet worden und war ein wesentliches Signal dieses Hauses gegen Antipersonenminen.

Viertens. Deutschland ist Mitinitiator der Nichtverbreitungsaktion der Europäischen Union gegen Antipersonenminen, welche seit dem 12. Mai 1995 in Kraft ist.

Fünftens. Deutschland hat bei der Überprüfungskonferenz zum Minenprotokoll in Wien und Genf 1995/96 weitgehende Beschränkungen und Verbote gefordert und hatte erheblichen Anteil an den Verschärfungen des Protokolls, die uns in der Tat nicht weit genug gehen, aber ein klarer Fortschritt waren.

Sechstens. Nachdem die Verhandlungen zum Minenprotokoll nicht die Fortschritte erbrachten, die wir angestrebt hatten, haben wir uns von Anfang an für den sogenannten Ottawa-Prozeß eingesetzt. Das 7-Punkte-Aktionsprogramm zu Antipersonenminen vom Juli 1996, von Außenminister Kinkel vorgelegt, ist ein deutliches Zeichen für das deutsche Engagement.

Siebtens. Durch den Verzicht von Bundesverteidigungsminister Rühe auf Antipersonenminen bei der Bundeswehr, am 16. April 1996 ausgesprochen, hat Deutschland als einer der ersten Staaten überhaupt weltweit erklärt: Wir haben in unseren Planungen keine Antipersonenminen mehr. Ich finde, das ist ein ganz wesentlicher und entscheidender Punkt gewesen, ein wirkliches Signal.

(Beifall bei der CDU/CSU und der F.D.P. –
Zuruf der Abg. Angelika Beer (BÜNDNIS 90/DIE GRÜNEN))

Wir sollten dieses Signal jetzt nicht gering bewerten. – Ich sehe Herrn Dehnel vom Petitionsausschuß; ich weiß, der Petitionsausschuß hat sich von Anfang an in dieser Richtung verwendet. Der Unterausschuß Abrüstung hat sich einheitlich dafür eingesetzt. In diesem Punkt hat dieses Parlament wirklich Druck gemacht. Dieser Druck ist in der Bundesregierung umgesetzt worden und ist weltweit zu einem wirklich wichtigen Zeichen und Symbol geworden.

(Beifall bei der CDU/CSU und der F.D.P. – Angelika Beer (BÜNDNIS 90/
DIE GRÜNEN): Wo er recht hat, hat er recht!)

Achtens. Hinzu kommt, daß die Bundeswehr bis Ende 1997 1,7 Millionen Antipersonenminen aus den eigenen Beständen und 1,3 Millionen Antipersonenminen aus den Beständen der früheren NVA einfach zerstört haben wird. Wir haben im Jahr 1997 drei Millionen Antipersonenminen in Deutschland weniger, als wir sie vor wenigen Jahren hatten. Das ist ein wirklicher humanitärer Erfolg, auf den wir stolz sein können. Das sollen andere, die sonst das große Wort schwingen, erst mal nachmachen!

(Beifall bei der CDU/CSU und der F.D.P.)

Neuntens. Die Ausgaben der Bundeswehr – da möchte ich auf das eingehen, was die Kollegin Beer gesagt hat – für Antipanzerminen – die es noch gibt, die völkerrechtlich noch nicht geächtet sind – sind im Zeitraum von 1994 bis 1998 um über 90 Prozent gesunken. Es ist richtig: Antipanzerminen kann man nicht einfach bannen. Erstens ist kaum jemand auf der Welt dafür, und zweitens muß man sich, solange es die Panzerwaffe und die Bedrohung durch Panzer gibt, gegen diese Panzer auch wehren können. Die Abschaffung ist eine langfristig wichtige Perspektive. Aber jetzt die Erfolge bei den Antipersonenminen dadurch kaputtreden zu wollen, daß man sagt: aber Ihr habt noch nicht alles geschafft, das ist wirklich ein falscher, ich würde sogar sagen, ein fataler Ansatz.

Zehntens. Das Bundesverteidigungsministerium gibt im nächsten Jahr 63 Millionen DM für Minenräummittel aus, unter anderem den Keiler, und für die Erforschung von Minensuch- und Minenräumtechniken.

Elftens. Ungeachtet dieses Betrages hat die Bundesregierung im Zeitraum von 1993 bis 1998, also in fünf Jahren, insgesamt 132 Millionen DM für humanitäres Minenräumen zur Verfügung gestellt – für Minen wohlgemerkt, die nicht wir gelegt haben.

Auch das ist ja einer dieser, wie ich finde, etwas hinterhältigen Versuche: Da wird ein Kind – in Kambodscha, in Angola – gezeigt, dem eine Mine die Beine abgerissen hat, und im nächsten Moment heißt es, dafür seien Volker Rühe, die Amerikaner und diese schlimmen Leute in der NATO verantwortlich.

Nein, da sind keine Minen von uns. Wir haben keine solchen Tötungsinstrumente wie zum Beispiel dieses Tötungsinstrument, das ich Ihnen hier einmal zeige. Ich habe hier eine Schmetterlingsmine russischer Produktion. Diese Schmetterlingsminen werden aus einem Hubschrauber abgeworfen, dann von Kindern, von

Zivilisten gefunden, die darauf drücken und in die Luft fliegen. Solche Minen gibt es gar nicht in unseren Beständen und hat es da nie gegeben. Ich möchte einmal sagen: Die Antiminenkampagne der Grünen wäre weitaus glaubwürdiger, wenn sie einmal solche humanitären Skandale anprangern und nicht immer gegen die Bundesregierung stänkern würde.

(Beifall bei der CDU/CSU und der F.D.P.)

Ich habe hier – und möchte auch das zeigen – einen Ausschnitt aus einem ganz aktuellen russischen Waffenkatalog, in dem diese Form von Minen zum Kauf angepriesen wird. Ich kann nur sagen: Ehe wir hier mit unserer Politik angegriffen und in die Ecke gestellt werden, sollten sich doch einmal die internationale Landminenkampagne wie auch die Grünen in Richtung der Kritik an dieser Art von Waffen bewegen, die wirklich dringend notwendig ist.

(Beifall bei der CDU/CSU und der F.D.P.)

Ich bin sehr froh darüber, daß es bei uns viele humanitäre Organisationen gibt, die sich in dieser Minenkampagne engagieren. Es gibt die Stiftung „St. Barbara", Rupert Neudecks Initiativen, das Rote Kreuz, UNICEF, Caritas, „Brot für die Welt". Sie alle tragen mit dazu bei, daß dieses schlimme Thema in unser Bewußtsein kommt. Ich möchte ausdrücklich allen Aktivisten dafür danken, aber auch sagen: Ich habe mich gefreut, daß die sich bei uns, bei der Bundesregierung, bei der Bundesrepublik Deutschland bedankt haben.

In einer Erklärung von „Brot für die Welt" vom 24. März 1997 heißt es: Wir wissen, daß die Bundesregierung bei der Bekämpfung der Antipersonenminen zu den Vorreitern gehört.

Caritas teilte am 21. Oktober dieses Jahres mit:

Der kürzlich auf der Landminenkonferenz in Oslo erreichte Durchbruch, an dem auch die deutsche Politik wesentlichen Anteil hatte, war ein wichtiger Meilenstein.

Und UNICEF schreibt uns am 30. Oktober 1997:

Es ist besonders die konstruktive Rolle der Bundesregierung hervorzuheben. Denn mit dem Verzicht der Bundeswehr auf Antipersonenminen im Jahr 1996 wurde ein wichtiges politisches Signal gesetzt. Deutschland hat auch die schwierigen Verhandlungen für das Ottawa-Abkommen mit vorangetrieben und damit große internationale Anerkennung erworben.

Es ist also nicht so, daß wir hier von den humanitären Organisationen kritisiert würden, sondern diese Bundesregierung, dieser Außenminister, der Verteidigungsminister und auch wir im Parlament finden Anerkennung für unseren Kampf gegen Antipersonenminen. Und darüber freuen wir uns.

(Beifall bei der CDU/CSU und der F.D.P.)

6. Die Abrüstungsagenda für die Zukunft

Das vergangene Jahr hat im Bereich der Abrüstung und Rüstungskontrolle eine volle Agenda mit zahlreichen konkreten Ergebnissen gebracht: Erste Fortschritte bei der Implementierung der Abrüstungs- und Rüstungskontrollvereinbarungen des Dayton-Abkommens für das ehemalige Jugoslawien; die Flankenvereinbarung der Wiener Überprüfungskonferenz zum KSE-Vertrag; die Ottawa-Konferenz mit dem Appell, Anti-Personen-Minen endgültig zu ächten; das am Rande der OSZE-Konferenz in Lissabon erteilte Mandat zur Anpassung des Vertrages über Konventionelle Streitkräfte in Europa (KSE) an das veränderte sicherheitspolitische Umfeld und das Umfassende Atomteststoppabkommen (Comprehensive Test Ban Treaty – CTBT). Zudem wurde am 31. Oktober 1996 das Übereinkommen über Chemische Waffen (CWÜ) endlich von der notwendigen Anzahl von Staaten ratifiziert – Ungarn hinterlegte als 65. Staat die Ratifikationsurkunde –, so daß es am 29. April dieses Jahres in Kraft treten konnte. Kurz vor dem Inkrafttreten hinterlegten auch die USA die Ratifikationsurkunde, so daß zumindest einer der beiden erklärten Chemiewaffenbesitzer – der zweite ist Rußland – Mitglied des Übereinkommens wurde.

Damit schloß das Jahr 1996 an einen Abrüstungs- und Rüstungskontrollprozeß an, den wir vor zehn Jahren noch nicht einmal zu erträumen gewagt hätten: Dazu gehören u.a. die unbefristete Verlängerung des Nichtverbreitungsvertrages (NVV), die Verträge über die Abrüstung strategischer Atomwaffen (START I und II), der Vertrag über Konventionelle Streitkräfte in Europa, die Einrichtung der Internationalen Wissenschafts- und Technologiezentren (IWTZ) in Moskau und Kiew oder die Unterzeichnung des CTBT durch die überwältigende Mehrzahl der Länder dieser Erde.

Auch auf nationaler Ebene hat es enorme – und erfolgreiche – Anstrengungen gegeben, die Strukturen des Kalten Krieges zu überwinden: Die Reduzierung der Truppen des wiedervereinigten Deutschlands um über 50 % – von annähernd 700.000 auf 340.000 Mann; die Auflösung von 600 Stützpunkten der Bundeswehr und dadurch die Freigabe von 11.400 Hektar militärischer Liegenschaften für die zivile Nutzung; der Abbau der gewaltigen atomaren Infrastruktur der Alliierten auf deutschem Boden, die während des Ost-West-Gegensatzes eine enorme Dichte hatte. Für jeden nachweisbar sind diese Prozesse anhand der enormen Einsparungen im Verteidigungsetat des Bundes: Seit dem Fall der Mauer konnte eine Friedensdividende von weit über 150 Mrd. DM erzielt werden. Der Anteil des Verteidigungsetats am Gesamthaushalt ist von ehemals 20 % (Anteil am BSP 3,0 %) auf etwa 10 % (Anteil am BSP ca. 1,3 %) geschrumpft. In realen Preisen (Rechnungsgrundlage 1991) sank der Verteidigungshaushalt von 1988 mit 56,23 Milliarden DM auf knapp über 40 Milliarden DM in diesem Jahr – trotz der Herausforderungen, die aufgrund der Integration der ehemaligen NVA in die Bundeswehr bewältigt werden mußten.

Dennoch besteht kein Anlaß, in Jubelstimmung zu verfallen. Manche Ziele wurden nicht oder nur unvollständig erreicht, manche Aufgaben wurden noch gar nicht angefaßt – der Abrüstungs- und Rüstungskontrollprozeß sieht sich weiterhin enormen Aufgaben gegenüber. Jetzt ist es wichtig, die kontinuierliche Arbeit, das erfolgreiche Schritt-für-Schritt-Vorgehen fortzusetzen, anstatt mit unrealistischen Forderungen wie der nach einer atomwaffenfreien Welt binnen des nächsten Jahrzehnts Utopien in die Welt zu setzen, die internationale Verhandlungen eher bremsen. Sicherheits- und Abrüstungspolitiker müssen auch zukünftig Hand in Hand arbeiten, denn Abrüstung und Rüstungskontrolle sind kein Selbstzweck, sie dienen der Sicherheit. Man muß die eigene Politik immer wieder überprüfen und fragen, ob Abrüstung in einer bestimmten Situation stabilisierende Wirkung entfaltet oder nicht vielmehr einen potentiellen Aggressor ermutigt. Dieses labile Gleichgewicht zwischen Abrüstung einerseits und Sicherheit andererseits muß also konstant berücksichtigt werden, wenn der Demilitarisierungsprozeß der letzten Jahre langfristig erfolgreich fortgeschrieben werden soll. Dabei stehen wir vor mehreren Problemfeldern.

Die Abrüstungsdynamik zwischen den USA und Rußland ist in den letzten Jahren erlahmt. Ein Grund dafür ist vor allem die bisherige Weigerung der russischen Duma, den START II-Vertrag zu ratifizieren. Die START-Problematik ist ein entscheidendes Thema im Verhältnis USA-Rußland und für das Klima des gesamten Abrüstungsprozesses. Für weitere Spannungen sorgten die amerikanischen Aktivitäten im Bereich der Raketenabwehr, die alle weitergehenden Abrüstungsbemühungen der beiden nuklearen Supermächte, denn im nuklearen Bereich ist Rußland das noch immer, bremsten. Das Vorhaben des amerikanischen Kongresses, eine „National Missile Defence" aufzubauen, könnte – soweit keine Einigung mit Moskau darüber erzielt wird – den sogenannten ABM- (Anti Ballistic Missile-)Vertrag aus dem Jahre 1972 infrage stellen, der nach wie vor die eigentliche Grundlage des atomaren Rüstungskontroll- und Abrüstungsprozesses darstellt. Es ist zu hoffen, daß die zwischen den Präsidenten Clinton und Jelzin am 20./21. März in Helsinki erreichte Grundsatzvereinbarung zur „demarcation" am Verhandlungstische in Genf bald umgesetzt wird, damit die legitimen amerikanischen Bemühungen zur Raketenabwehr mit dem ABM-Regime in Übereinstimmung gebracht werden.

Zwei Ereignisse geben aber Anlaß zur Hoffnung, daß es zu einer Revitalisierung des Abrüstungsprozesses zwischen den USA und Rußland kommt:

1. Die Einigung auf die Grundlagen-Akte zwischen NATO und Rußland könnte dazu führen, daß die Abrüstungsgespräche, die lange Geisel der Debatte über die Öffnung der Allianz waren, nun unbelastet vorangetrieben werden können.

2. Positive Signale gab es auch bei dem bereits erwähnten Treffen der Präsidenten Clinton und Jelzin in Helsinki am 20. und 21. März dieses Jahres. Beide Staatschefs einigten sich auf Richtlinien für die weitere nukleare Abrüstung. Wenn der START II-Vertrag nach der immer noch ausstehenden Ratifizierung durch die russische Duma in Kraft treten kann, sollen Verhandlungen über ein START III-Abkommen aufgenommen werden. Der Eckpunkt dieser Verhandlungen soll sein, bis zum Ende des Jahres 2007 eine Obergrenze von 2.000–2.500 strategischen Nuklearsprengköpfen zu erreichen. Die frühzeitige Einigung auf START III-Grundsätze erleichtern die Ratifizierung von START II in Rußland.

Nicht-Kernwaffenstaaten, aber auch die Krypto-Atommächte Indien und Pakistan, werden nicht zu Unrecht behaupten, daß die von Clinton und Jelzin in Helsinki anvisierten Maßnahmen der Aufforderung zur umfassenden nuklearen Abrüstung gemäß Artikel VI des NVV nicht gerecht wird. Auch wenn technische und finanzielle Schwierigkeiten bei der Demilitarisierung von Atomwaffen berücksichtig werden müssen, sollte bald eine noch weitergehende Reduzierung strategischer Atomwaffen ins Auge gefaßt werden. Dabei müssen wir Deutsche uns bewußt bleiben, daß unsere Meinung zwar gehört wird, wir als Nicht-Kernwaffenstaat bei den bilateralen Verhandlungen aber so gut wie keinen Einfluß besitzen.

Lediglich am Rande der Helsinki-Erklärung werden die taktischen Atomwaffen erwähnt, obwohl es notwendig wäre, ihnen viel größere Aufmerksamkeit zuteil werden zu lassen. Über die russischen Bestände gibt es keine gesicherten Erkenntnisse, doch besagen inoffizielle Quellen, daß Moskau über 20.000–30.000 taktische Atombomben verfüge, die größtenteils westlich des Urals disloziert seien; im Gegensatz dazu hat die NATO nicht einmal 5 % dieses Potentials. Angesichts dieses Ungleichgewichts stellen taktische Atomwaffen ein destabilisierendes Moment dar, das so bald als möglich zum Thema von Abrüstungsgesprächen gemacht werden muß.

Dabei muß sich der Westen darüber im klaren sein, daß Rußland auch zukünftig auf Abrüstungshilfen aus dem Westen angewiesen sein wird. Es wurde erst spät erkannt, daß nicht nur Aufrüstung, sondern auch Abrüstung enorme Summen verschlingt. Demilitarisierungshilfen für Rußland stellen eine Investition in unsere eigene Sicherheit dar und sind in unserem ureigenem Interesse.

Es ist schon eine Ironie der Geschichte, daß Moskau einerseits laut und vehement gegen die Öffnung der NATO lamentiert, sich andererseits aber weigert, einen Vertrag zu ratifizieren, der geradezu prädestiniert ist, Transparenz und Vertrauen herzustellen: Den Open Skies-Vertrag, der ein Instrument kooperativer Sicherheit von Vancouver bis Wladiwostok sein soll. Nach der Einigung auf die Grundsatz-Akte zwischen NATO und Rußland mehren sich aber die Zeichen, daß die Duma ihre Verweigerungshaltung aufgibt – zumal der Westen Zugeständnisse gemacht hat, um die russische Befürchtung, Open Skies sei ein „Ausspähungsvertrag", zu entkräften.

Im Bereich der konventionellen Abrüstung hatte der Vertrag über Konventionelle Streitkräfte in Europa (KSE) einen Meilenstein markiert und für die Stabilität in Europa einen unschätzbaren Gewinn gebracht. Nach dem Zusammenbruch des Warschauer Pakt und vor der Aufnahme neuer Mitglieder in die NATO sollten aber neue Regelungen gefunden werden, die der veränderten sicherheitspolitischen Lage gerecht werden. Die NATO hat den KSE-Vertragsstaaten am 20. Februar einen hauptsächlich auf Konzeptionen des Auswärtigen Amtes basierenden Vorschlag unterbreitet, der durch die Schaffung nationaler und territorialer Obergrenzen gefährliche Truppenkonzentrationen verhindern und damit die Befürchtung Moskaus entkräften soll, die NATO trage in bedrohender Weise ihre militärische Kapazitäten näher an die Grenzen Rußlands. Die Ausgewogenheit des NATO-Konzepts zeigt sich auch darin, daß die meisten KSE-Vertragsstaaten bei den Verhandlungen in Wien dem Vorschlag der Allianz aufgeschlossen gegenüberstehen. Zudem sind nach der Einigung auf die NATO-Rußland-Grundsatz-Akte die Chancen auf eine Einigung deutlich gestiegen, obwohl Moskau noch immer Bedingungen stellt – Suffizienzregel, Stationierungsverbot auf dem Gebiet der Neumitglieder des Bündnisses –, die noch langwierige Verhandlungen in Anspruch nehmen werden.

Eine besonderes Problem stellt das russische Verwaltungsgebiet Kaliningrad/Königsberg dar, in dem sich auf engstem Raum enormes militärisches Potential drängt. Auch in eigenem Interesse sollte Moskau mittelfristig an einer Demilitarisierung Kaliningrads gelegen sein, denn die überwältigende Präsenz des Militärs ist ein großes Hindernis für die wirtschaftliche Entwicklung der Region. Moskau könnte z.B. – ähnlich wie es die NATO in der Grundlagen-Akte für das Gebiet der Neumitglieder getan hat – freiwillig auf die Stationierung von A-Waffen in Kaliningrad verzichten. Reduzierungen bei Truppen und Material müßten mit Wiedereingliederungshilfen des Westens verbunden werden. Auf jeden Fall muß über Kaliningrad/Königsberg gesprochen werden, denn bislang wirkt es wie eine Enklave des Kalten Krieges in einem Umfeld, das zunehmend von kooperativer Sicherheit bestimmt ist.

Ein großer, aber bedauerlicherweise unvollständiger Erfolg ist das CTBT. Der seit September letzten Jahres zur Unterzeichnung aufliegende Atomteststopp-Vertrag kann ohne die Zeichnung und Ratifzierung durch Indien und Pakistan – zumindest nach den jetzt gültigen Vertragsbestimmungen – nicht in Kraft treten. Andererseits ist auf der Haben-Seite zu vermerken, daß die fünf ständigen Mitglieder des VN-Sicherheitsrates unterzeichnet haben. Auch wenn sie dadurch formaljuristisch nicht gebunden sind, ergibt sich aus der Rechtspraxis, daß die Bestimmungen eines Vertrages, den man unterzeichnet hat, eingehalten werden, auch wenn dieser nicht formal in Kraft tritt. Zudem haben sich die fünf Atomwaffenstaaten durch einseitige Moratorien verpflichtet, auf Atomtests zu verzichten. Auch wenn Indien und Pakistan dem Abkommen nicht beitreten werden, dürfte der durch einen neuen Atomtests verursachte politische und wirtschaftliche Schaden zu groß sein, als daß er durch den „Nutzen“ ausgeglichen werden könnte. Doch müssen wir die Argumente dieser Ländern ernst nehmen und ihnen mit einer Doppelstrategie begegnen: Einerseits, indem wir den berechtigten Forderungen nach weitergehenden Abrüstungsschritten der Kernwaffenstaaten Nachdruck verleihen, andererseits, indem wir verdeutlichen, daß Atomtests ihre Sicherheitslage erschweren und nicht verbessern würde und weltweite Isolation die Folge sein müßte.

Das im April in Kraft getretene CWÜ leidet darunter, daß Rußland – neben den USA der einzige erklärte Chemiewaffenbesitzer – noch nicht ratifiziert hat. Die Duma will die Frage im Herbst neu behandeln, und im Vorfeld müssen wir deutlich machen, daß es die von Moskau erwünschten umfangreichen finanziellen und technischen Hilfen bei der Vernichtung der C-Waffenbestände nur dann geben wird, wenn Rußland Vertragstaat des Übereinkommens wird. Außerdem ist es notwendig, diejenigen Staaten Asiens und Afrikas administrativ zu unterstützen, die das CWÜ bislang deshalb nicht ratifiziert haben, weil sie mit der Implementierung der umfangreichen inner staatlichen Durchführungsregelungen überfordert sind. Auch die mit dem Inkrafttreten des CWÜ gegründete Organisation für das Verbot chemischer Waffen (OVCW) sollte entsprechende Hilfestellung leisten, um dem Ziel der globalen Geltung des Übereinkommens näher zu kommen.

Darüber hinaus gibt es zahlreiche Aufgabenfelder, für die noch Lösungen ausstehen, z.B. einen Verifikationsmechanismus für das Übereinkommen über Biologische Waffen, ein Cut-off-Vertrag, die Ächtung von AntiPersonenMinen, die Erstellung eines Kleinwaffenregisters, Abrüstungshilfe, regionale Abrüstung und Rüstungskontrolle, z.B. in Asien, im Nahen und Mittleren Osten oder auch bzgl. Griechenlands und der Türkei (Zypern-Konflikt).

Alle bisher genannten Maßnahmen greifen erst dann, wenn bereits geforscht, entwickelt, produziert und beschafft wurde. Wenn diese Prozesse erst einmal abgelaufen sind, sind sie oft schon irreversibel. Deshalb sollte die Entwicklung dahingehen, international *präventive* Rüstungskontrollmaßnahmen zu ergreifen, bevor viel Geld in Entwicklung und Beschaffung gesteckt und neue Rüstungsspiralen in Gang gesetzt wurden. Gefährliche Trends in der Rüstungstechnologie sollten frühzeitig erkannt und analysiert werden, um möglichst schon vor der Einsatzreife eines neuen Waffensystems entscheiden zu können, ob man ein internationales Verbot dieses Systems anstreben sollte oder nicht. Das Beispiel der Laserblendwaffen durch das neue Protokoll IV des VN-Waffenübereinkommens zeigt zumindest die Richtung an, die zukünftig eingeschlagen werden sollte.

7. Indien in der nuklearen Grauzone

Bonn. – Die Generalversammlung der Uno hat am 10. September 1996 einen umfassenden nuklearen Teststopp (CTBT) beschlossen. Das Inkrafttreten des Abkommens scheitert bisher an Indien, auf dessen Zeichnung die Kernwaffenstaaten bestehen. Wird Delhi seine Haltung ändern? Was kann die internationale Staatengemeinschaft tun, um das Atomtestverbot zu retten?

Zunächst: Indien wird den Vertrag nicht unterzeichnen. Es gibt in der indischen Innenpolitik einen breiten Konsens für die Ablehnung des Abkommens. Die große Oppositionspartei, die hindu-nationalistische BJP, fordert sogar, daß sich Indien endlich offiziell zur Nuklearmacht erklärt. In der *strategic community* ist eine Tendenz erkennbar, innerhalb des nächsten Jahres mindestens einen Nukleartest durchzuführen (der erste und bisher einzige indische Atomversuch fand 1974 statt). Die indische Regierung dementiert solche Testpläne, will sich gleichzeitig aber alle Optionen offen und die Politik der „nuklearen Ungewißheit" aufrechterhalten.

Vier Gründe sind es vor allem, die Indien zu seiner entschiedenen Ablehnung veranlassen:

1. Indien sieht die Sicherheit seines Landes in einer multipolaren, durch Proliferation und Instabilität gekennzeichneten Welt letztendlich nicht durch Abrüstungsverträge, sondern nur durch Abschreckung gewährleistet.

2. Indiens eigentlicher Konkurrent, die Volksrepublik China, verfügt bereits über Nuklearwaffen. Indien ist stolz auf seine mehrtausendjährige Kultur, auf seine Größe (in Kürze eine Milliarde Menschen) und seine potentielle Kraft. Das Land will – wie China – Weltmacht sein. Deshalb glaubt es, hinsichtlich der Waffen nicht zweitrangig bleiben zu können.

3. In Delhi sieht man mit Sorge, daß China und Pakistan ihre offiziell friedliche nukleare Zusammenarbeit ausbauen und Peking Raketentechnologie an Islamabad liefert.

4. Indien empfindet den bisherigen Abrüstungsprozeß der fünf Kernwaffenbesitzer als unzureichend. Die nuklearen Monopolstaaten könnten ihre Arsenale in Labors weiterentwickeln und kämen gleichzeitig ihrer Verpflichtung (gemäß dem Nichtverbreitungs-

vertrag) zur vollständigen Abrüstung atomarer Waffen nicht nach. Eine Bereitschaft zu einer atomwaffenfreien Welt sei nirgendwo erkennbar. Vor diesem Hintergrund ist für Indien die nukleare Diskriminierung nicht hinnehmbar.

Angesichts dieser Lage hat es keinen Sinn, wenn die internationale Staatengemeinschaft gegenüber Delhi den moralischen Zeigefinger erhebt. Hat nicht auch der Westen seine Sicherheit über Jahrzehnte vor allem auf Abschreckung gebaut? Im Umgang mit Indien gilt es vielmehr, das Land als potentielle Weltmacht ernst zu nehmen.

Gleichzeitig muß Indien jedoch vor Augen geführt werden, daß ein Nukleartest das Land dauerhaft isolieren würde. Ein indischer Atomversuch stellte auch im Vergleich zu den Tests der Kernwaffenbesitzer China und Frankreich im letzten Jahr eine neue Qualität dar. Er verursachte einen Dammbruch in der gesamten Nonproliferationspolitik. Indien verlöre weltweit entscheidend an Reputation und erlitte über Jahre hinweg politische und wirtschaftliche Nachteile. Die Verhinderung einer Testreihe ist in den nächsten Monaten die Aufgabe der internationalen Politik gegenüber Indien.

Darüber hinaus sollte ernsthaft die Idee einer Atomwaffenkonvention mit der Perspektive der Abschaffung von Nuklearwaffen in den nächsten drei Jahrzehnten geprüft werden – vielleicht mit der Ausnahme eines minimalen Restbestandes. So könnte die atomare Diskriminierung beendet werden. Flankierend muß alles getan werden, um die bestehenden Abrüstungsverträge zu ratifizieren und Start III in Angriff zu nehmen.

Sofern sich diese Perspektive als unrealisierbar darstellt, sollte ein Weg gefunden werden, das CTBT in drei Jahren in Kraft zu setzen, ohne daß Indien und Pakistan beitreten. So ist bereits beim Nichtverbreitungsvertrag verfahren worden. Diese Lösung, beide oder auf Dauer in der nuklearen Grauzone zu lassen, ist allemal besser, als das gänzliche Scheitern des Abkommens in Kauf zu nehmen. Letztlich könnten alle mit einer solchen zweitbesten Lösung leben: Indien und Pakistan bewahrten sich ihre Optionen, und die Weltgemeinschaft hätte einen Teststopp, der zusammen mit dem Nichtverbreitungsvertrag die Proliferation in weitere Staaten entscheidend erschwerte.

Indien (und auch Pakistan) muß darüber hinaus klargemacht werden, daß die Verweigerung einer Zusammenarbeit bei der Nuklearpolitik nicht zu mehr Sicherheit führt, vielmehr neue Rüstungswettläufe die Folge sein werden. Sicherheit und Status erhält ein Land heute nicht mehr durch Nuklearwaffen, sondern durch politisches Ansehen und wirtschaftliches Gewicht.

8. Die Atomtests Indiens und Pakistans: Dammbruch bei der Nonproliferation

Dr. Friedbert Pflüger (CDU/CSU): Herr Präsident! Meine Damen und Herren! Eigentlich sollte heute Anlaß zum Feiern bestehen; denn wir haben nach jahrzehntelangen Bemühungen einen umfassenden Atomteststoppvertrag der internationalen Staatengemeinschaft erarbeitet, der uns auch vorliegt. Wir sind stolz auf diesen Vertrag. Ihn zustande zu bringen hat viel Kraft und viel Arbeit gekostet. Ich möchte der Bundesregierung und den Beamten für die Bemühungen herzlichen Dank sagen. Die Bundesrepublik Deutschland ist eines derjenigen Länder gewesen, das am meisten am Zustandekommen dieses Vertragswerks mitgearbeitet hat.

(Beifall bei der CDU/CSU und der F.D.P. sowie bei Abgeordneten der SPD)

Ich erinnere mich an die großen Debatten, die wir hier nach den französischen Atomtests geführt haben. Damals hat sich meine Fraktion, anstatt in Mururoa auf Seelenverkäufern herumzufahren, mit den Franzosen konstruktiv unterhalten und die Franzosen in ein Vertragsregime eingebunden, das jetzt Realität wird. Ich freue mich, daß wir heute im Deutschen Bundestag mit breitem Einvernehmen das Gesetz und die Ausführungsbestimmungen für den umfassenden nuklearen Teststoppvertrag ratifizieren.

(Ulrich Irmer (F.D.P.): Wo ist denn die rote Heide heute abend?)

Ich habe gesagt: Eigentlich hätten wir feiern können. Wir müssen einfach sehen, daß in diesem Mai Dinge passiert sind, die zu gegenteiligem Verhalten Anlaß bieten, nämlich dazu, wirklich traurig über das zu sein, was in den letzten Wochen in der Welt passiert ist.

(Andreas Schmidt (Mülheim) (CDU/CSU): Indien!)

Ich spreche von den Nukleartests in Indien und in Pakistan, die der Deutsche Bundestag verurteilt.

(Beifall bei der CDU/CSU, der F.D.P., der SPD und dem BÜNDNIS 90/DIE GRÜNEN)

Derartige Nukleartests führen nicht zu mehr Sicherheit, sondern zu mehr Gefahr in der Welt und vor allen Dingen in der Region.

Indien hat es für richtig gehalten, nukleare Tests durchzuführen. Ich kann mich gut an einen Besuch in Indien im Oktober 1996 erinnern. Bereits damals hat die andere indische Regierung über die Möglichkeit gesprochen, sich zur Nuklearmacht zu erklären und die zweifelsohne seit langem vorhandenen Fähigkeiten, Nuklearmacht zu werden, auch offiziell unter Beweis zu stellen.

Was waren die indischen Motive? Ich rate uns allen dazu, diese Motive erst einmal zu begreifen. Die Inder empfinden sich – ich glaube, zu Recht – als eine Großmacht in dieser Welt. Das Land hat eine Milliarde Menschen und besitzt eine ungeheure, faszinierende Kultur. In Indien leben Eliten, die auf allen Gebieten alles können, was man in der Welt können muß. Die führenden indischen Wissenschaftler können überall auf der Welt mithalten. Indien ist ein Land mit einem enormen wirtschaftlichen und wissenschaftlichen Potential. Und es ist ein Land, das von sich selbst behauptet: Wir sind doch schließlich eine Demokratie, die größte Demokratie auf der Welt. Wir sind ein ganzer Kontinent. Wir sind stolz auf das, was wir geschaffen haben. Es gibt 17 offizielle verschiedene Sprachen, und mehrere Religionen leben in Indien zusammen. Sie fühlen – das ist mein Eindruck gewesen –, daß die Welt oft nicht genug das anerkennt, was sie in den Jahren, seit sie den Kolonialismus abgeschüttelt haben, geleistet haben.

Wenn in Europa oder Amerika von Asien gesprochen wird, denkt man an China, an Japan und vielleicht noch an die Tiger-Staaten. Indien fällt immer ein bißchen durch das Raster hindurch. Da haben sich eben indische Politiker gesagt – vor allem, nachdem sie die Abstimmung in den Vereinten Nationen um einen non permanent seat, um einen nicht ständigen Sitz, gegen Japan mit großer Mehrheit verloren haben –: Wenn uns die Welt so nicht anerkennt, wollen wir eben auf andere Weise zeigen, was wir können und welche Bedeutung wir haben. Wir wollen uns die Geltung verschaffen und wollen vor allem versuchen, mit China – mit dem man sich seit Jahr und Tag im Wettbewerb sieht – und natürlich auch mit Japan gleichzuziehen.

Das ist die indische Motivation. Ich rate uns allen dringend, nicht mit dem erhobenen Zeigefinger auf Indien zu weisen.

(Beifall der Abg. Angelika Beer (BÜNDNIS 90/DIE GRÜNEN) und des Abg. Paul K. Friedhoff (F.D.P.))

Ich rate uns allen zu versuchen, die indischen Motive zu verstehen und zu begreifen, nicht sie zu billigen, aber sie erst einmal zu verstehen; denn wir können leicht reden. Wir sind zwar auch eine Nicht-Nuklearmacht, aber wir hatten immer einen nuklearen Schutzschild. Wo wären wir denn ohne den Schutzschild der Amerikaner gewesen? Welche Debatten hätte es denn bei uns in Deutschland zur Zeit des kalten Krieges ohne die nukleare Garantie aus Amerika gegeben?

Vor diesem Hintergrund kann man verstehen, warum Indien den Test vorgenommen hat. Aber Indien hat, wie wir es vorausgesagt haben, damit nicht mehr Sicherheit geschaffen, sondern, wie wir jetzt sehen, für große Unsicherheit und Instabilität in der Region gesorgt, weil Pakistan nachzieht. Die Inder haben eine scheinbare Sicherheit bekommen. Wir fordern die indische und die pakistanische Regierung auf, alles zu tun, jetzt nicht die Spannungen, die hinter den Demonstrationen und dem Jubelgeschrei auf den Straßen zu erkennen sind, eskalieren zu lassen, sondern sich jetzt hinzusetzen, zusammen mit den Vereinten Nationen die Situation zu stabilisieren, baldmöglichst dem Atomteststoppabkommen beizutreten, Vertragsverhandlungen aufzunehmen und miteinander eine Entspannung in der Kaschmir-Frage zu erreichen, und nicht in die Gefahr zu laufen, diese Teufelswaffen anwenden zu müssen. Das ist unsere große Bitte an Inder und Pakistani in diesen Tagen.

(Beifall bei der CDU/CSU, dem BÜNDNIS 90/DIE GRÜNEN und der F.D.P. sowie bei Abgeordneten der SPD)

Man kann sagen, was man will, man kann große Forderungen aufstellen und Appelle richten, aber wir alle wissen: So viele Möglichkeiten zur Sanktion haben wir nicht. Ich halte es für besser, wenn wir es uns eingestehen. Ich halte es für richtig, daß die Bundesregierung erst einmal die Entwicklungshilfe eingefroren hat und ein Signal ausgesendet hat, daß es jetzt nicht einfach business as usual geben darf. Aber die Entwicklungshilfe ganz zu streichen, würde doch bedeuten, die Ärmsten der Armen für den Nationalismus ihrer jeweiligen Regierungen zu bestrafen. Ist das der richtige Weg? Kann man es durchhalten, so gewaltige Länder wie Pakistan und Indien auf Dauer zu isolieren und mit Sanktionen zu belegen? Wird man damit Erfolg haben? – Ich weiß es nicht.

Auf der anderen Seite frage ich: Wenn wir nichts tun, ermutigen wir dann nicht auch Länder wie den Iran, der eine gemeinsame Grenze mit Pakistan hat, und den Irak, wie Syrien und Libyen dazu, Nuklearmächte zu werden? Es besteht also die Gefahr, daß der Mai 1998 der Monat ist, der einen Dammbruch für die Nichtverbreitungspolitik darstellt. Das wäre furchtbar.

(Dr. Olaf Feldmann (F.D.P.): Das darf nicht sein!)

Das wäre furchtbar, weil wir dann auf der Welt nicht mehr eine kleine kontrollierbare Zahl von Nuklearmächten hätten, sondern diese Waffe dann, wenn sie einmal aus der Flasche heraus ist, ihre Kraft und Wirkung entfalten würde und irgendwann auch wieder einmal angewandt werden würde. Das möge der liebe Gott wirklich verhüten.

(Beifall des Abg. Jochen Feilcke (CDU/CSU))

Das ist eine sehr ernste Situation. Die Staatengemeinschaft ist aufgerufen, nicht gegen Indien und Pakistan – das hat gar keinen Sinn –, sondern mit ihnen jetzt an einem System zu arbeiten, das die Region stabilisieren kann. Ich füge hinzu: Trotz aller Bedenken in Sachen Menschenrechte, die wir aufrechterhalten, habe ich den Eindruck, daß wir auch den Iran in dieses Stabilitätssystem mit einbeziehen müssen; denn er ist der nächste Nachbar von Pakistan.

(Dr. Olaf Feldmann (F.D.P.): Ein sehr guter Vorschlag!)

Ich glaube, daß es wichtig ist, jetzt alles zu tun, um auf diese Länder beruhigend zu wirken. Das darf nicht heißen, daß wir die dortigen Vorkommnisse nicht verurteilen. Wir verurteilen sie; wir sagen diesen Ländern ganz eindringlich: Der Weg, auf den ihr euch begeben habt, führt euch nicht weiter, sondern er führt euch in eine gefährliche Spirale von Gewalt und Gegengewalt und in einen neuen Rüstungswettlauf. Wir müssen versuchen, das so weit wie möglich zu verhindern. Dem Dominostein-Effekt, der hier für andere Länder droht, muß Einhalt geboten werden, vielleicht auch dadurch, daß man Sicherheitsgarantien für die Länder ausspricht, die in dieser Region liegen.

Man muß etwas tun, damit die Trägersysteme nicht weiterverbreitet werden. Man muß alles tun, um die Proliferation von solchen Trägertechnologien zu verhindern. Aber leicht ist es nicht.

Ich möchte freimütig zugeben: Wir können nicht allzu viel machen. Man bleibt ratlos und ist ein bißchen traurig, denn dieser Tag hätte eigentlich ein großer Tag für die Abrüstungspolitik werden können. Meine Bitte und die meiner Fraktion und – ich nehme an – aller in diesem Hause an Indien und Pakistan ist: Gehen Sie sehr sorgfältig mit diesen Waffen um, und kontrollieren Sie sie, so gut es geht! Halten Sie sich die Lehre von Hiroshima vor Augen! Ich habe manchmal die Befürchtung, daß 50 Jahre nach Hiroshima die Erinnerung an diese Schrecken der Menschheitsgeschichte verblaßt.

Es ist auch ganz wichtig – das möchte ich als letztes unterstreichen –, daß die Atommächte die Abrüstung fortsetzen

(Beifall bei der F.D.P. sowie der Abg. Uta Zapf (SPD)
und der Abg. Angelika Beer (BÜNDNIS 90/DIE GRÜNEN))

und damit auch für andere Länder ein deutliches Zeichen setzen, nicht den gleichen Fehler wie Indien zu machen und den gleichen Weg einzuschlagen.

Die Atommächte haben ja großartige Abrüstungsvereinbarungen geschlossen. Sie müssen sie jetzt auch umsetzen. Dies ist auch ein Appell an die russische Duma, schnell START II zu ratifizieren, damit wir START III angehen können, um möglichst viele von diesen Interkontinentalraketen von dieser Welt wegzubekommen.

Es wird sehr schwierig werden. Der ewige Friede ist noch weit entfernt. Um so stärker müssen wir an allen diesen Problemen weiterarbeiten und uns für ihre Lösung engagieren.

Ich danke Ihnen für die Aufmerksamkeit.

(Beifall bei der CDU/CSU und der F.D.P. sowie bei Abgeordneten des
BÜNDNISSES 90/DIE GRÜNEN und der Abg. Uta Zapf (SPD))

9. Warnung an Saddam Hussein – Solidarität mit den USA

Dr. Friedbert Pflüger (CDU/CSU): Frau Präsidentin! Meine Damen und Herren! Ich erinnere mich noch gut an den Golfkrieg. Ich erinnere mich daran, daß Saddam Hussein ihn begonnen hat, und daran, daß es, als er ein wehrloses Land überfiel, von dieser Seite des Hauses, meine Damen und Herren von der Opposition, erstaunlich wenig Proteste gegeben hat.

(Beifall bei der CDU/CSU und der F.D.P. – Zuruf von der CDU/CSU: So wie heute!)

Ich erinnere mich daran, daß es, als dann eine Koalition von Staaten unter Führung der Vereinigten Staaten von Amerika auf der Grundlage eines Mandates der Vereinten Nationen den völkerrechtswidrigen Angriff Saddam Husseins rückgängig gemacht hat, indem

Ihrerseits gegeben hat. Ich habe es damals – genauso wie viele andere in meiner Fraktion und in der Koalition – als beklemmend empfunden, daß aus den Fenstern vieler von Ihnen damals Bettlaken mit Sprüchen wie „Gegen Amerika!" oder „Amerika soll sich raushalten!" hingen.

(Gerhard Zwerenz (PDS): Mein Bettlaken war es nicht!)

Ich kann mich auch noch an Sprüche wie „Desertieren statt krepieren!" erinnern. Das war die unwürdige Haltung und die unwürdige Reaktion von manchen auf Ihrer Seite. Die kritisieren wir. Das muß man heute wieder betonen.

(Beifall bei der CDU/CSU und der F.D.P. – Zuruf von der SPD: Also, hier habe ich noch keinen gesehen, der so gehandelt hat!)

Die Amerikaner hatten damals und haben heute Anspruch auf unsere Solidarität. Dabei gibt es zwei Dinge zu unterscheiden, die Sie unzulässigerweise versuchen zusammenzubringen. Das eine ist die damalige Situation. Kurz nach der Wiedervereinigung waren wir nicht weit genug, das zu tun, was eigentlich erforderlich und notwendig gewesen wäre, nämlich uns zu beteiligen. Das möchte ich in dieser Klarheit und Eindeutigkeit einmal sagen. Alle anderen Länder haben sich beteiligt, und ich und meine Fraktion möchten nicht einen nationalen Sonderweg für uns Deutsche. Wir sind in einem

Bündnis. Wenn innerhalb dieses Bündnisses eine solche große Koalition zustande kommt, dann ist es meines Erachtens eine Selbstverständlichkeit, die der Minister ausgesprochen hat, nämlich daß wir uns daran beteiligen müssen. Das ist doch nichts Schlimmes. Das ist die eine Seite der Medaille. Mit dem, was wir heute an Ausbildung haben, und mit dem, was wir heute an verfassungsrechtlichen Grundlagen haben, hätten wir uns in der damaligen Situation nicht verweigert.

Wir haben etwas ganz anderes gemacht: Wir haben die UNSCOM-Mission der Vereinten Nationen unterstützt. Das ist unendlich wichtig gewesen. Die UNSCOM ist die Organisation unter Leitung der Vereinten Nationen, die im Irak dafür gesorgt hat, daß dort in den letzten Jahren nicht weiter A-, B- und C-Waffen gebaut wurden, die bereits gegenüber dem Iran und der kurdischen Bevölkerung eingesetzt worden waren. Es gibt Tausende von Giftgasopfern als Opfer von Saddam Hussein.

Was hier auch unter Führung des Verteidigungsministers mit Beteiligung der Bundeswehr gemacht worden ist, daß sich nämlich deutsche Soldaten an der UNSCOM-Mission durch Hubschrauber- und Transallflüge und durch die Zurverfügungstellung von Personal beteiligt haben, war keine Kriegstreiberei, sondern eine der größten Friedens- und Abrüstungsinitiativen in der Geschichte, und darauf sind wir stolz. Das ist das eigentliche Thema, über das wir uns heute hier unterhalten sollten.

(Beifall bei der CDU/CSU sowie bei Abgeordneten der F.D.P.)

Die UNSCOM-Mission war wichtig. Das sehen wir allein daran, daß Saddam Hussein immer wieder alle Welt beschwindelt hat. Wir haben das erlebt, als sein Schwiegersohn im August 1995 nach Jordanien geflohen ist und Material aus dem Irak geschmuggelt hat. Daraus wurde deutlich, daß Saddam Hussein 1991 bereits über biologische und chemische Waffen größeren Ausmaßes verfügte und daß er geplant hatte, diese mit Skud-Raketen auf Israel abzuschießen.

Ich kann nur sagen: Es ist meines Erachtens ganz wichtig, daß die UNSCOM-Organisation im Irak weiter arbeiten kann und daß sie von uns die volle Solidarität erfährt.

(Zuruf von der CDU/CSU: Sehr richtig!)

Zuerst war es Herr Ekeus, jetzt Herr Butler. Sie sind wirklich keine Kriegstreiber, sondern verantwortliche Leute, die von den Vereinten Nationen dorthin geschickt werden.

Wenn Saddam Hussein erstens sagt: „Die und die Inspektoren gefallen mir nicht" und zweitens sagt: „Ich schieße ein Aufklärungsflugzeug ab", dann muß die Weltgemeinschaft reagieren,

(Beifall bei der CDU/CSU sowie bei Abgeordneten der F.D.P.)

und zwar hart, entschieden und eindeutig. Wenn sie das nämlich nicht tut, dann wird jede weitere Bemühung um Eindämmung der Weiterverbreitung von Massenvernichtungswaffen in Zukunft unglaubwürdig werden,

(Christian Schmidt (Fürth) (CDU/CSU): Wehret den Anfängen!)

dann bereiten wir neuen Kriegen und neuen Einsätzen von Massenvernichtungswaffen geradezu den Weg. Dann tun wir genau nicht das, was Sie hier mit großen Worten als Friedenspolitik preisen. Dann tun wir denjenigen, die Krieg wollen, einen großen Gefallen. Deshalb muß man jetzt an jeder Stelle, wo Saddam Hussein internationales Recht bricht, eingreifen und klar sagen: Das machen wir nicht mit.

Nun behaupten Sie, aus den Äußerungen des Ministers könne man irgendwelche Rückschlüsse auf die heutige Situation ziehen. Das ist nicht der Fall. Es hat niemand nach einer militärischen Unterstützung der Bundesrepublik Deutschland nachgefragt, und es wird auch niemand anfragen.

Ich will aber hinzufügen: Wenn die Iraker ein Aufklärungsflugzeug der Amerikaner abschießen und Amerika dann zurückschlägt, wird Amerika selbstverständlich die Solidarität Deutschlands haben. Herr Kollege Kolbow, das lassen wir uns von Ihnen nicht schlechtreden.

Vizepräsidentin Michaela Geiger: Herr Abgeordneter, bitte kommen Sie zum Ende. Ihre Redezeit ist weit überschritten.

Dr. Friedbert Pflüger (CDU/CSU): Amerika hat unsere politische Solidarität.

(Zuruf von der SPD: Unsere doch auch!)

Diese Solidarität ist dringend notwendig in einer schwierigen Welt.

Wir wollen Amerika hier bei uns in Europa haben. Wir haben deshalb auch das Interesse daran, Amerika politische Solidarität zu geben, wenn es gegen solche Völkerrechtsbrecher und die Hersteller von Massenvernichtungswaffen geht.

(Beifall bei der CDU/CSU sowie bei Abgeordneten der F.D.P.)

III.
Frankreich und Polen – Unsere Nachbarn, unser Schicksal

1. Vom deutschen Sonderweg zur Freundschaft mit Frankreich

„Es war die große Aufgabe meines Lebens, an dem herzlichen Einverständnis zwischen Deutschland und Frankreich zu arbeiten und die Ränke der Feinde der Demokratie zu vereiteln, welche die internationalen Vorurteile und Animositäten zu ihrem Vorteil ausnutzen." – Ach, hätten doch mehr Deutsche und Franzosen sich dieses Vorhaben Heinrich Heines zu eigen gemacht! Wären wir doch nur schon 100 Jahre früher zueinander gekommen, wir hätten drei furchtbare Kriege zwischen unseren Ländern und millionenfaches Leid verhindert. Erst Konrad Adenauer und Charles de Gaulle gelang es 1962 im Dom zu Reims, die Grundlage für das von Heine herbeigesehnte herzliche Einverständnis der „Erbfeinde" zu legen. Erst sie überwanden die deutsch-französische Entfremdung, die in geopolitischen und religiösen Gegensätzen, in unterschiedlicher Mentalität und Lebensweise, aber vor allem auch in den verschiedenen Wegen gründete, die die Ideen der Aufklärung nahm.

In Nordamerika, England und Frankreich hatte die Aufklärung Ende des 18. Jahrhunderts zu tiefgreifenden Umwälzungen geführt. Der monarchische Absolutismus wurde beseitigt, *gleichzeitig* mit der Idee des Nationalstaates setzte sich der Gedanke allgemeiner Menschenrechte durch. In Preußen (und auch in Österreich) verlief die Entwicklung dagegen anders. Hier erfolgte die Umsetzung der Vorstellungen der Aufklärung nicht revolutionär, sondern reformerisch. Durch die Beseitigung der gröbsten Mißstände der alten Ordnung, durch Verwaltungsreform, weitgehende Rechtsstaatlichkeit und ein hohes Maß an Toleranz gelang es, die revolutionären Kräfte zu bändigen. Das Ancien Régime wurde in Preußen nicht durch eine gemeinsame Anstrengung des Volkes von unten beseitigt, sondern durch die Einsicht des Monarchen durch Umgestaltung von oben überwunden. Es entstand der „aufgeklärte Absolutismus", keine Republik.

Damit aber nicht genug. Die Französische Revolution wendete sich unter Napoleon I. alsbald nach außen. Dies aber geschah mit Bajonett und Kanone. So verspielte Frankreich in deutschen Landen die anfängliche Sympathie für seine demokratischen Postulate. In den französischen Invasoren sah man keineswegs die Vorkämpfer für bürgerliche Freiheiten, sondern fremde Besatzer. Mit der militärischen Abwehr der Truppen Bonapartes erfolgte in Preußen somit eine radikale Abkehr von den revolutionären Ideen. Man kämpfte nicht mehr für politische Freiheit, vielmehr für nationale Einheit gegen „den Franzosen“. Die universellen Werte der Französischen Revolution waren diskreditiert.

Für die Entwicklung der Demokratie in Deutschland mußte das tiefgreifende Folgen nach sich ziehen. In seinem Buch „Die Auflösung der Weimarer Republik“ schreibt Karl Dietrich Bracher: „Die Begeisterung für die fortschrittliche Revolution war in Deutschland schnell zerbrochen, als die französische Okkupation sich über die deutschen Staaten legte. Der liberale Freiheitsgedanke verwandelte sich nun – mit einer folgenschweren Wendung ins Außenpolitische – in eine nationale Abwehrideologie gegen den napoleonischen Imperialismus; er wendete sich auch gegen die Revolution, die in den Augen der Zeitgenossen diesen Despotismus hervorgebracht hatte. Es entwickelte sich ein dauerhaftes Mißtrauen zwischen Frankreich und Deutschland, vor allem aber ein Mißtrauen des deutschen Nationalbewußtseins gegen das Prinzip der Demokratie ... Der Kampf gegen die ‚westliche Überfremdung‘ setzte nun auch auf der eigentlich politischen Ebene den westlichen Ideen das Schlagwort von der deutschen Eigennützigkeit entgegen ... Das national akzentuierte Anti-Westlertum, das jetzt in Deutschland zur Herrschaft gelangte, richtete sich gegen alle politischen Einflüsse aus dem Westen.“

So entstand ein nationales Sonderbewußtsein in Deutschland, der Begriff der Nation wurde nicht mit dem der Freiheit vereinigt. „Freiheit“ wurde gar nicht als innenpolitischer Begriff im Sinne der Menschenrechte verstanden, sondern außenpolitisch interpretiert: er meinte das Recht, deutsch zu sein, er war völkisch-antieuropäisch. Johann Wolfgang von Goethe hat die gefährliche Ambivalenz der Wirkung der Freiheitskriege bereits im Dezember 1813 erkannt: „Was ist denn errungen worden? Sie sagen: Die Freiheit; vielleicht würden wir es aber Befreiung nennen; nämlich Befreiung nicht vom Joche der Fremden, sondern von einem fremden Joche.“

Entsprechend verliefen die gesellschaftlichen Entwicklungen. Während sich Frankreich in der Juli-Revolution von 1830 und der

Februar-Revolution von 1848 der Fesseln der europäischen Restauration entledigte, blieben in Deutschland die freiheitlich-nationalen Kräfte nach der kurzen Blüte der „preußischen Reformen“ und der liberalen süddeutschen Verfassungen in der Defensive. Die deutsche Revolution 1848 scheiterte, die Einheit des Reiches wurde 1871 nicht vom Volk erstritten, sondern von Bismarck und den Fürsten gewährt. Geburtshelfer war der Krieg gegen Frankreich, die Geburt selbst fand im Spiegelsaal von Versailles (!) statt. Die grausamen Schlachten des Ersten Weltkrieges, wie sie uns durch Erich Maria Remarques Buch „Im Westen nichts Neues“ unauslöschlich überliefert wurden, vertieften die Gräben zwischen Deutschen und Franzosen in schier unüberwindlich erscheinender Weise. In Deutschland wurden die Franzosen gehaßt.

Welcher Art die Vorurteile und Ressentiments eines großen Teils des deutschen Bürgertums gegen Frankreich waren, dokumentiert sich in der sechshundertseitigen Streitschrift Thomas Manns „Bekenntnisse eines Unpolitischen“, die zwischen 1915 und 1918 entstand. Nicht Rußland erschien darin als der Hauptfeind der „deutschen Seele“ im Weltkrieg, sondern der Westen, vor allem Frankreich. Die Zukunft gehöre nicht der „rhetorischen Demokratie“, dem „westlichen Humanismus“, dem „Unfug“ der „Politisierung, Literarisierung, Intellektualisierung“, sondern der „ewigen und eingeborenen Sendung“, die Deutschland mit „wahrhaft germanischem Gehorsam“ auf sich genommen habe. Thomas Mann geißelte das „fuchtelnde Revolutionsliteratentum“: „Der Zivilisationsliterat ist Franzose. Nichts kann französischer sein als das Durcheinander von zischender Medisance und schönrednerischem Hochsinn, das seinen Stil ausmacht.“

Seinem Bruder Heinrich, ein entschiedener Gegner von Wilhelminismus und deutscher Kriegsbegeisterung, warf Thomas Mann vor, als „belles-lettres-Aktivist“ mit seines Herzens ganzer Inbrunst die deutsche Niederlage herbeizusehnen. Keinen Gedanken und kein Gefühl verbinde den Bruder noch mit dem „eigenen Volkstum“. Thomas Mann dagegen schwärmte von Wagner („So gewaltig deutsch“), von Nietzsche („Die ungeheure Männlichkeit seiner Seele, sein Antifeminismus, Antidemokratismus – was wäre deutscher?“) und Schopenhauer („Kein Menschheitsschmeichler, sondern Methaphysiker“).

Frankreich, das war für Thomas Mann eine verabscheuungswürdige *politische Zivilisation*, Deutschland dagegen die höhere *unpolitische Kultur*. Die Republik, das war für ihn „Philanthropie und Schreibkunst", der man das gute und biedere Wort „Volksstaat" entgegensetzen müsse, das „sich nach Klang und Sinn von dem Worte ‚Demokratie' mit seinen humbughaften Nebengeräuschen unterscheide."[1]

Das hier zum Ausdruck kommende anti-westliche Sonderbewußtsein wirkte nach Ende des Krieges in der Weimarer Republik weiter, wurde mächtig in den Schriften der Autoren der „konservativen Revolution" und bereitete einem neuen Krieg den Weg. Erleichtert wurde die anti-französische und anti-westliche Agitation durch den unglückseligen Friedensschluß von Versailles, der in Deutschland als Demütigung empfunden wurde.

Thomas Mann dagegen begann sich seit 1922 von seinen „Bekenntnissen" zunächst vorsichtig, dann immer deutlicher zu distanzieren. Schließlich, in den 30er und 40er Jahren, avancierte er in den Augen der Weltöffentlichkeit zum Repräsentanten eines anderen Deutschlands. Wenn man so will, wurde er zum Führer des deutschen Geistes gegen den Führer des deutschen Ungeistes. In seinem Vortrag „Deutschland und die Deutschen" aus dem Jahr 1945 vertrat Mann im amerikanischen Exil genau das Gegenteil von dem, was er 30 Jahre zuvor propagiert hatte. Nunmehr kritisierte er die Deutschen als das „Volk der romantischen Gegenrevolution gegen den philosophischen Intellektualismus und Rationalismus der Aufklärung – eines Aufstandes der Musik gegen die Literatur, der Mystik gegen die Klarheit." Durch Kriege entstanden, sei das „unheilige Deutsche Reich preußischer Nation" verurteilt, „Kriegsreich" zu sein und zu bleiben. Zwar hätte der deutsche Geist dem europäischen Denken belebende Impulse vermittelt, es seinerseits aber verschmäht, „vom Geist der europäischen Menschheitsreligion, des europäischen Demokratismus" Korrekturen und Belehrungen anzunehmen. Die Geschichte der deutschen „Innerlichkeit" habe zum Ergebnis gehabt, daß das Beste Deutschlands durch „Teufelslist" zum Bösen ausschlug. Das größte Gedicht der Deutschen, Goethes „Faust", habe zum Helden den Menschen, der sich aus vermessenem Erkenntnistriebe der Magie dem Teufel ergibt. Wo aber der Hoch-

---

1 Vergl. dazu: Klaus Happrecht, Thomas Mann. Eine Biographie, 1955, S. 400–431

mut des Intellekts sich mit seelischer Altertümlichkeit gatte, da sei der Teufel.

Von anti-französischen Ressentiments ist nichts mehr zu spüren. Mann lobt nunmehr den revolutionären und freiheitlichen Nationenbegriff Frankreichs, der außenpolitisch auf ein vereintes Europa ziele. Alles „Gewinnende des französischen Geistes" beruhe auf der glücklichen Einheit des französischen Nationalverständnisses. Hier wird Deutschland, noch während des Zweiten Weltkrieges, von einem seiner großen Denker vom Sonderweg fortgeführt und eine Orientierung am Freiheitsbegriff des Westens verlangt. Hier wird die entscheidende Wandlung der deutschen Position in Europa vorausgedacht.

Es bleibt die größte historische Errungenschaft nach Ende des Zweiten Weltkriegs, daß Deutschland unter der Führung Konrad Adenauers endlich Westkurs steuerte und dabei neben der transatlantischen vor allem die deutsch-französische Freundschaft suchte. Es bleibt die große Leistung Charles de Gaulles, nach den Schrecken von drei Kriegen den Deutschen die Hand zur Versöhnung ausgestreckt zu haben, um es vor erneuter Isolation zu bewahren. Die deutsch-französische Partnerschaft, die sich für alle Zeiten mit den Namen Adenauers und de Gaulles verbindet, gehört zu den Wundern in der europäischen Geschichte, ein bis heute „funkelnder Edelstein" (André Glucksmann). Beide Staatsmänner hätten damals den Friedensnobelpreis wahrlich verdient!

Die Bundesrepublik Deutschland und Frankreich schlossen im Januar 1963, vor 35 Jahren, den Elysée-Vertrag in dem Bewußtsein, daß man die Wunden der Vergangenheit nicht mit einem reinen politischen Willensakt der Staatsmänner heilen kann. Im Gegenteil: Die im Vertrag vorgeschriebenen regelmäßigen Konsultationen zwischen den Regierungen und das Netzwerk an gesellschaftlichen Kontakten – bis hin zu Städtepartnerschaften und Jugendwerk, die mit und im Gefolge des Abkommens entstanden – zeigen eher, daß man der neuen Partnerschaft zunächst noch mißtraute, Rückfälle befürchtete und ihnen vorbeugen wollte.

Forciert wurde die Annäherung zwischen den früheren „Erbfeinden" durch die gemeinsame Bedrohung durch den Kommunismus. Insbesondere für Frankreich war die neue Bindung auch deshalb tragbar, weil Deutschland geteilt war und die Bundesrepublik alleine keine potentielle Bedrohung mehr darstellte. Der politische Rang Frankreichs als Sieger des Weltkrieges, als Garantiemacht für Berlin, als ständiges Mitglied im Sicherheitsrat der Vereinten Nationen und als weltweite Interventions- und Nuklearmacht ermöglichten den Franzosen, zum Nachbarn ein souveränes und entspanntes, schließlich sogar partnerschaftliches Verhältnis zu entwickeln. Hinzu kam die Integration beider Länder in die atlantischen und europäischen Institutionen – stets getragen von einem besonderen Verantwortungsgefühl der jeweils gewählten Staatsmänner, die sich ungeachtet aller parteipolitischen Zugehörigkeit über die fundamentale Wichtigkeit der deutsch-französischen Allianz im klaren blieben. Adenauer-de Gaulle, Brandt-Pompidou, Schmidt-Giscard d'Estaing, Kohl-Mitterrand – das waren Freundschaften zwischen unterschiedlichen politischen Richtungen und Charakteren, allesamt getragen durch die Erkenntnis, daß Frieden und Freiheit in Europa gefährdet sind, wenn Deutschland und Frankreich nicht an einem Strang ziehen.

1989/90, mit der europäischen Revolution und der deutschen Wiedervereinigung, änderte sich die Geschäftsgrundlage der (west-) deutsch-französischen Nachkriegspartnerschaft. Der französische Souveränitätsvorteil gegenüber der Bundesrepublik ging verloren, nicht wenige Politiker in Frankreich – auch Präsident Mitterrand – sahen die plötzlich mögliche Einheit Deutschlands zunächst als Konkurrenz und potentielle Bedrohung. Relativ schnell aber wurde in Frankreich erkannt, daß die Teilungsbalance des Kalten Krieges nicht erhalten bleiben würde und daß man sich mit der neuen Lage einschließlich der Wiedervereinigung des deutschen Nachbarn nicht nur abfinden, sondern die damit verbundenen Prozesse konstruktiv begleiten und mitgestalten mußte, wollte man der Gefahr neuer antifranzösischer Ressentiments in Deutschland vorbeugen. So fand sich Frankreich nach anfänglichem Zögern sehr schnell in der neuen Situation zurecht und hatte maßgeblichen Anteil am Zustandekommen des diplomatischen Meisterwerkes der deutschen Einheit, dem „2+4-Vertrag".

Ein selbstverständlicher Automatismus war diese Zustimmung zur deutschen Einheit wahrlich nicht. Aber in drei Jahrzehnten war doch Vertrauen gewachsen, nicht zuletzt durch die enge Zusammenarbeit in der Europäischen Gemeinschaft. In allen Bereichen gab es inzwischen enge und nicht selten herzliche Beziehungen zwischen

Deutschen und Franzosen, die sich nun bewährten. Vor allem aber: Letztlich traute François Mitterrand seinem Freund Helmut Kohl, der seinerseits auf den Prozeß der deutschen Einigung mit einer klaren Absage an einen neuen deutschen Sonderweg reagierte und stattdessen zusammen mit Mitterrand einen neuen Anlauf zur Vertiefung der Europäischen Einheit (Maastricht) initiierte. Die historische Leistung Kohls bleibt, ganz in der Tradition Adenauers, die deutsche und europäische Einigung stets als zwei Seiten der gleichen Medaille betrachtet zu haben und dies gerade in dem Moment zu beherzigen, als neue Verführungen für ein deutsches Sonderbewußtsein am Horizont auftauchten.

Dennoch bedarf die deutsch-französische Beziehung ständiger Zuwendung. Während die einen in politischen Reden den Ewigkeitscharakter der Freundschaft zwischen Franzosen und Deutschen betonen, gibt es bei geschichtlich denkenden Beobachtern immer wieder das „Qui Sait?“, das „Wer weiß?“ In Frankreich wird manchmal zu schnell an die Marne-Schlacht erinnert, wenn es doch nur um Interessengegensätze bei Zinsen geht. In Deutschland dagegen neigt man zu Belehrung und Moralismus, etwa wenn Frankreich einige Zehntelpunkte über den willkürlich gesetzten Maastricht-Verschuldungskriterien bleibt oder Jacques Chirac einige letzte Atomtests im Pazifik anordnet. Noch viel zu wenige in Frankreich und Deutschland sprechen die Sprache des Nachbarn und kennen sich aus im Land des anderen. Was muß in der Zukunft getan werden, um die noch junge Freundschaft zu festigen? Um Rückfälle in alte Zeiten zu verhindern, müssen Deutsche und Franzosen in der Zukunft folgende Grundsätze beherzigen:

1. Nationale Alleingänge zahlen sich für niemanden mehr aus. Weder Deutschland noch Frankreich können allein in Europa oder der Welt irgend etwas bewegen. Nur zusammen mit den anderen europäischen Staaten können Deutsche und Franzosen zukünftig in den internationalen Angelegenheiten eine wichtige Rolle spielen. Darum müssen beide Länder ihre „Motorfunktion“ im europäischen Einigungsprozeß auch zukünftig wahrnehmen und die Vertiefung und Erweiterung der EU beharrlich vorantreiben. Das Schäuble-Lamers-Papier aus dem September 1994 hat den Weg gezeigt, wie durch die Bildung eines *offenen* Kerneuropas Vertiefung und Erweiterung gleichzeitig geleistet werden können. Von entscheidender Bedeutung

im Rahmen der europäischen Einigung wird die Einführung des Euros und die Herstellung einer Gemeinsamen Außen- und Sicherheitspolitik sein. Solange beide Länder an Europa festhalten, haben sie eine konstruktive Tagesordnung für die Zukunft und bewahren sich und die anderen europäischen Völker vor neuen Bruderkriegen.

2. Die europäische Einigung und die deutsch-französische Partnerschaft dürfen sich nicht gegen die USA richten. Wir können in der zukünftigen Weltordnung nur bestehen, wenn Europa und Amerika ihre Werte und Interessen gemeinsam vertreten. Frankreichs Wunsch, daß die NATO sich nach Ende des Kalten Krieges stärker europäisieren möge, ist verständlich und richtig. Aber gerade durch das Fernbleiben Frankreichs von der militärischen Integration wird die europäische Säule innerhalb der atlantischen Allianz nicht gestärkt, sondern geschwächt. Frankreich sollte so schnell wie möglich ganz in die Allianz zurückkehren, um dann dort gemeinsam mit Deutschland, Großbritannien und den anderen Partnern für eine Stärkung des europäischen Einflusses (und europäischer Verantwortung!) zu wirken.

3. Die deutsch-französische Partnerschaft darf den anderen europäischen Ländern auch nicht ansatzweise den Eindruck vermitteln, daß Paris und Bonn (Berlin) über die Köpfe der Partner hinweg vollendete Tatsachen schaffen wollen. Deutschland und Frankreich sollten offen sein, insbesondere für Großbritannien, sofern es seine euroskeptische Haltung endgültig überwindet, aber auch für die mittleren und kleineren Länder auf dem Kontinent. Die Kunst, zumal kleineren Staaten gegenüber als echter Partner aufzutreten und nicht den erhobenen Zeigefinger zu präsentieren, wird zumeist, aber nicht immer, beherrscht.

4. Die wirtschaftlichen und sozialen Strukturen in Deutschland und Frankreich sind zutiefst reformbedürftig. Wenn beide Länder im globalen Wettbewerb mithalten wollen, müssen sie auf die staatsinterventionistische Politik der Vergangenheit verzichten und marktwirtschaftliche Kräfte stärken. Der vor kurzem verstorbene französische Historiker François Furet hat in einer Art politischen Testament seine Landsleute aufgefordert, von den Illusionen der Vergangenheit Abschied zu nehmen. Frankreich ignoriere die Gesetze unserer Welt und müsse, um seinen Niedergang aufzuhalten, den Spiegel zerbrechen, in dem es sich ständig narzistisch betrachte. Deutschland

und Frankreich können beide von Ländern wie Großbritannien, Schweden oder Holland lernen, wie man seine Volkswirtschaften auf die globalisierte Weltwirtschaft vorbereitet. Es scheint, als täte sich Frankreich damit zur Zeit noch etwas schwerer als Deutschland.

5. Meinungsunterschiede und Interessengegensätze – etwa bei der Wehrpflicht – bleiben auch bei einer vertieften europäischen Integration bestehen. Das sollte niemanden irritieren, im Gegenteil: Wir wollen kein nivelliertes Europa, sondern wollen auch als überzeugte Europäer zugleich Franzosen bzw. Deutsche bleiben. Möglichen Konflikten sollten wir ruhig und souverän begegnen, uns allerdings auch um Strategien zur Vermeidung und Eindämmung bemühen. Ein französischer Präsident sollte keine Atomtests anordnen und schon gar nicht ohne vorherige Konsultation der Verbündeten. Wenn er es aber dann dennoch tut (und dafür vielleicht durchaus respektable Gründe vorzuweisen hat), dann muß sich der deutsche Partner überlegen, in welcher Form er seine Kritik übt und ob ihm das Thema wichtig genug ist, die deutsch-französische Partnerschaft zu belasten. Die Art der Auseinandersetzung mit den französischen Atomtests im Jahre 1995 hatte, in einer für die Deutschen leider nicht untypischen Weise, manche hysterische Züge. Es schien mir damals dringend erforderlich diesen entgegenzuwirken und die Lage beruhigen zu helfen. Im September 1996, nur zwei Jahre nach der Ankündigung von „acht letzten Tests“ durch Präsident Chirac, wurde der Atomteststopp-Vertrag abgeschlossen. In Wahrheit war doch die letzte Testserie der Franzosen (nach über 2.000 Versuchen weltweit) die Voraussetzung dafür, daß Paris einem weltweiten Atomteststopp-Vertrag beitreten konnte und die entsprechenden Verhandlungen durch die Formel „option zero“ sogar entscheidend vorantrieb.

6. Wichtig ist und bleibt aber vor allem die gesellschaftliche Vertiefung der deutsch-französischen Partnerschaft. Charles de Gaulle hatte recht: Nicht Staaten, nur Völker und Menschen können Freunde sein. Wenn wir noch lange miteinander Tandem fahren wollen, müssen wir uns noch viel besser kennenlernen. Der deutsch-französische Kultursender „arte“ weist in die richtige Richtung. Aber es muß schon in den Schulen beginnen, daß man sich für den wichtigen Nachbarn interessiert, dessen Land bereist und schätzen lernt. Für die Deutschen jedenfalls lohnt sich das allemal. Als Heinrich

Heine nach langjährigem Aufenthalt in Frankreich seine Mutter im heimischen Hamburg besuchte und sie ihn fragte ob man in Deutschland oder in Frankreich besser leben könne, antwortete der Dichter:

„Die deutsche Gans, lieb Mütterlein,
Ist gut, jedoch die Franzosen,
Sie stopfen die Gänse besser als wir,
Auch haben sie bessere Soßen."

2. Bonn und die französischen Atomtests

Dr. Friedbert Pflüger (CDU/CSU): Herr Präsident! Meine Damen und Herren! Lieber Kollege Voigt! DieBemerkung, daß sich der Bundeskanzler nicht genügend um das deutsch-französische Verhältnis gekümmert habe, ist nun wirklich eine Lachnummer. Das wissen Sie selbst am allerbesten.

(Beifall bei der CDU/CSU)

Es gibt keinen Politiker in Deutschland, der sich mehr um das deutsch-französische Verhältnis gekümmert hat als Helmut Kohl. Ich glaube, wenn Sie sich einmal in der Bevölkerung umhören, und wenn Sie vor allen Dingen in Frankreich nachfragen, wer mehr für die deutsch-französischen Beziehungen getan hat: die CDU/CSU, Karl Lamers, Herr Schockenhoff, Herr Seiters und viele andere oder Frau Wieczorek-Zeul mit ihrer Mission vor kurzem oder der SPD-Bundesvorstand, der nach Ihren Worten gar nicht mehr über Außenpolitik diskutiert, dann, glaube ich, werden die Leute ganz klar wissen, wer in letzter Zeit mehr für die deutsch-französischen Beziehungen getan hat.

(Beifall bei der CDU/CSU und der F.D.P.)

Herr Kollege Meyer, ich fand Ihre Intervention sehr interessant, aber doch im Kern falsch. Wir wehren uns als Union keineswegs gegen die Besorgnisse von Menschen auf der Straße über Atomtests. Wir sind auch nicht gegen sachliche Kritik an den Tests oder, wie Herr Voigt eben gesagt hat, dagegen, mit Frankreich Meinungsverschiedenheiten auszutragen. Natürlich gehört das zu einer Freundschaft dazu. Wir sind aber gegen eine völlig maßlose Kampagne, gegen die Beschimpfung des französischen Präsidenten, gegen die dauerhafte Beschädigung der deutsch-französischen Beziehungen dadurch, daß die Franzosen ständig beschimpft und in die Ecke gestellt werden.

(Beifall bei der CDU/CSU sowie bei Abgeordneten der F.D.P.)

Bei aller Kritik, die man an der französischen Position äußern kann und die eben noch einmal von der Bundesregierung geäußert worden ist, sollten wir uns doch die ganze französische Position ansehen. Ich finde, wir sollten gegenüber Frankreich ein bißchen fairer sein. Wenn wir nämlich die französische Position unter Chirac einmal mit der unter Mitterrand vergleichen, dann ergibt sich ein klarer Fortschritt. Das will ich begründen.

(Zuruf von der SPD: Jetzt wird es interessant!)

Das wissen Sie vielleicht gar nicht, Herr Kollege: Herr Mitterrand hat 86mal Tests auf Fangataufa und Mururoa durchführen lassen – 86mal! –, im übrigen zum großen Teil in der Hochphase der Entspannungspolitik. Herr Chirac hat acht Tests angekündigt. Wahrscheinlich werden es etwas weniger werden. Herr Mitterrand hat ein einseitiges Moratorium verkündet, das jederzeit aufkündbar ist. Herr Chirac sagt das erste Mal: Ich bin ohne jedes Wenn und Aber bereit, einem weltweit gültigen Atomteststoppabkommen beizutreten. Herr Mitterrand hat nie auf sogenannte Minitests verzichtet, also auf Atomwaffenversuche unterhalb einer bestimmten Kilotonnenanzahl. Herr Chirac sagt ganz eindeutig: Keine Minitests.

Sogar ein Kritiker von Atomtests wie Harald Müller von der Hessischen Stiftung für Friedens- und Konfliktforschung hat, obwohl er die Tests kritisiert, gesagt: Chirac hat am Genfer Verhandlungstisch eine ganz entscheidende Konzession gemacht und das Tor für einen wirklichen Atomteststoppvertrag im nächsten Jahr weit aufgestoßen. Ich finde es unfair, daß diese französische Position, die ein Fortschritt ist und die dazu führen wird, daß wir im nächsten Jahr zu einem Ende aller Atomtests kommen, von Ihnen überhaupt nicht zur Kenntnis genommen wird. Das gehört mit auf den Tisch und in die Debatte.

(Beifall bei der CDU/CSU sowie bei Abgeordneten der F.D.P.)

Ich möchte auf einige der Gegenargumente, die von Ihnen genannt worden sind, eingehen. Das erste Gegenargument, Herr Kollege Voigt, lautet, das, was die Franzosen machen, sei alles nur Taktik. Ich finde, das ist wirklich nicht haltbar.

(Karsten D. Voigt (Frankfurt) (SPD): Das Argument stammt nicht von mir, das kommt von Herrn Schäfer!)

Auch wenn es irgend jemand anders gesagt hat, ist es nicht haltbar. Giscard hat als Präsident bereits in den 70er Jahren von der erweiterten Abschreckung gesprochen; das haben Sie erwähnt. Er hat schon immer eine europäische Funktion der Force de frappe eingeräumt. Mitterrand hat Anfang 1992 davon gesprochen, daß wir über eine europäische Doktrin für die britischen und französischen Nuklearwaffen reden sollten. Im Januar dieses Jahres, also lange vor den Atomtests und der schwierigen Situation für Frankreich, hat Jupp, damals Außenminister, von der „dissuasion concerte“, also der konzertierten Abschreckung oder Abratung, gesprochen. Im Februar 1994 heißt es im Weißbuch Frankreichs: „Ohne Kernwaffen ist Europas Verteidigungsautonomie nicht möglich.“

Das heißt, die Behauptung, die Franzosen hätten erst nach der Kritik an den Tests aus taktischen Gründen eine Argumentation nachgeschoben, ist nicht haltbar. Die Franzosen haben diese Angebote vorher gemacht. Es ist an uns, die Frage zu stellen, ob wir diese Angebote ernsthaft genug diskutiert und geprüft haben.

(Karsten D. Voigt (Frankfurt) (SPD):
Ist das Kritik an der Bundesregierung?)

Ich füge hinzu: Selbst wenn, Herr Voigt, die französischen Avancen hinsichtlich einer europäischen nuklearen Komponente nur taktischer Natur wären oder einem Lernprozeß in den letzten Monaten entsprochen hätten, sollten wir, meine ich, die Franzosen beim Wort nehmen und mit ihnen darüber reden – und zwar aus unserem Sicherheitsinteresse, Herr Kollege Schäfer, und nicht nur aus Höflichkeit gegenüber Frankreich.

Ein zweiter Punkt ist hier immer wieder angesprochen worden, vor allem auch von dem Kollegen Volmer. Es heißt, wir würden auf kaltem Wege versuchen, Deutschland zur Atommacht werden zu lassen. Sie haben von einer „atomaren Waffenbrüderschaft“ mit Frankreich gesprochen. Herr Kollege Volmer, es gibt in diesem Haus nicht einen einzigen Politiker – jedenfalls habe ich keinen einzigen kennengelernt –, der dafür wäre, den deutschen Verzicht auf ABC-Waffen in Frage zu stellen.

(Beifall bei der CDU/CSU sowie bei Abgeordneten der F.D.P.)

Wir wollen keinen deutschen Finger am Knopf. Nehmen Sie das doch bitte zur Kenntnis!

Gerade wenn man ein nicht nuklearer Staat ist, hat man in einer Welt, in der es – ob Sie es wollen oder nicht – noch Tausende von nuklearen Waffen gibt und in der die Gefahr der Weiterverbreitung nicht ab-, sondern zunimmt, ein besonderes Interesse daran, nuklearen Schutz zu haben und auch – das füge ich hinzu – mitsprechen zu können.

Worum geht es bei dieser konzertierten Abschreckung eigentlich? Es geht darum, daß Frankreich – das ist die entscheidende Neuerung, Herr Kollege Voigt – das erste Mal anbietet, seine Nuklearwaffen – bisher wirklich eine rein nationale, man kann fast sagen: eitel gehütete Domäne – in eine europäische Diskussion einzubringen.

Es ist doch ein Fortschritt für uns alle, wenn wir über die Nukleardoktrin, über die Trägersysteme, über die Art und Weise der Waffen, über das, was Nuklearwaffen heute überhaupt an Bedeutung haben, mitreden können. Das ist doch besser, als daß die Nuklearwaffen einfach da sind, wir aber nicht mitreden können.

Ich fände es gut, wenn wir gegenüber Frankreich die gleichen Möglichkeiten hätten, wie wir sie innerhalb der NATO gegenüber den Vereinigten Staaten haben, nämlich eine Art politischer Mitwirkung. Das bedeutet keine Verfügung; die Letztverfügung wird in Paris bleiben, so wie sie in allen Zeiten, was die amerikanischen Nuklearwaffen angeht, selbstverständlich in Washington geblieben ist.

Ich glaube, wir sollten den Dialog annehmen. Es sind viele Frage zu klären; da gebe ich Ihnen völlig recht. Wir müssen die Franzosen auch bitten, konkreter zu werden, und das tun wir auch. Aber zu sagen, daß wir dafür nicht zur Verfügung stehen,

(Heidemarie Wieczorek-Zeul (SPD):
Was wollen Sie denn? das schadet unseren Sicherheitsinteressen.)
(Beifall bei der CDU/CSU und der F.D.P.)

Vizepräsident Hans Klein: Herr Kollege Pflüger, gestatten Sie eine Zwischenfrage des Kollegen Voigt?

Dr. Friedbert Pflüger (CDU/CSU): Ja.

Karsten D. Voigt (Frankfurt) (SPD): Herr Kollege Pflüger, würden Sie bitte zur Kenntnis nehmen, daß ich Ihre Blickrichtung für falsch halte? Sie sollten sich jetzt an Herrn Schäfer wenden, der gerade wegguckt, und nicht an uns; denn wir haben Gespräche mit den Franzosen geführt. Die Bundesregierung jedoch offensichtlich nicht, sie will noch abwarten. Deshalb ist dies eine Kritik an der

Bundesregierung, die Sie dann auch nicht aus Höflichkeit an andere richten sollten.

(Beifall bei der SPD)

Dr. Friedbert Pflüger (CDU/CSU): Herr Kollege Voigt, daß Sie Gespräche über diese Frage führen, glaube ich Ihnen gerne. Ich glaube auch gern, daß das der Kollege Duve, der Herr Gansel, Herr Schloten und noch ein paar Kollegen machen.

(Vorsitz: Vizepräsident Dr. Burkhard Hirsch)

Aber die Reaktion Ihrer Fraktion auf das Angebot Frankreichs war absolut indiskutabel und unter Freunden fast eine Unverschämtheit.

(Beifall bei der CDU/CSU und der F.D.P.)

Es geht im Grunde um eine einzige Frage. Wir wollen keine Verfügung über Atomwaffen. Aber wollen wir die Nichtverfügung mit Mitsprachemöglichkeiten koppeln, oder wollen wir ohne Mitsprachemöglichkeiten sein? Frau Wieczorek-Zeul, Sie können hundertmal sagen, Sie wollten eine nuklearfreie Welt.

(Heidemarie Wieczorek-Zeul (SPD): Die Frage ist: Wollen Sie eine europäische Militärpolitik mit Atomwaffen, ja oder nein?)

Die Nuklearwaffen sind da. Da müssen Sie erst einmal Herrn Schirinowski und Saddam Hussein und all die anderen überzeugen, die heute an Nuklearwaffen arbeiten.

Auch ich will nukleare Abrüstung. Jeder, der in dem entsprechenden Unterausschuß ist, weiß auch, daß ich mich mit aller Entschiedenheit für nukleare Abrüstung einsetze. Aber solange es Massenvernichtungswaffen auf der Welt gibt, bin ich froh darüber, daß wir eine minimale Abschreckungskapazität im Westen aufrecht erhalten, und zwar sowohl in Amerika als auch in Frankreich.

(Beifall bei der CDU/CSU)

Es können mir kein Pazifist und kein noch so gutgläubiger Idealist auf der Welt garantieren, daß nicht in fünf Jahren, vielleicht sogar schon in zwei oder drei Jahren, im Kreml irgendein Diktator regiert, der über 25.000 Nuklearwaffen verfügt. Keiner von uns will das; aber wer kann das ausschließen?

Weil wir das nicht ausschließen können, will ich, daß wir neben dem Prozeß der Abrüstung, den wir hoffentlich weiterführen, auch in der Lage bleiben, jeder Form von Erpressungsversuchen zu widerstehen.

(Beifall bei der CDU/CSU)

Wichtig ist, daß wir das Ganze nicht nur als eine deutsch-französische Angelegenheit betrachten, sondern daß wir all diese Frage sehr schnell auch mit unseren anderen europäischen Partnern, etwa in der EPZ oder in der WEU besprechen. Wichtig ist vor allen Dingen, daß wir es auch mit Amerika besprechen.

So halte ich etwa die Idee für völlig richtig, die Frage der Erweiterung der französischen Nuklearwaffen einmal in der Nuklearen Planungsgruppe der NATO mit Amerika und mit Frankreich zu besprechen. Vielleicht ergibt sich hier eine Möglichkeit, auf diese Art und Weise Frankreich wieder näher an die militärische Integration der NATO heranzuführen.

Jedenfalls ist eines für uns klar: Diese französischen Nuklearwaffen können genauso wie die britischen Nuklearwaffen niemals ein Ersatz, sondern nur eine Ergänzung des amerikanischen Nuklearschirms darstellen.

(Zustimmung bei der CDU/CSU)

Nun wird immer wieder der Vorwurf gemacht, das würde dazu führen, daß in Amerika der Isolationismus bestärkt würde. Ich glaube, daß das Gegenteil der Fall ist. Wir haben es ja in der Debatte um die konventionelle Verteidigung Europas erlebt. Seit Jahren hatten die Amerikaner gefordert, Europa müsse mehr Verteidigungslasten tragen, weil Europa sonst bei amerikanischen Kongreßabgeordneten überhaupt nicht mehr als ein Ort zu vertreten wäre, an dem sich Amerika engagiert.

Das heißt, die Amerikaner wollen nicht, daß wir uns in irgendeiner Weise gegen sie aussprechen; aber sie wollen einen europäischen Pfeiler der Verteidigung. Was wir auf der konventionellen Ebene mit der WEU und dem Eurocorps haben, warum sollten wir das nicht auch im Nuklearbereich haben?

Ich finde – das hat Kollege Fischer vorhin zu Recht erklärt –: Es wäre völlig falsch, die Frage der europäischen Nuklearwaffen sozusagen in das Zentrum der europäischen Politik geraten zu lassen.

(Joseph Fischer (Frankfurt) (BÜNDNIS 90/DIE GRÜNEN): Das tun Sie doch!)

Aber es ist genauso falsch, Herr Kollege Fischer, eine gemeinsame europäische Außen- und Sicherheitspolitik zu betreiben, zu planen und so zu tun, als ob es die französischen und britischen Nuklearwaffen nicht gäbe. Das ist Die-Decke-über-den-Kopf-Ziehen und so tun, als ob wir in einer anderen Welt lebten. Aber wir leben in dieser Welt und nicht in einer anderen, Herr Kollege Fischer.

(Beifall bei der CDU/CSU)

Die Fraktion der CDU/CSU setzt sich entschieden dafür ein, daß der begonnene Prozeß der nuklearen Abrüstung weiter vorankommt. Wir begrüßen es deshalb, daß die Franzosen auf eine früher geplante atomare Bombe verzichtet haben. Die Franzosen werden demnächst das Plateau d'Albion, also ihre landgestützten Interkontinentalraketen, gänzlich aufgeben. Wir erleben überall auf der Welt im Moment einen Prozeß der Abrüstung, an der Spitze übrigens Deutschland, etwa im Bereich der konventionellen Abrüstung. Die Haushälter haben sich gerade darüber geeinigt, daß wir in unserem Haushalt den Posten für die Abrüstungshilfe an Moskau erheblich erhöhen: von 13 Millionen DM auf 18 Millionen DM. Das ist in Zeiten knapper Kassen eine gewaltige Leistung.

(Heidemarie Wieczorek-Zeul (SPD): Was glauben Sie, wie wir für die europäische Atomstreitmacht erst noch erhöhen müssen?)

Wir in Deutschland sind die ersten gewesen, die den KSE-Vertrag zur Abrüstung erfüllt haben. Das heißt, Sie können uns wirklich nicht vorwerfen, wir würden keine Abrüstung betreiben. Wir wirken auch auf die Amerikaner und die Russen ein, START II, die große Abrüstungsvereinbarung, endlich zu ratifizieren.

Aber wir sagen auch: Wir müssen, solange es Aggressoren auf dieser Welt gibt, die über Nuklearwaffen oder biologische bzw. chemische Waffen verfügen, in der Lage sein, uns zu verteidigen. Das aber, was uns bei dem Ganzen am wenigsten gefällt, ist die Rolle des moralischen Oberlehrers, Frau Wieczorek und Herr Fischer.

Vizepräsident Dr. Burkhard Hirsch: Herr Kollege Pflüger, ich muß Sie unterbrechen, weil Ihre Redezeit abgelaufen ist. Sie müssen zum Schluß kommen.

Dr. Friedbert Pflüger (CDU/CSU): Ich werde meinen letzten Satz sagen. Die moralische Oberlehrer-Rolle wird auch in Frankreich von denjenigen abgelehnt, die durchaus Kritik üben. Ich kann es kaum einem Angehörigen, z. B. eines französischen Soldaten, der in Sarajevo ums Leben gekommen ist – das sind insgesamt etwa 50 Soldaten –, erklären, warum die SPD und die Grünen mit dem moralischen Zeigefinger auf Frankreichs Atomtests zeigen, gleichzeitig aber eine Minimalhilfe bei der Eingreiftruppe in Bosnien verweigern. Diese Art und Weise trägt zur Unglaubwürdigkeit Ihrer Politik bei.

(Beifall bei der CDU/CSU sowie bei Abgeordneten der F.D.P.
– Widerspruch bei der SPD –
Joseph Fischer (Frankfurt) (BÜNDNIS 90/DIE GRÜNEN):
Das war der moralische Unterlehrer!)

3. Ein „nuklearer Zweitschirm"? Streitgespräch mit Daniel Cohn-Bendit

Die Woche (Hans-Ulrich Jorges): Kaum haben die Franzosen gegen weltweite Proteste ihre Atomtests in der Südsee begonnen, da entwickelt sich mit großer Vehemenz eine Debatte über die Europäisierung der französischen Atomwaffen. Ist das Angebot aus Paris ernstgemeint und sollte Deutschland darauf eingehen?

Daniel Cohn-Bendit: Wir müssen uns davor hüten, in eine Falle zu laufen. Europa steht erst am Beginn der Debatte über eine gemeinsame Außen- und Sicherheitspolitik. Bosnien ist der Beweis dafür, daß es die bislang nicht gibt: In dieser Situation mit der Debatte über Atomwaffen zu beginnen, weckt nur berechtigte Emotionen, statt eine rationale Auseinandersetzung zu ermöglichen.

Die Woche: Befürworten Sie Gespräche, um das Angebot aus Paris zu testen? Was ist das Ziel? Ist die Europäisierung der Bombe nur ein Zwischenschritt, um sie den Franzosen wegzunehmen und zu vernichten, oder sollte sie als Abschreckungswaffe erhalten werden?

Daniel Cohn-Bendit: Niemand kann im Moment vorhersagen, Wie sich die Dinge in Rußland weiterentwickeln werden. Und niemand kann abschätzen, wie der Krieg in Bosnien weitergeht. Die Frage, ob Europa überhaupt eine kollektive Abschreckung braucht und was die Europäisierung der Force de frappe bedeutet, können wir vielleicht in fünf Jahren entscheiden. Vorher müssen wir Strukturen einer gemeinsamen Außen- und Sicherheitspolitik schaffen.

Die Woche: Die Vernichtung der Force de frappe ist für Sie nicht mehr unbedingt das Ziel? Sie sind offen für eine Diskussion darüber, ob die Atomwaffen in einer definierten europäischen Sicherheitspolitik einen Platz haben?

Daniel Cohn-Bendit: Ich werde den Teufel tun, jetzt ad hoc zu sagen, die Abschreckung muß weg. Sie muß weg in einem Prozeß der beidseitigen Vernichtung von Atomwaffen und in einem Prozeß der Sicherung demokratischer Verhältnisse auf der Welt. Solange wir etwa mit dem gefährlichen Nationalisten Schirinowskij in Moskau leben müssen, fände ich es hirnverbrannt, alle Atomwaffen einseitig zu verschrotten.

Friedrich Pflüger: Ich stimme in weiten Teilen zu, vor allem auch dem Hinweis auf Schirinowskij. Kein Pazifist kann mir garantieren, ob Rußland eine Demokratie bleibt. In Rußland gibt es noch immer 25.000 Atomsprengköpfe und 40.000 Tonnen chemischer Kampfstoffe. Der Irak war kurz davor, eine Atombombe zu bauen, und Libyen hat seit eh und je Interesse an Massenvernichtungswaffen. Die Weiterverbreitung von ABC-Waffen ist eine der großen Gefahren der Gegenwart. Wir müssen also die Fähigkeit erhalten, mögliche Gegner abzuschrecken.

Die Woche: Warum reichen dafür die amerikanischen Atomwaffen in der Nato nicht aus?

Pflüger: Die Franzosen sagen: Mal spielen die Amerikaner Weltpolizist, dann aber werden sie wieder isolationistisch. Hinzu kommt, daß die Franzosen erkannt haben, daß die europäischen Länder, auch Frankreich, alleine nichts mehr ausrichten können in dieser Welt. Deshalb glaube ich, daß das Angebot; die nukleare Abschreckung zu europäisieren, ernst gemeint ist. Inzwischen hat Klaus Kinkel erklärt, es sei ein interessanter Vorschlag, und Wolfgang Schäuble und Karl Lamers haben gesagt, sie könnten sich eine europäische Verteidigung nicht ohne nukleare Komponente vorstellen. Es ist nun unsere Aufgabe, das Für und Wider abzuwägen, nicht aber, Champagner zu boykottieren.

Die Woche: Nur sind die Deutschen, das belegen Umfragen, mit überwältigender Mehrheit gegen europäische Atomwaffen. Es stellt sich die Frage der politischen Durchsetzbarkeit. Schließlich geht es um nicht weniger als den deutschen Finger am Atomdrücker.

Pflüger: Gerade wenn es emotionalisierte und irrationale Bewegungen gibt wie die, die wir derzeit erleben, muß man Zivilcourage entwickeln und sich um einen rationalen Diskurs bemühen. Mir geht es nicht um den deutschen Finger am Drücker. Deutschland hat keine nuklearen Ambitionen, sondern ich will, daß eine französische Abschreckung erhalten bleibt, die – ähnlich wie wir das in der Nato mit den Amerikanern haben – uns Deutschen die Möglichkeit gibt, mit den Franzosen über die Abschreckungsdoktrin und Konsultationsmechanismen zu reden.

Cohn-Bendit: Ich finde die deutsche Debatte über die Beteiligung der Bundeswehr in Ex-Jugoslawien gespenstisch. Ich habe eine ganz einfache Position: Wenn eine Militärintervention in Bosnien notwendig ist, dann sollten alle daran teilnehmen. Warum sollen die Franzosen die Toten haben, und die Deutschen sagen: „Wißt ihr was, vor 60 Jahren waren wir Schweine, jetzt sollen andere sterben.“ Wenn wir von einer europäischen Verteidigungsstrategie sprechen, dann bedeutet das längerfristig, daß neben einem französischen und italienischen auch ein deutscher Soldat steht. Und solange es Nuklearwaffen gibt, bin ich für einen Prozeß der Integration, an dessen Ende alle verantwortlich sind, vor allem die Abrüstung. In die Falle mit dem deutschen Drücker dürfen wir nicht reiten! Für mich bedeutet Europäisierung auch Rationalisierung der Entscheidungen. Europäische Atomtests hätte es nicht gegeben.

Die Woche: Können Sie sich vorstellen, daß Skandinavien und die Benelux-Staaten mit ihrer pazifistischen Tradition an der Atombombe interessiert sind?

Pflüger: Das Interesse an dem französischen Vorschlag ist sehr groß. Ich war gerade vier Tage in Paris, habe mit Politikern und Militärs gesprochen. Danach stand ein Botschafter nach dem anderen auf der Matte und wollte wissen, was konkret besprochen wurde. Die Franzosen wollen das erst mal mit Deutschland klären, das finde ich auch richtig. Man müßte darüber in einem deutsch-französischen Verteidigungsrat sprechen und es dann in den gesamteuropäischen Rahmen einführen

Die Woche: Also einen europäischen Verteidigungsrat gründen, der die Kontroll- und die Komandofunktion hat?

Pflüger: Unser Ziel muß ein europäischer Bundesstaat sein mit einem Präsidenten oder einem Kanzler, und der entscheidet dann. Bis wir soweit sind, sollen die Atomwaffen französisch bleiben. Es sollte aber eine Mitsprache der Europäer geben bei der Abschreckungsdoktrin und einen Konsultationsmechanismus im Moment der Krise.

Die Woche: Wie verträgt sich das mit dem Atomschutz der Amerikaner in der Nato?

Pflüger: Ich will, daß Amerika in Europa präsent bleibt, und ich will auch, daß es seinen Nuklearschutz aufrechterhält. Die Nato bleibt Sicherheitsanker Nummer eins. Aber nun schaue ich in die USA. Und da sehe ich Herrn Gingrich und andere, die sich aus diesen „dauernden Händeln“ zwischen den europäischen Brüdern raushalten und lieber den Analphabetisinus in Arkansas bekämpfen wollen. Niemand weiß, wie stark diese Kräfte sein werden in ein paar Jahren. Auch deshalb wünsche ich mir zu dem größeren amerikanischen Schirm einen kleineren, aber auch sehr effektiven französischen Nuklearschirm. Die USA werden nur dann in Europa bleiben, wenn Europa mehr Lasten übernimmt.

Cohn-Bendit: Für mich bedeutet europäische Sicherheitspolitik auch die Fähigkeit zu humanitären Interventionen. Ich will, daß Europa sich befähigt, allein entscheiden zu können, ob es in den Konflikt in Bosnien oder in Ruanda eingreifen will, ohne die Amerikaner zu fragen. Es geht nicht um militärische Fragen, es geht um das Sich-verantwortlich-Fühlen in der Welt; wir brauchen ein humanitäres Peace Corps. Ich bin von einer historischen Erfahrung geprägt: Hätten die Alliierten nicht beschlossen, Hitler militärisch zu besiegen; wäre ich nicht geboren. Ich bin Kind einer militärischen Intervention, der Landung der Alliierten in der Normandie.

Die Woche: Wer andere schützt, möchte sich nicht alleine der Zerstörung aussetzen. Droht uns deshalb nicht auch eine Debatte, ob französische Atomwaffen in Deutschland stationiert werden?

Pflüger: Das ist eine zweitrangige Frage. Im übrigen finde ich wie Cohn-Bendit, daß wir um Himmels willen nicht so tun sollten, als ob die Atomwaffen das wichtigste seien bei der gemeinsamen Außen- und Sicherheitspolitik: Aber wir können die Nuklearkomponente nicht ausklammern, weil wir finden, Atomwaffen sind fürchterlich. Natürlich ist der Konflikt in Bosnien nicht mit Nuklearwaffen zu regeln, natürlich werden hoffentlich alle außenpolitischen Konflikte ohne Atomwaffen gelöst werden, aber sie in der Hinterhand zu haben, um nicht erpreßbar zu sein, das finde ich wichtig.

Cohn-Bendit: Ich glaube, die Debatte der 70er Jahre hat uns gelehrt, daß die Wahrheit zwischen der Friedensbewegung und den Regierungen lag. Diese Wahrheit müssen wir jetzt wieder herausfieseln. Aufrüstung birgt eine irrsinnige Gefahr in sich. Dies war ein richtiges Argument der Friedensbewegung. Sie hat aber, um dies durchzuhalten, einen Trick benutzt: Sie hat behauptet, die anderen bedrohten uns gar nicht. Und da haben die Nachrüster recht gehabt, als sie sagten: „Ihr könnt doch nicht von Abrüstung reden, ohne eine Strategie zu haben, die Sowjetunion, die ja aufrüstet, auch zur Abrüstung zu zwingen."

Die Woche: Sollten französische Atomwaffen auch in Deutschland stationiert werden?

Cohn-Bendit: Ich kann diese Frage ehrlich im Moment nicht beantworten. Es ist aber eine kindische Vorstellung zu glauben, es würde im Konfliktfall nur auf Frankreich geschossen, und Deutschland könnte sich draußen halten. Das geht in Europa nicht mehr. Es ist eine ungeheure historische Leistung, daß diese beiden Länder so ineinander verschlungen sind, daß man sie nicht mehr auseinanderreißen kann. Deshalb sage ich: Die Atomwaffen in Frankreich sind auch in Deutschland. Weil sie in Europa sind, sind sie auch bei uns.

Die Woche: Wird Rußland nicht gerade dadurch aufs neue herausgefordert, daß sich zur Bedrohung durch die Amerikaner noch eine europäische nukleare Komponente hinzugesellt? Schon die Debatte über die Ost-Erweiterung der Nato hat doch das Klima verschärft.

Pflüger: Ein stärkerer europäischer Pfeiler im atlantischen Bündnis wird die Russen gar nicht beunruhigen, eher im Gegenteil. Die russischen Experten haben immer wieder gesagt, daß sie eine europäische Verteidigsidentität begrüßen. Im übrigen gilt: Rußland hat kein Veto hinsichtlich der Ost-Erweiterung der Nato. Wir dürfen uns durch die starken Worte aus Moskau nicht zu einer Appeasementpolitik verführen lassen.

Cohn-Bendit: Ich halte die russische Gesellschaft für so labil wie die deutsche in der Weimarer Republik. Wir müssen die Interessenlage der Russen respektieren, aber wir müssen auch die polnische betrachten. Viele im Westen sagen: „Die Russen sind nervös." Da sagen die Polen: „Wir sind schon lange nervös." Insofern hat Pflüger recht, wenn er sagt, Europa ist eine Hoffnung.

4. Konzertierte Abschreckung – Für eine Europäisierung der „force de frappe"

Die Freundschaft zwischen Deutschland und Frankreich ist von entscheidender Bedeutung für die Zukunft von Freiheit und Frieden in Europa. Diese Freundschaft ist ein Wort sui generis, nicht nur aufgrund ihrer großen historischen Bedeutung, sondern auch, weil es ohne die Franzosen keine Weiterentwicklung und Vertiefung der Europäischen Union geben wird; vor allen Dingen keine Fortschritte in Richtung einer Gemeinsamen Außen- und Sicherheitspolitik (GASP). Daher ist es richtig, wenn führende deutsche Politiker in ihren Äußerungen über die Ankündigung des französischen Präsidenten Jacques Chirac, im pazifischen Muroroa-Atoll acht weitere Atomtests durchzuführen, Zurückhaltung üben. Wir müssen die Entscheidung unserer französischen Freunde respektieren, auch ertragen. Genauso wird aber auch Frankreich unsere kritischen Anmerkungen respektieren und ertragen müssen.

Freundschaft verlangt aber auch, daß klare und aufrichtige Worte gesprochen werden. Es muß möglich sein, Enttäuschung oder Widerwillen zu äußern. Paris erklärt, mit der Testserie die Sicherheit und Verläßlichkeit seiner Nuklearwaffen gewährleisten zu wollen, der Veralterung der Waffen vorzubeugen und die technischen Voraussetzungen dafür zu schaffen, daß zukünftig nur durch Computersimulation die Glaubwürdigkeit der Abschreckung sichergestellt werden kann. Diese Argumente müssen wir ernst nehmen. Doch gibt es ebenso Argumente, die gegen weitere Tests sprechen.

Erstens: Vergangenen Monat hat in New York die Staatengemeinschaft den Atomwaffensperrvertrag verlängert. Die Entscheidung fiel im Konsens, doch hatten viele Länder ihre Stimme für dieses Votum nur sehr widerstrebend erteilt. Grundlage der Zustimmung dieser Länder war die Verabschiedung einer Prinzipienerklärung, deren Punkt 4 lautet: „Das Erreichen der folgenden Maßnahme ist wichtig: der Abschluß der Verhandlungen über einen weltweiten und überprüfbaren Teststoppvertrag, nicht später als 1996. Bis dieser Vertrag in Kraft tritt, sollen die Kernwaffenstaaten äußerste Zurückhaltung üben."

Auch Frankreich gehört zu den New Yorker Unterzeichnerstaaten. Man kann nun zu Recht fragen. Bedeuten die acht neuen Tests äußerste Zurückhaltung? Muß die französische Entscheidung nicht als ein Vertrauensbruch aufgefaßt werden?

Zweitens: Nukleare Schwellenländer könnten die französische Entscheidung als Alibi für ihre Versuche zur – geheimen – Entwicklung eigener Atomwaffen mißbrauchen.

Drittens: Es gibt auch schwerwiegende ökologische Bedenken. Die Internationalen Ärzte für die Verhütung des Atomkrieges weisen darauf hin, daß mehr als 20 Kilogramm Plutonium 239 auf dem Grund der Lagune des Mururoa-Atolls liegen. Spaltmaterial sickert in die Biosphäre, gelöstes Plutonium kann aus der Lagune in den Pazifik und damit in die Nahrungskette gelangen. Die Organisation Greenpeace behauptet, der französische Vizeadmiral Thieraut habe am 28. März 1988 erklärt, das Mururoa-Atoll drohe bei weiteren Nuklearversuchen auseinanderzubrechen.

Man kann nicht nachweisen, ob diese Behauptung stimmt oder nicht, doch sollte die Äußerung des Vizeadmirals auch nur einen Funken Wahrheit enthalten, darf auf diesem Atoll nicht mehr getestet werden. Es ist zu hoffen, daß die französische Regierung recht hat, wenn sie sagt, sie habe sich genau informiert und gewissenhafte Untersuchungen angestellt, daß von den Tests keine Umweltgefahren ausgehen. Sonst stellt sich die Frage, ob die Bemerkung des neuseeländischen Ministerpräsidenten nicht verständlich ist, der gesagt hat: Wenn die Versuche tatsächlich so ungefährlich sind, warum werden sie dann ausgerechnet auf unserer Seite der Erdkugel und nicht in der Nähe Frankreichs unternommen?

Viertens: Auch aus technischer Sicht werden von Experten Zweifel an der Notwendigkeit von weiteren Tests geäußert. Götz Neuneck vom Institut für Friedensforschung und Sicherheitspolitik an der Universität Hamburg hat erklärt: „Um die Verläßlichkeit und Sicherheit der französischen Nuklearwaffen zu erhalten, sind schon heute keine Tests mehr nötig. Dazu gibt es ausreichende Computersimulationen sowie weitere nukleare Sicherheitsüberprüfungen. Die verfügbaren Unterlagen der bisherigen Tests reichen aus, um eine sichere Einsatzfähigkeit zu gewährleisten.“

Es gibt also fundierte Kritik. Diese bedenken tragen wir vor und äußern sie vor allen Dingen intern gegenüber unseren französischen Freunden. Es ist aber wirklich kontraproduktiv, wenn zum Beispiel der Abgeordnete Gernot Erler von der SPD den französischen Präsidenten als „postkolonialen Atombösewicht“ bezeichnet.

Damit trifft er nicht nur den falschen Ton, sondern schadet auch der Sache, weil es nicht dazu führt, unseren Nachbarn zum Umdenken zu bewegen. Vielmehr wird ein wichtiges Gut, nämlich die deutsch-französische Freundschaft, beschädigt und Jacques Chirac in die Ecke gedrängt.

Über die vieldiskutierten Tests hinaus sollen auch einmal einige grundsätzliche Überlegungen angestellt werden. Aggression und Krieg sind immer noch nicht von der Welt verbannt. Selbst in Europa erleben wir jeden Tag Terror und die Vernichtung von Menschenleben. Es mögen Schreckensszenarien sein, doch sie sind nicht unmöglich: Was passiert, wenn eines Tages ein „Politiker“ wie KaradÒiÉ über Massenvernichtungswaffen verfügen sollte, Libyen Nuklearwaffen besäße oder ein größenwahnsinniger Schirinowskij das gewaltige Waffenarsenal Rußlands in die Hand bekäme. Vielleicht sind auch wir in Deutschland dann noch einmal dankbar dafür, daß es auch eine französische nukleare Abschreckung gibt.

Ich kritisiere die neuen Atomtestversuche, doch noch mehr fürchte ich mich vor neuen Aggressionsversuchen. Deshalb bleibt neben dem Nuklearschirm Amerikas auch die Funktionsfähigkeit britischer und französischer Nuklearwaffen in absehbarer Zeit in unserem Interesse. Der neue französische Außenminister Hervé de Charette hat erklärt: „Im Moment ist die französische Abschreckung national; in der Zukunft wird die Verteidigung Europas Sache der Europäer sein.“ Es gibt also eine europäische Komponente der französischen Nuklearwaffen.

Wichtiger als die jetzt angekündigten Tests bleibt das Ziel, 1996 einen umfassenden Teststoppvertrag zu erreichen. Die französische Regierung hat in aller Deutlichkeit gesagt, daß sie dieses Ziel unterstützt. Daher sollten wir nun mit den Franzosen gemeinsam daran arbeiten, diesen bedeutenden Meilenstein im Kampf gegen die Proliferation im nächsten Jahr zu verwirklichen.

5. Polen – unser Frankreich im Osten

Polen und Deutschland sind durch Geographie und Geschichte seit mehr als tausend Jahren eng miteinander verbunden. Dieses besondere Verhältnis wurde symbolhaft deutlich, als Bundeskanzler Helmut *Kohl* gerade zu jener Zeit in Polen weilte, als in Berlin die Mauer fiel. Indem er nach einer kurzen Unterbrechung seinen Besuch fortsetzte, unterstrich der Kanzler die große Bedeutung, die er dem östlichen Nachbarn zumißt. Damals, im November 1989, war Mittel- und Osteuropa im Aufbruch. *Kohls* Gastgeber, Tadeusz *Mazowiecki*, war der erste demokratisch gewählte Regierungschef im Ostblock. Die politische Lage in Polen war unübersichtlich, die Sowjetunion existierte noch, die abschließende rechtliche Anerkennung der Oder-Neisse-Grenze durch Deutschland stand noch aus, und 40 Jahre Kalter Krieg hatten Mißtrauen und Vorurteile auf beiden Seiten am Leben erhalten.

Sechs Jahre später besuchte der Bundeskanzler erneut Polen. Inzwischen war ein Grenz- und Nachbarschaftsvertrag[1] geschlossen, ein Jugendwerk errichtet worden, die deutsche Minderheit in Polen war anerkannt und im polnischen Parlament vertreten; vor allem aber schien Polens junge Demokratie und Marktwirtschaft trotz mancher Schwierigkeiten und Turbulenzen im ganzen stabil. Nichts sagte mehr über die gewaltigen Fortschritte in den Beziehungen beider Länder aus, als daß Helmut Kohls Besuch bereits als ein Ausdruck von Normalität angesehen wurde.

Dennoch sollte es nicht als selbstverständlich angesehen werden, daß sich dieser erfolgreiche Weg auch in Zukunft fortsetzen läßt. Eine erfolgreiche Weiterentwicklung der deutsch-polnischen Beziehungen muß sich der Interessenfundamente sicher und der politischen Gefahren bewußt sein. Beide Aspekte, Interessen und Gefahrenpotentiale, stehen im Mittelpunkt der folgenden Analyse.

1 Vertrag zwischen der Bundesrepublik Deutschland und der Republik Polen über gute Nachbarschaft und freundschaftliche Zusammenarbeit, unterzeichnet in Bonn am 17.6.1991, abgedruckt in: *Europa-Archiv*, 13/1991, S. D315–325.

Die Lasten der Geschichte und die gemeinsamen Interessen

Die Beziehungen zwischen Deutschland und Polen sind heute besser als sie in den vergangenen 250 Jahren je waren. Polen war seit Mitte des 18. Jahrhunderts ein Spielball seiner mächtigeren Nachbarn. Drei Teilungen führten dazu, daß es mehr als ein Jahrhundert von der Landkarte verschwand. „Polen war nirgendwo", so hat es der Klassiker des absurden Theaters, Alfred *Jarry* beschrieben.[1]

Der Hitler-Stalin-Pakt, die furchtbare Nazi-Besetzung, die Konzentrationslager, dann die gewaltsame „Westverschiebung" und schließlich vier Jahrzehnte kommunistischer Diktatur – diese ungeheure Erblast galt es zu bewältigen. Auch auf deutscher Seite lagen die Wunden offen: Hunderttausende waren aus ihrer schlesischen oder pommerschen Heimat vertrieben worden, die verbliebenen Deutschen wurden als Minderheit nicht anerkannt, vielmehr an den Rand gedrängt und unterdrückt. Auch wenn es auf beiden Seiten immer wieder Versuche zur Versöhnung gab – man denke an die Bemühungen der Kirchen oder den Kniefall Willy *Brandts* vor dem Denkmal des Warschauer Ghettos –, blieb das deutsch-polnische Verhältnis bis 1989 stärker belastet als die Beziehungen Bonns zu anderen mittel- und osteuropäischen Staaten. Fünf Jahre später ist es umgekehrt. Zu kaum einem anderen Land des ehemaligen Ostblocks sind die Beziehungen heute besser.

Wie ist das zu erklären? Haben etwas mehr als 60 Monate gereicht, um aus Gegnern im Kalten Krieg gute Freunde werden zu lassen? Sicherlich nicht. In den Bevölkerungen sind nach wie vor wechselseitige Vorurteile verbreitet. In Deutschland gilt die „polnische Wirtschaft" vielen als Synonym für Chaos und Faulheit, obwohl sie heute bei Lichte betrachtet eher ein Beispiel für ökonomischen Erfolg sein müßte. In Polen sorgt man sich, daß die Deutschen mit Grundstückskäufen und Geld das erreichen könnten, was sie durch Kriege letztlich nicht erreichten, nämlich den „Ausverkauf" Polens, die Herrschaft über die polnische Nation. Solche Ängste werden durch die Realität nicht belegt. Vielmehr wünschen sich die meisten

1 Vgl. Adam *Krzeminnski*, Polen im 20. Jahrhundert. Ein historischer Essay, München 1993.

polnischen Politiker ein weitaus stärkeres Engagement der deutschen Wirtschaft in ihrem Land. Wenn aber die Stereotypen der Vergangenheit weiter gelten, was haben dann die Fortschritte der letzten Jahre bewirkt?

Die Antwort ist einfach: Es gibt seit 1989 eine weitgehende Identität der wesentlichen Interessen. Deutschland hat nach der Frontstaaterfahrung der letzten Jahrzehnte das tiefe Bedürfnis, Demokratie und Marktwirtschaft in Mittel- und Osteuropa langfristig zu stabilisieren. Die Ost-Erweiterung von Europäischer Union (EU) und Nordatlantikpakt (NATO) ist im sicherheitspolitischen, aber auch im wirtschaftlichen Interesse Deutschlands. Neue Märkte warten auf die deutsche Wirtschaft, die dort schneller Fuß fassen kann als die Konkurrenz aus Westeuropa, Japan und Amerika. Seit dem Ende des Ost-West-Konflikts ist Deutschland erstmals in seiner Geschichte nur noch von demokratisch regierten Partnern und Freunden umgeben, ohne daß wechselseitige Gebietsansprüche bestehen. Es liegt auf der Hand, daß es eines der obersten Interessen Deutschlands sein muß, diesen Zustand zu stabilisieren.

Dieses deutsche Interesse korrespondiert mit dem dringenden polnischen Wunsch nach rascher Westintegration. In der Mitgliedschaft in den euro-atlantischen Institutionen sehen die polnischen Politiker über die Parteigrenzen hinweg die beste Möglichkeit zu wirtschaftlichem Aufschwung und besserem Lebensstandard. Auch sorgt man sich wegen der krisenhaften politischen Entwicklung in Rußland; man will unter allen Umständen verhindern, einmal mehr in eine „sicherheitspolitische Grauzone“ zwischen Ost und West zu geraten, Spielball der mächtigen Nachbarn zu werden.

Diese deutsch-polnische Interessengemeinschaft hat seit Anfang der neunziger Jahre eine bemerkenswerte Kraft entfaltet und die nach wie vor vorhandenen Probleme im deutsch-polnischen Verhältnis überlagert.[1]

Auf polnischer Seite war eine solche Interessengemeinschaft bereits vor 1989 konzeptionell entwickelt worden, innerhalb der verbotenen Gewerkschaft „Solidarität“. Nachdem sich die Opposition

1 Zur Entwicklung der deutsch-polnischen Beziehungen vgl. *Pflüger*/Winfried *Lipscher* (Hrsg.), Feinde werden Freunde. Von den Schwierigkeiten der deutsch-polnischen Nachbarschaft, Bonn 1993.

bis 1981 außenpolitisch weitgehend zurückgehalten hatte, entstand nach der Ausrufung des Kriegsrechts allmählich eine deutschland- und westpolitische Konzeption. Die Opposition hatte erkannt, daß die beste Chance Polens, die „sowjetische Satellitenbahn“ zu verlassen, in der Vereinigung Deutschlands bestand.[1]

Nachdem Tadeusz *Mazowiecki* im Sommer 1989 zum ersten nichtkommunistischen Ministerpräsidenten Polens seit Ende des Zweiten Weltkriegs gewählt worden war, bestimmte diese Erkenntnis auch die offizielle Haltung Polens. Was im Untergrund in den achtziger Jahren vorgedacht worden war, wurde jetzt zur Politik der Dritten Republik.

Gefahren für das deutsch-polnische Verhältnis

Daß diese atemberaubende Entwicklung der letzten Jahre auch in der Zukunft ohne Brüche und Rückschläge fortgeführt werden kann, ist alles andere als sicher. Selbst bei gutem Willen können die zu lösenden praktischen Probleme und die von beiden Seiten nur begrenzt beeinflußbaren Rahmenbedingungen – etwa die weitere politische Entwicklung in Rußland – die deutsch-polnische Brücke ins Wanken bringen. Dies gilt um so mehr, als das Verhältnis zwischen Warschau und Bonn bisher vor allem eine „Kopfgeburt“ der politischen Klassen ist und der Fundierung durch Wirtschaftsverflechtung, Kulturaustausch, Jugendbegegnungen und anderer Projekte dringend bedarf. Die vorhandenen Ansätze, etwa in den Deutsch-Polnischen Gesellschaften, sind noch zu schwach, um wirklichen Stürmen widerstehen zu können. Wo lauern die Gefahren?

Die ungewisse Zukunft Rußlands

Was die internationalen Rahmenbedingungen angeht, könnte Polens Weg nach Westen vor allem durch eine weitere Zuspitzung der politischen Krise Rußlands gefährdet werden. Ein Sieg anti-

---

1 Vgl. Artur *Hajnicz*. Polens Wende und Deutschlands Vereinigung. Die Öffnung zur Normalität, 1989–1992, Paderborn 1995; Dieter *Bingen*/Janusz Józef *Wic*, Die Deutschlandpolitik Polens 1945–1991. Von der Status-quo-Orientierung bis zum Paradigmenwechsel (Uniwersytet Jaiello¾ski, Prace z. Nauk Politycznych, Heft 51). Krakau 1993.

demokratischer Kräfte und eine Zunahme der hegemonialen Tendenzen in der russischen Außenpolitik könnte im Westen zwar durchaus zu einer trotzigen „Jetzt-erst-recht"-Politik führen und den Eintritt Polens vor allem in die NATO beschleunigen. Andererseits ist aber auch nicht auszuschließen, daß eine solche Haltung Moskaus im Westen eher zu Reaktionen in der Tradition des Appeasement führen würde. Um neue Machthaber im Kreml zu beschwichtigen, könnte man versucht sein, die Ost-Erweiterung der euro-atlantischen Institutionen auf den Sankt-Nimmerleins-Tag zu verschieben. Um solchen Gefahren vorzubeugen, sollte der Westen schon jetzt eine klare Doktrin formulieren: Je mehr in Rußland reformerische und moderate Kräfte die Oberhand gewinnen, desto größer sind die Möglichkeiten, im Prozeß der Ost-Erweiterung von NATO und EU russischen Sicherheitsbedürfnissen Rechnung zu tragen; je aggressiver sich die Moskauer Außenpolitik gebärdet, desto rascher müssen Polen und andere mittel- und osteuropäische Staaten Vollmitglieder dieser Institutionen werden.

Innerwestliche Meinungsverschiedenheiten und Zielkonflikte

Die deutsch-polnischen Beziehungen könnten auch durch Gegenreaktionen und Interessenkonflikte im Westen gefährdet werden. Das eindrucksvolle Plädoyer Helmut *Kohls* vor dem Sejm[1] für eine Ost-Erweiterung von EU und NATO vor 2000 wird von vielen in Westeuropa und Amerika als zu optimistisch angesehen. Obwohl die wenigsten es offen aussprechen, ist selbst in Deutschland die Meinung verbreitet, daß eine erfolgreiche Strukturreform vor allem der EU eine unbedingte Voraussetzung der Erweiterung nach Osten darstellt. Da ein Erfolg der EU-Reform heute fraglicher denn je erscheint, könnte dies auch den Erweiterungsprozeß erheblich verzögern.

Nicht wenige durchaus verantwortungsbewußte Politiker im Westen vertreten auch die Auffassung, daß eine zu rasche Erweiterung dazu führen könnte, östliche Instabilitäten in die euro-atlantischen

---

1 Rede des Bundeskanzlers Helmut Kohl vor Sejm und Senat der Republik Polen im polnischen Parlament in Warschau am 6.7.1995, abgedruckt in: *Bulletin* (Presse- und Informationsamt der Bundesregierung), Nr. 58, 14.7.1995, S.569–572.

Organisationen zu tragen, anstatt deren Stabilität nach Osten auszuweiten. So ernst solche Bedenken auch zu nehmen sind, so wenig werden sie doch der Forderung der Geschichte gerecht. EU und NATO würden historisch versagen, wenn sie das noch offene Fenster der Möglichkeit zum „Export" von Demokratie und Marktwirtschaft nicht entschieden nutzen würden. Die notwendige Beschäftigung mit den Reformen innerhalb der westlichen Institutionen darf nicht zur Lähmung im Angesicht der äußeren Herausforderungen führen.[1] Die deutsche Politik muß – wie es vorbildlich im sogenannten „Kerneuropa-Papier" von Wolfgang *Schäuble* und Karl *Lamers* formuliert worden ist[2] – die großen Aufgaben von Vertiefung und Erweiterung anpacken und gemeinsam mit den westlichen Verbündeten meistern.

Im ganzen betrachtet ist die bisherige Geschichte der polnischen Integration in die EU ein Erfolg. Gleichzeitig muß jedoch festgestellt werden, daß die schwierigsten Probleme noch zu lösen sind. Konflikte sind vorprogrammiert, wenn, wie geplant, 1997 der EU-Markt auch für jene Waren geöffnet wird, die mittel- und osteuropäische Staaten besonders preiswert anbieten können. Eines der größten Probleme stellt der Agrarsektor dar. Der Agrarmarkt ist heute bereits mehr als gesättigt. Zusätzliche Importe aus Mittel- und Osteuropa müßten deshalb entweder zu Produktionseinschränkungen oder zu subventionierten Exporten auf den Weltmarkt führen. Beides ist aber nicht ohne weiteres möglich, denn Produktionsbeschränkungen dürften in einigen EU-Staaten innenpolitisch kaum durchsetzbar sein, und eine subventionierte Weitergabe von Waren auf den Weltmarkt würde die Europäische Union mit der 1994 unterzeichneten Vereinbarung des Allgemeinen Zoll- und Handelsabkommens (GATT) in Konflikt bringen, in der man sich verpflichtet hat, bis zum Jahr 2001 die Agrarsubventionen zu senken. Das Dilemma ist offenkundig.[3]

---

1 Für ein gleichlautendes Plädoyer im Hinblick auf die Reform der europäischen Sicherheitsinstitutionen vgl. den Beitrag von Joachim *Krause* in diesem Band.

2 Überlegungen zur europäischen Politik. Positionspapier der CDU/CSU-Bundestagsfraktion vom 1.9.1994, abgedruckt in: *Blätter für deutsche und internationale Politik*, Nr.10, 1994, S.1271–1280.

3 Vgl. Stefan *Comes* Die Agrarpolitik der EU und die Osterweiterung (Forschungsinstitut der Deutchen Gesellschaft für Auswärtige Politik, Aktuelle Kurzanalyse Nr. 13), Bonn 1995.

Polnische Unsicherheiten

Die Fortschritte in den deutsch-polnischen Beziehungen der letzten Jahre könnten schließlich auch in Polen selbst in Frage gestellt werden. Dabei drohen Gefahren zum einen aus der Ungeduld im Prozeß der Westintegration. Vor allem in Wahlkämpfen neigen manche polnische Politiker zum populistischen Selbstmitleid: Läßt der Westen Polen einmal mehr im Stich? Werden die Hindernisse auf dem Weg in die Institutionen des Westens nicht immer höher? Beschäftigen sich EU und NATO nicht ausschließlich mit sich selbst? Wenn bei den Polen der Eindruck entsteht, daß Warschaus Wunsch nach Integration verschleppt oder gar abgelehnt wird, dann haben nationale Populisten Hochkonjunktur. Die deutsche Politik hat die Aufgabe, die Partner in EU und NATO immer wieder von der Notwendigkeit eines kontinuierlichen Öffnungsprozesses in Richtung Osten zu überzeugen. So sehr Deutschland hier als Anwalt polnischer Beitrittswünsche auftreten muß, so sehr ist es gleichzeitig die Aufgabe deutscher Politiker, in Polen darauf hinzuweisen, daß die Westintegration nicht umsonst zu haben ist, sondern große Umstellungen, Opfer und auch Geduld erfordert. In gewisser Weise ist es die Aufgabe Bonns, die westlichen Freunde ein wenig zu drängen und die östlichen Partner ein wenig zu bremsen.

Zum anderen könnte die Verbesserung des deutsch-polnischen Verhältnisses auch durch politische Kursänderungen in Polen in Gefahr geraten. Eine rasche Mitgliedschaft in den euro-atlantischen Institutionen und eine weitere Verbesserung des deutsch-polnischen Verhältnisses setzen voraus, daß Polen auf Reformkurs bleibt. Demokratie und Marktwirtschaft bedürfen weiterer Stärkung. Zwar haben die Machtwechsel der Jahre 1994/95 nicht zu der mancherorts befürchteten Revision der außenpolitischen Grundorientierung geführt, doch zahlreiche Herausforderungen mit weitreichenden wirtschaftlichen, sozialen und möglicherweise auch politischen Implikationen stehen nach wie vor auf der innenpolitischen Agenda: z.B. die Umstrukturierung der Schwerindustrie, die Modernisierung des Bankensystems, die überfälligen Reformen in der Sozialversicherung, die unerhörten Anpassungsnotwendigkeiten in der Landwirtschaft sowie die Bekämpfung des Außenhandelsdefizits, das 1995 fast fünf Milliarden US-Dollar betrug.

Voraussichtlich wird sich eine gewisse Ernüchterung auf dem Weg in die Europäische Union einstellen, wenn erst einmal klar wird, daß die Vollmitgliedschaft auch Pflichten und Lasten mit sich bringt. Es wird dann manche Verführungsversuche geben, die ein Zurück zum nationalen Heil, zum Protektionismus nahelegen. Gegenüber solchen Tendenzen muß immer wieder darauf hingewiesen werden, daß die Nachteile des Verbleibens außerhalb der EU für die polnische Wirtschaft und Gesellschaft in jedem Fall größer wären als alle Kosten, die auf Polen während des schwierigen Integrationsprozesses zukommen werden.

Ausblick

Probleme und Rückschläge wird es auch in den kommenden Jahren immer wieder geben. Spannungen in den Grenzregionen wegen illegaler Arbeitnehmer, „Überfremdungsängste", Ärger wegen langer Wartezeiten an den Grenzen aufgrund des dramatisch gestiegenen Verkehrsaufkommens, wechselnde Regierungen, Veränderungen innenpolitischer Prioritäten, ein Neuaufleben von Differenzen zwischen Polen und der deutschen Minderheit – mit all dem sollte auch in Zukunft gerechnet werden. Das deutsch-polnische Verhältnis wird diese Herausforderungen jedoch meistern, wenn das grundsätzliche Ziel, der Kern der Interessenidentität, nicht aus den Augen verloren wird: ein offenes Europa zu schaffen, das auf der Grundlage der euro-atlantischen Idee der Menschenrechte beruht. In seinen „Erinnerungen" schreibt Polens ehemaliger Außenminister Władyslaw Bartoszewski in diesem Sinne von seiner Hoffnung, daß Polen und Deutsche zukünftig nur noch „ganz normale Menschen" füreinander sein werden, „anerkannt als Mensch(en) und nicht beurteilt aufgrund der nationalen Herkunft".[1]

1 Władyslaw Bartoszewski, Es lohnt sich, anständig zu sein. Meine Erinnerungen. Freiburg 1995, S.105.

6. Polen auf dem Weg in die EU

In seinem kürzlich erschienenen Buch „Polens Wende und Deutschlands Vereinigung“ schildert Artur Hajnicz die noch 1981 allmählich entstandene außenpolitische Konzeption der verbotenen Gewerkschaft „Solidarność“[1]. Das Hauptziel bestand in der „Annahme der westlichen Option“. Dies beinhaltete eine radikale Änderung der Haltung Polens zur deutschen Frage. Die Opposition hatte erkannt, daß die beste Chance Polens, die „sowjetische Satellitenbahn“ zu verlassen, in der Vereinigung Deutschlands bestand. Ohne die deutsche Einheit bliebe Polen von Westeuropa abgetrennt.

Nach dem 4. August 1989, dem Tag der Wahl von Tadeusz Mazowiecki zum ersten nicht-kommunistischen Ministerpräsidenten nach dem Zweiten Weltkrieg, bestimmte diese Erkenntnis auch die offizielle Haltung Polens. Was im Untergrund in den achtziger Jahren konzeptionell vorgedacht worden war, wurde nach der Wende zur polnischen Politik. „Polens Weg nach Europa führt über Deutschland“, erklärte der erste polnische Außenminister nach dem Ende des kommunistischen Systems, Krzysztof Skubiszewski. Skubiszewski war es auch, der von einer deutsch-polnischen Interessengemeinschaft sprach[2], einer einmaligen Chance in den Beziehungen unserer Länder. Diese Interessengemeinschaft muß abgestützt werden durch immer mehr Verständnis, den Abbau von Vorurteilen und Sympathie. Es gilt das Wort Helmut Kohls, „daß es für uns Deutsche unerträglich wäre, wenn die Westgrenze Polens oder der Tschechischen Republik auf Dauer die Ostgrenze der Europäischen Union sein sollte“ [3].

Die Regierungen in Warschau und Bonn haben in den letzten fünf Jahren gewaltige Fortschritte erzielt. Diese aber werden zunehmend durch Kritik und Ungeduld in Frage gestellt, manchmal auch durch Wahlkampfparolen. Vor allem von polnischer Seite wird

1 Artur Hajnicz, Polens Wende und Deutschlands Vereinigung. Die Öffnung zur Normalität 1989–1992. Paderborn: Schöningh, 1995.

2 Krzysztof Skubiszewski, Rede auf dem VI. Deutsch-Polnischen Forum, Posen, 22.2.1990: zur Entwicklung der deutsch-polnischen Beziehungen vgl. auch Friedbert Pflüger/Winfried Lipscher (Hrsg.). Feinde werden Freunde, Bonn: Bouvier, 1993.

3 Helmut Kohl, Regierungserklärung vor dem Deutschen Bundestag, 29.10.1993.

beklagt, daß der Westen Polen einmal mehr im Stich lasse, den schönen Worten keine Taten folgten und die Hindernisse auf dem Weg in die EU immer höher würden. Man trete auf der Stelle, die EU sei mit sich selbst beschäftigt, die Monate bis zur EU-Regierungskonferenz 1996 seien verlorene Zeit. Manchmal ist sogar deutliche Kritik zu vernehmen, nicht selten mit einem Unterton von Larmoyanz. Die Rede Lech Wałęsas am 8. Mai 1995 vor dem Sejm gilt dafür als Beispiel. Hinter allem steht die Sorge vieler Polen, der Westen könne sich einmal mehr über Warschau hinweg mit Rußland einigen. Wird der Wunsch Polens nach Westintegration abgelehnt oder verschleppt – bis ein neues Regime in Rußland einen neuen Hegemonieanspruch über Polen erhebt?

Stand des polnischen Integrationsprozesses

Vor dem Hintergrund solcher Ängste und Kritik ist es notwendig, einige Tatsachen über den Stand des Integrationsprozesses in Erinnerung zu rufen. Bisher kann nämlich von einer abweisenden Haltung der EU oder gar der Bundesrepublik Deutschland gegenüber Polen nicht die Rede sein.

Noch vor sechs Jahren gehörten die Länder Ost- und Mitteleuropas zu den am wenigsten begünstigten Außenwirtschaftspartnern der Europäischen Gemeinschaft (EG). Der gemeinsame Zolltarif belastete sie stärker als die Entwicklungsländer. Mit dem am 19. September 1989 unterzeichneten Abkommen über Handel und Wirtschaftskonzeption, der Aufnahme in das Allgemeine Präferenzsystem (APS) Anfang 1990 und vor allem mit dem Abkommen mit der EU (Europa-Abkommen) vom 16. Dezember 1991, das zum 1. Februar 1994 in Kraft trat, hat sich diese Situation grundlegend geändert.

Innerhalb von zehn Jahren soll demnach eine komplette Freihandelszone für Industrieerzeugnisse hergestellt werden, wobei die EU aufgrund ihrer höheren Leistungsfähigkeit die Zollschranken schneller abbauen soll als Polen und die anderen assoziierten Länder. In den meisten Bereichen gibt es bereits eine vollständige Marktöffnung, in „sensitiven Bereichen“ wie Kohle, Stahl, Textil und Chemie, wo die Beitrittskandidaten konkurrenzfähiger sind, werden die Schranken dagegen langsamer abgebaut. 1997 sollen aber auch hier alle Mengen- oder Zollbeschränkungen aufgehoben werden.

Der EU-Rat hat im Juni 1993 in Kopenhagen erklärt, daß die assoziierten Staaten unter bestimmten Voraussetzungen Mitglieder der EU werden können. Polen hat dementsprechend am 8. April 1994 einen Antrag auf Beitritt gestellt, der vom Assoziierungsrat, dem für die Beitrittsverhandlungen zuständigen EU-Gremium, an die EU-Kommission verwiesen wurde.

Der EU-Rat hat am 9. Dezember 1994 in Essen eine Strategie beschlossen, die dem Prozeß der weiteren Heranführung der assoziierten Staaten zusätzliche Dynamik verleihen soll. Dieses Konzept legt in allen wichtigen Feldern die Rahmenbedingungen und ein gemeinsames Arbeitsprogramm für die Phase bis zum Beginn der Beitrittsverhandlungen fest. Diese „strukturierten Beziehungen" ergänzen den in jedem Europa-Abkommen vorgesehenen bilateralen Dialog der EU mit den assoziierten Staaten um eine multilaterale Komponente. Im Zentrum stehen dabei Treffen zwischen dem EU-Ministerrat und den Fachministern der mitteleuropäischen Partner. Dort können alle Angelegenheiten der EU behandelt werden.

In Rahmen der „strukturierten Beziehungen" tagen im Mai 1995 der Rat der EU-Finanz- und Wirtschaftsminister, im Juni die Forschungs- und Justizminister, im September die Innen- und Verkehrsminister und im Oktober die Bildungs- und Landwirtschaftsminister. Zusätzlich tagen – bilateral – sechs Assoziationsräte auf Ministerebene, drei gemischte Ausschüsse und zwölf Assoziationsausschüsse auf Beamtenebene. Der Dialog kommt voran. Warum sollten die assoziierten Länder nicht auch auf der EU-Ratssitzung am 23./24. Juni 1995 in Cannes vertreten sein – so wie letztes Jahr in Essen auf Initiative Helmut Kohls auch?

Polen ist – auf Anregung Frankreichs und Deutschlands – heute Mitglied der Westeuropäischen Verteidigungsunion (WEU). Im Hinblick auf die Gemeinsame Außen- und Sicherheitspolitik (GASP) hat der Rat im März 1994 die „strukturierten Beziehungen" zu einem „verstärkten Dialog in außen- und sicherheitspolitischer Angelegenheit" fortentwickelt, der neben jährlichen Tagungen der Staats- und Regierungschefs auch halbjährliche Treffen der Außenminister vorsieht. Die assoziierten Staaten haben hier die Möglichkeit, sich Maßnahmen der Union im Bereich der Außenpolitik förmlich anzuschließen. Ferner gehört zu der in Essen beschlossenen Strategie die Erstellung eines Weißbuchs zur Binnenmarktintegration, das im Juni 1995 in Cannes vorgelegt wird. Es definiert Maßnahmen, die zur Rechtsangleichung der assoziierten Staaten an die Union erforderlich sind. Hinsichtlich der schwierigen Heranführung der Landwirtschaft der mitteleuropäischen Staaten an die EU ist eine EU-Agrarstudie in Vorbereitung, die im Dezember 1995 vorgelegt wird. In den letzten fünf Jahren hat sich also einiges bewegt. Auch 1995 ist kein verlorenes Jahr, sondern – wie Jacek Saryusz-Wolski, Staatssekretär im Amt des Ministerrates und Bevollmächtigter der Regierung in Fragen der europäischen Integration und ausländischen Hilfe, sagte – „das erste volle Jahr einer normalen Zusammenarbeit“[1]. Es kann kein Zweifel bestehen, daß allein durch die EU-Assoziation bereits zahllose positive Wirkungen auf die polnische Wirtschaft ausgegangen sind, was der Direktor der Abteilung für Europäische Integration im Amt des Ministerrates, Andrzej Harasimowicz, auch einräumt. Das Europa-Abkommen habe Polen näher an die politischen und wirtschaftlichen Standards der entwickelten Welt geführt. Die vereinbarten Zeitpläne über Handelserleichterungen seien erfüllt worden, der Prozeß zur Errichtung einer Freihandelszone schreite mit „rapider Geschwindigkeit“ voran[2].

Bisher ist die Geschichte der Integration Polens in die EU – im ganzen betrachtet – eine Erfolgsgeschichte. Aber die schwierigsten Probleme kommen erst noch. Dabei wird es zahlreiche Enttäuschungen und Rückschläge geben, auch Widerstände und Versuche, die Probleme mit populistischen Wahlkampfparolen für kurzfristige Siege auszubeuten. Es ist daher notwendig, in diesen Auseinandersetzungen den europäischen Kurs zu halten und die deutsch-polnische Interessengemeinschaft für ein vereintes Europa zu bewahren. Die Zeit der „großen Sprünge“, historischen Gesten und Symbole geht zu Ende. Sie wird abgelöst durch harte Detailarbeit, abgelöst vom „Auf und Ab“ politischer Normalität. Nicht spektakulär, sondern eben normal wird auch der Besuch von Bundeskanzler Helmut Kohl im Juli 1995 in Polen verlaufen. Genau darin aber liegt in dieser Phase der Fortschritt.

---

1 Jacek Saryusz-Wolski, Interview mit Pawel Tarnowski, in: Polityka, 28.1.1995.

2 Andrzej Harasimowicz, State and Prospects of Poland´s Relations with the EU, in: The Polish Quarterly of International Affairs, Bd. 3, Nr. 1, Winter 1994, S.59–78.

Schwierige nächste Jahre

Welche Probleme müssen in den kommenden Jahren angepackt werden?

Es wird nicht leicht sein, wie geplant ab 1997 die volle Freizügigkeit für sensible Industrieprodukte herzustellen, also für diejenigen Bereiche, in denen die mitteleuropäischen Staaten mit ihren Waren auf den ohnehin gesättigten EU-Markt drängen. Es besteht die Gefahr, daß dann die EU durch die Inanspruchnahme der Schutzklausel der Europa-Abkommen neue Mengenbegrenzungen zumindest zeitweise einführt.

Ein Problem stellt die mit der EU-Mitgliedschaft eigentlich verbundene Freizügigkeit der Arbeitnehmer dar. Angesichts von über 10 Prozent Arbeitslosenquote in der EU ist ein Durchbruch kaum zu erwarten. Dies gilt um so mehr, als die entsprechenden Maßnahmen von den EU-Mitgliedstaaten bilateral vereinbart werden müssen. Bisher hat nur die Bundesrepublik Deutschland mit den Assoziationspartnern entsprechende Verträge abgeschlossen.

Eines der größten Hindernisse auf dem Weg zur EU stellt der Agrarsektor dar. Die polnische Landwirtschaft ist in weiten Bereichen auf den Weltmärkten nicht konkurrenzfähig. Die äußerst geringe Konzentration von Landbesitz (durchschnittlich 7,1 ha pro Besitz), der hohe Arbeitskräftebestand (25 Prozent der Polen arbeiten in der Landwirtschaft), mangelnde technische Ausstattung und ineffiziente Verarbeitung führen zu geringer Produktivität[1].

Gleichzeitig gibt es – trotz mancher Fortschritte – massive Handelshemmnisse durch den Gemeinsamen Agrarmarkt der EU. Er ist weitgehend gesättigt, teilweise gibt es Überkapazitäten. Zusätzliche Importe aus den mitteleuropäischen Ländern müssen deshalb entweder zu Produktionseinschränkungen in der EU führen oder zu subventionierten Reexporten auf die Weltmärkte. Beides aber ist schwerlich möglich. Während Produktionsbeschränkungen innerhalb der EU nicht durchsetzbar sind, würde die subventionierte Weitergabe von Waren an den Weltmarkt die EU in Konflikt mit der 1994 unterzeichneten GATT-Vereinbarung bringen. Darin nämlich

1 Stefan Comes. Die Agrarpolitik der EU und die Osterweiterung. Aktuelle Kurzanalyse Nr. 13, DGAP, April 1995.

verpflichtet sich die EU, bis zum Jahr 2001 die Agrar-Subventionen zu senken. Das Dilemma ist offenkundig: Wenn die EU den Assoziierungsstaaten beim Zugang auf den EU-Markt hilft, riskiert sie einen globalen Handelskonflikt.

Folglich erfordert die Ost-Erweiterung der EU eine grundlegende Reform der Gemeinsamen Agrarpolitik.

Unabhängig von diesem strukturellen Problem zeigen sich in der Agrarpolitik schon heute gravierende Schwierigkeiten. Der Assoziierungsvertrag sollte den Zugang zu den EU-Agrarmärkten erleichtern. Für begrenzte Agrarexporte gewährte die Union Zollerleichterungen. Der Umfang dieser Kontingente wurde für verschiedene Produktgruppen getrennt festgelegt. Nach fünf Jahren soll die Höhe der Kontingente im Durchschnitt bei einem Prozent der EU-Erzeugung liegen.

Der Befürchtung einiger Mitgliedstaaten, der europäische Markt könnte von polnischen Produkten überschwemmt werden, wurde durch die Festsetzung von Mindestpreisen für polnische Produkte Rechnung getragen. So kostet die Tonne polnischer Erdbeeren erster Klasse seit zwei Jahren 1.826 DM, unabhängig von Angebot und Nachfrage. In einem guten Erdbeerjahr, in dem die Preise für eine Tonne Erdbeeren auf dem europäischen Markt unter 1.800 DM sinken, müssen die polnischen Bauern zusehen, wie ihre Erdbeeren vergammeln[1].

Diese Praxis hat dazu geführt, daß die Bilanz des Agraraußenhandels der Visegrad-Staaten mit der EU nicht den erhofften Überschuß erbrachte, sondern im Gegenteil 1993 ein Defizit von 162 Mio ECU. Durch die subventionierten Agrarexporte erwirtschaftet die EU auf Kosten der polnischen Landwirtschaft hohe Gewinne, 1993 allein 250 Mio ECU. Die EU beschränkt also durch Auflagen den Zugang Polens zum europäischen Agrarmarkt und setzt gleichzeitig mit Hilfe von Subventionen die europäischen Agrarüberschüsse auf dem polnischen Markt ab. Diese Praxis wird dann Handelsliberalisierung genannt.

Diese Situation führte in letzter Zeit zur Einführung von Ausgleichsabgaben für eine Reihe von Agrarprodukten an den pol-

---

1 Vgl. Edith Heller. Polens Landwirten wird der Export in die EU schwergemacht, in: Frankfurter Rundschau, 21.4.1995.

nischen Außengrenzen. Polen versucht so, seinen Markt gegen die europäischen Agrarprodukte zu schützen und für die inländischen Produkte attraktiver zu machen. Diese Ausgleichsabgabe entspricht jedoch der Einführung einer Schutzmaßnahme, die laut Assoziierungsvertrag nur im äußersten Notfall und nach vorheriger Konsultation der Kommission möglich ist.

Ein oft kritisierter Nachteil des Europa-Abkommens im Vergleich zu den Lomé-Vereinbarungen mit 70 Entwickungsländern und den Übereinkommen mit den Mittelmeerstaaten besteht darin, daß sie keine verbindlichen Kreditzusagen bzw. Zuschüsse für den Abbau des ökonomischen Rückstandes enthalten. Die finanzielle Zusammenarbeit wird wesentlich vom PHARE-Programm getragen, das schon vor der Assoziierung bestand. Nach einer Studie der Stiftung Wissenschaft und Politik vom November 1994[1] erhalten die durch das PHARE-Programm unterstützten Staaten nur etwas mehr als 5 Prozent jener Mittel, die Spanien, Portugal, Irland und Griechenland aus dem Struktur- und Kohäsionsfonds der EU bekommen. Lediglich 10 Prozent der PHARE-Mittel gehen in investive Bereiche, das meiste kassieren Unternehmensberater, häufig aus dem Westen. Die Enttäuschung ist oft groß. Dennoch wäre es nicht gerecht, das finanzielle Engagement des Westens, zumal der Bundesrepublik Deutschland, gering zu schätzen. Allein die bilaterale deutsche Unterstützung für Polen erreichte zwischen 1990 und 1994 über 17 Mrd. DM. Diese Hilfe bestand unter anderem aus 1,62 Mrd. DM Hermes-Exportkrediten, 4,53 Mrd. DM Kreditierungen im Rahmen der Umschuldungsvereinbarung von 1992, weiteren 4,52 Mrd. DM Schuldenerlaß und 1,33 Mrd. DM durch das Abkommen über die Rückzahlung des Jumbo-Kredits sowie Transferrubelsaldo (einschließlich der dafür getätigten Zinsausgaben in Höhe von 2,71 Mrd. DM) und deutschem Anteil an den Leistungen der EU in Höhe von 935 Mio DM. Hinzu kommt eine multilaterale Unterstützung für Polen aus den Töpfen von Internationalem Währungsfonds, Weltbank, der EBWEl sowie die Restrukturierung und Reduzierung der polnischen Auslandsschuld durch den Pariser Club 1990 und 1991.

---

1 Jürgen Nötzold, Die EU und Ostmitteleuropa: Beitrittserwartungen und Unsicherheiten. SWP-Studien, SWP-AP 2874, November 1994.

Auch wenn die Aufstockung und Effektivierung der Mittel, die ursprünglich für den wirtschaftlichen Wiederaufbau Ungarns und Polens bereitgestellt wurden (Poland and Hungary Aid for Restructuring Economy/PHARE), wünschenswert ist, erscheint die gängige Kritik an einem unzureichenden finanziellen Engagement des Westens so pauschal nicht haltbar. Dies gilt besonders auch für Bonn, vor allem eingedenk der großen Belastungen wegen der Wiedervereinigung.

Ein weiteres zentrales Problem liegt in der offenen institutionellen Zukunft der EU. Sie war ursprünglich für sechs Länder konzipiert – mittlerweile sind es 15, bald werden es noch mehr sein. Was bedeutet das für die Regierbarkeit? Muß nicht endlich die Mehrheitsentscheidung eingeführt werden? Muß der Staat nicht Exekutivaufgaben auf die Kommission übertragen? Sollte das Parlament nicht endlich echte Kontrollfunktionen erhalten? Wie organisieren wir die GASP? Welche Rolle genau erhält die WEU? Vor allem: Wird es eher ein „Europa der Vaterländer" geben oder einen echten europäischen Staat mit europäischer Verfassung und einer europäischen Regierung? Wird das zukünftige Europa mehr sein als eine Freihandelszone *de luxe*? Und schließlich: Wie können Vertiefung und Erweiterung zugleich realisiert werden? – Eine Lösung für fast alle dieser Fragen bietet das vieldiskutierte Schäuble/Lamers Papier vom September 1994, das ein Fortschreiten der EU-Mitglieder zum europäischen Ziel in mehreren Geschwindigkeiten anregt.

Sind solche Gedanken noch durchsetzungsfähig? Was will der neue französische Präsident Jacques Chirac, was ein eventueller neuer Regierungschef in Spanien oder Großbritannien?

Bevor die EU diese Fragen nicht weitgehend geklärt hat, macht es kaum Sinn, über genaue Daten der Aufnahme zu reden. Man mag darüber klagen, daß die EU ausgerechnet in dem Moment mit ihrer institutionellen Reformdebatte beschäftigt ist, wo die Integration der mitteleuropäischen Staaten ansteht. Aber die interne Klärung ist unersetzbar. Warum übrigens beteiligen sich die mitteleuropäischen Staaten nicht stärker daran? Es ist doch inzwischen auch ihre Zukunft, über die dort auf der Regierungskonferenz 1996 entschieden wird. Jedenfalls sollte umgehend nach der Regierungskonferenz mit den Beitrittsverhandlungen begonnen werden. Sie sollten zu einer baldigen Aufnahme – um das Jahr 2000 – führen. Sicher wird es notwendig sein, für einzelne Bereiche – z.B. die Landwirtschaft – lange Übergangspflichten zu vereinbaren. Aber der Wille zu einer entschiedenen und zügigen Osterweiterung der EU muß deutlich werden.

Dies setzt allerdings voraus, daß Polen seinen Reformkurs entschieden vorantreibt. Schließlich tritt nicht die EU Polen, sondern Polen der EU bei. Es führt daher kein Weg an einer weiteren Stärkung der Demokratie und der Marktwirtschaft vorbei. Viele Beobachter im Westen haben noch die Abschiedsrede des früheren Ministerpräsidenten Pawlak vom 1. März 1995 im Ohr, als er gegen „zu viel" Auslandsinvestitionen in Polen wetterte. Glücklicherweise hat die Regierung Oleksy sofort erklärt, am alten Kurs festhalten zu wollen, die Privatisierungen voranzutreiben, die Inflation zu bekämpfen und das Land auf Westkurs zu halten.

Aber im Westen wird gefragt: Was geschieht mit der Umstrukturierung der Schwerindustrie, der Modernisierung des Bankensystems, der überfälligen Reform der Sozialversicherung? Werden die Klein- und Mittelbetriebe genügend gefördert? Wer sagt den Bauern, daß ihnen große Anpassungsanstrengungen bevorstehen? Und schließlich: Wie bekämpft Polen das Außenhandelsdefizit, das 1995 voraussichtlich 4,6 Mrd. Dollar betragen wird, 0,3 Mrd. mehr als 1994[1]?

Perspektiven für Polen und die EU

Es wird eine gewisse Ernüchterung auf dem Weg Polens in die EU geben – wenn erst einmal klar wird, daß EU-Mitgliedschaft auch viele Pflichten und Lasten erfordert. Wir werden manche Verführungsversuche erleben zu einem Zurück zum nationalen Heil, zum Protektionismus. Aber die Kosten des Verbleibens außerhalb der Union wären für die polnische Wirtschaft und Gesellschaft in jedem Fall höher als alle sozialen, finanziellen und rechtlichen ‚Kosten', die auf Polen während des mühseligen und schwierigen Integrationsprozesses zukommen werden.

Und wie steht es um die Stabilität der Demokratie in Polen? Wir alle hoffen sehr, daß das Wahljahr 1995 die politische Stabilität in

1 Michael Ludwig, Polen trotz günstiger Entwicklung noch nicht reif für die EU, in: Frankfurter Allgemeine Zeitung, 4.5.1995.

Polen nicht beeinträchtigt. Das wäre der schwerste Rückschlag auf dem Weg in die euro-atlantischen Institutionen. Innenpolitische Auseinandersetzungen haben immer auch außenpolitische Wirkung. Immer wieder muß daran erinnert werden, daß es sich bei den ständigen Streitigkeiten zwischen den Parteien und auch zwischen den Verfassungsorganen nicht um eine Krise der polnischen Demokratie handelt, sondern um Turbulenzen eines jungen Staates. Auch in Amerika gibt es immer wieder Kompetenzstreitigkeiten zwischen Kongreß und Präsident – und das nach über 200 Jahren Verfassungspraxis. Wie sollte es da – drei Jahre nach Verabschiedung der sogenannten kleinen Verfassung im Sejm nicht hin und wieder zum Zwist in Polen kommen?

Alle Probleme, in der EU und in Polen, werden lösbar, wenn das grundsätzliche Ziel nicht aus den Augen verloren wird: ein offenes Europa zu schaffen, das auf der euro-atlantischen Idee der Menschenrechte beruht, nicht aber auf der nationalistischen Konkurrenz von Stammes- und Blutsgemeinschaften.

In seinen soeben erschienenen „Erinnerungen" schreibt Polens Außenminister Władyslaw Bartoszewski in diesem Sinne von seiner Hoffnung, daß Polen und Deutsche zukünftig nur noch „ganz normale Menschen" füreinander sein sollen, „anerkannt als Mensch und nicht beurteilt aufgrund der nationalen Herkunft"[1].

Griechische Philosophie, Christentum, Römisches Recht, Renaissance und Aufklärung haben uns alle geprägt. Weit mehr als das spezifisch Polnische oder Deutsche wird unsere Identität durch das große Erbe Europas bestimmt. Es geht nur darum, dieses Bewußtsein wachzuhalten – dann gewinnen Deutsche und Polen auch die Kraft zur Lösung der europäischen Einzelfragen.

---

1 Władyslaw Bartoszewski, Es lohnt sich, anständig zu sein. Meine Erinnerungen, Freiburg: Herder. 1995, S.105.

7. Die Vertreibung – Ein neuer Konsens zwischen Polen und Deutschen

Der Dialog zwischen Polen und Deutschen über die Vertreibung aus den ehemaligen deutschen Ostgebieten ist heute ein gutes Beispiel dafür, wie Vergangenheit bewältigt werden kann, ohne zu verdrängen oder zu vergessen. Dabei hatte das Thema in der Vergangenheit in Deutschland heftigste Emotionen geweckt, während die Vertreibung der Deutschen aus ihren Ostgebieten in Polen bis 1989 als Tabu behandelt wurde. Allenfalls wurde im offiziellen Vokabular eine „völkerrechtlich bestätigte Aussiedlung" eingeräumt. Eine Auseinandersetzung mit dem Ausmaß und der Art der Vertreibung jedoch unterblieb. Sollte es bei der „Übersiedlung" hier und da Übergriffe gegen Deutsche gegeben haben, so war dies im allgemeinen Bewußtsein nur ein fairer Ausgleich für das den Polen zuvor angetane Leid. Der verbreitete Glaube, über einen moralischen Anspruch auf Rache zu verfügen, führte zu einer Verdrängung der Vertreibungsverbrechen und zur Unterdrückung der deutschen Minderheit, die schließlich im Bewußtsein der polnischen Nachkriegsgenerationen gar nicht mehr existierte. Die Verdrängung eines gewaltigen, historischen Vorgangs wurde unter der kommunistischen Diktatur nicht selten dadurch erleichtert, daß diejenigen im Westen, die die Vertreibung am lautesten thematisierten, zugleich auch die Forderung nach einer Revision der Nachkriegsgrenzen erhoben und damit die Lebensfähigkeit des nach Westen verschobenen polnischen Staates in Frage stellten. Auch wenn die Vertriebenen schon 1950 in Stuttgart auf Rache und Vergeltung verzichteten, so blieb doch die Angst vor neuen Grenzänderungen und dem erneuten Verlust der Heimat in Polen virulent und verhinderte eine offene Auseinandersetzung mit der deutschen Geschichte Schlesiens, Pommerns und Ostpreußens sowie mit dem Unrecht der Vertreibung.

Nach der europäischen Revolution der Jahre 1989/90 änderte sich dies in Polen alsbald. Bereits in der Präambel des deutsch-polnischen Grenzvertrages vom 14. November 1990 wird vom Heimatverlust vieler Deutscher „durch Vertreibung oder Aussiedlung" gesprochen. Gleichzeitig begann die polnische Seite, die deutsche Minderheit anzuerkennen, ihre entsprechenden Rechte zu sichern und ihr sogar eine eigene Vertretung im Sejm, dem polnischen Parlament, einzuräumen. Bei Besuchen führender polnischer Regierungsdelegationen war nun fast immer auch ein Politiker der deutschen Minderheit vertreten. Der Grenzvertrag und das Abkommen über „gute Nachbarschaft und freundschaftliche Zusammenarbeit" vom 17. Juni 1991 wirkten befreiend. Die Angst vor einer Grenzrevision, die in verschiedener Intensität 45 Jahre lang die Polen beherrscht hatte und im Zuge der Unsicherheiten des Umbruchs 1989 noch einmal offenkundig geworden war, hatte keine Grundlage mehr.

Nun endlich konnte man auch über die Erkenntnis nachdenken, die der polnische Essayist und Bürgerrechtler Jan Jozef Lipski schon 1981 formuliert hatte: „Das uns angetane Böse, auch das größte, ist keine Rechtfertigung und darf auch keine sein für das Böse, das wir selbst anderen zugefügt haben." So entstanden nun auf einmal, nicht zuletzt auf lokaler Ebene, umfangreiche Forschungsarbeiten über die Flucht, Aussiedlung und Vertreibung der Deutschen. Ein hervorragendes Beispiel dafür stellt die Arbeit der am Historischen Seminar der Universität Wroclaw tätigen jungen Wissenschaftlerin Beata Ociepka „Die Deutschen in Niederschlesien 1945–1970" dar, deren Dissertation mit dem Kulturpreis der Vertriebenen ausgezeichnet wurde.

Ihren vorläufigen Höhepunkt aber erreichte die neue Debatte in einer von Wlodzimierz Borodziej und Artur Hajnicz herausgegebenen Studie (Der Komplex der Vertreibung), der die Grundlage für eine Tagung der Robert-Schuman-Stiftung am 7. Dezember 1996 in Warschau bildete. Dort deutete sich eine vorsichtige Annäherung deutscher und polnischer Sichtweisen an, vor allem aber eine inzwischen erworbene Fähigkeit zum Gespräch ehemaliger erbitterter Gegner. Da saßen Hartmut Koschyk und vor allem Herbert Hupka neben Tadeusz Mazowiecki und Władyslaw Bartoszewski! Sie wurden mit freundlichem Beifall begrüßt und noch freundlicher verabschiedet. Undenkbar noch vor sechs Jahren! Vielleicht führt die deutsch-tschechische Erklärung letztlich noch zu einem Prozeß, an dessen Ende sich führende tschechische Politiker mit Vertretern der Sudetendeutschen Landsmannschaft über die schwierige Vergangenheit austauschen.

Der sich bereits vorsichtig andeutende Konsens zwischen Deutschen und Polen über die Vertreibung könnte sich im Rahmen der folgenden vier grundsätzlichen Gedanken bewegen:

1. Die Vertreibung war Unrecht, Millionen von Menschen wurde ungeachtet ihrer persönlichen Schuld an Nationalsozialismus und Krieg bestraft, unendliches Leid wurde hervorgerufen. Diese Tragödie kann nicht durch den Hinweis auf das vorausgegangene größere Unrecht gerechtfertigt werden. In diesem Sinne berichtet die erwähnte polnische Studie über den „Komplex der Vertreibung" in schonungsloser Offenheit von der Tragödie im Lager Lamsdorf (Lambinowice), einem der größten Lager für die zu vertreibenden Deutschen aus Schlesien. 38 % der Häftlinge kamen hier wegen der katastrophalen Bedingungen ums Leben. Die Studie berichtet ebenfalls von den Geschehnissen in Potulitz (Potulice), wo in den Jahren 1944 bis 1950 fast 4.500 Todesfälle registriert worden sind. Die unwürdigen Bedingungen, unter denen die Transporte der Deutschen nach Westen stattfanden, werden ebenfalls im Detail beschrieben. Die deutsche Bevölkerung in den Ostgebieten wurde „quasi stellvertretend für das ganze deutsche Volk zum Objekt des Hasses." In diesem Sinne werden auch polnische Augenzeugen der Ausweisung zitiert. „Ich schäme mich nicht dessen, was ich getan habe, sondern wie ich es getan habe, beispielsweise meiner verbalen Grausamkeit", so sagte es einer der Soldaten der Landesarmee. Ein anderer Zeitzeuge urteilt: „Viele ehrliche Leute entluden im Oppelner Raum ihren Deutschenhaß".

Täglich erlebten die Deutschen Chaos und Armut, aber auch unbestrafte Willkür, Brutalität, Habgier und Gewalt. Die polnische Studie spricht von einer gewissen Ähnlichkeit der Methoden der Menschenquälerei im neuen Polen und im alten Deutschland. Stanislaw Ossowski warnte schon im Sommer 1946, daß unter den Polen infolge der deutschen Besatzung ein „Kult der harten Leute, unempfindlich für fremdes Blut und fremdes Land, Wurzeln schlage." Die polnischen Menschenschinder, so werden Walter Dirks und Egon Kogon in der polnischen Studie zitiert, waren wahrscheinlich nicht nur rachsüchtige Antifaschisten, vielmehr waren auch „geborene Faschisten" darunter. Der Faschismus hatte schreckliche Triebe im Menschen entfesselt, nach seinem Untergang hat er Nachfolger gefunden und ermutigt.

Die polnische Bereitschaft, über die Feststellung des Faktums der Vertreibung hinaus auch das am Individumm begangene Unrecht auszusprechen und zu untersuchen, kennzeichnet die Studie von Borodziej und Hajnicz. Manche Polen tun sich schwer damit – verständlich vor dem Hintergrund des jahrzehntelangen Schweigens. Manche sind schockiert über solche neuen Erkenntnisse und empfinden sie als unnötige Last auf dem Weg in eine europäische Zukunft. Aber was für uns Deutsche gilt, ist auch für die Polen richtig: Die Erinnerung ist nicht Belastung, sondern Befreiung. Tragfähige Brücken in eine gemeinsame Zukunft werden erst durch Wahrhaftigkeit im Umgang mit der Geschichte geschaffen. Die Studie zum „Komplex der Vertreibung" zeigt, daß sich diese Erkenntnis auch in Polen Bahn bricht.

2. In Deutschland und zumal bei den Vertriebenen und ihren Angehörigen muß demgegenüber die Bereitschaft zur Einsicht wachsen, daß der polnische Nachbar das erste Opfer eines von Nazi-Deutschland ausgegangenen Krieges war und daß es die Vertreibung ohne Hitlers Überfall nicht gegeben hätte. Sechs Millionen Polen verloren während Krieg und Besatzung ihr Leben, darunter überdurchschnittlich viele Vertreter der gebildeten Schichten. Viele polnische Städte lagen in Trümmern, die Betriebe waren zerstört, unzählige Schätze des polnischen Kulturerbes wurden verbrannt oder ins Ausland verschleppt. Den Polen fällt es verständlicherweise leichter, dem Vertreibungsunrecht nachzuspüren, wenn von deutscher Seite ungeschminkt eingeräumt wird, daß die Deutschen es waren, die als Erste Leid und Not über den Nachbarn gebracht haben. Nicht die Potsdamer Konferenz, sondern der 30. Januar 1933, das Streben nach Lebensraum im Osten und „slawischen" Arbeitern für deutsche Rüstungsbetriebe steht am Anfang der geschichtlichen Prozesse, die schließlich zur Vertreibung der Deutschen aus ihrer Heimat führten.

3. Zur Wahrheit gehört auch, daß die Vertreibung der Deutschen an eine andere Vertreibung gekoppelt war, nämlich die vieler Polen aus ihrer Heimat. Schon während des Krieges hatte die deutsche Besatzungsmacht 2,8 Millionen Polen ins Reich deportiert und zum Arbeitseinsatz in Betrieben und auf Bauernhöfen verpflichtet. Viele von ihnen waren noch Kinder, vermißten ihre Familien und Heimat, fühlten sich erniedrigt, wurden krank oder starben. Neue Vertrei-

bungen folgten dann nach Kriegsende, als Stalin beschloß, daß die Sowjetunion Land gewinnen sollte. Es kam zur Westverschiebung Polens, so daß Millionen von Polen in den Gebieten der heutigen Ukraine, Weißrußlands und Litauens in großer Eile und Verzweiflung ihre Häuser verlassen mußten. Während die Vertreibung der Deutschen im Gange war, erreichten gleichzeitig unzählige Züge aus Wohlynien oder Galizien mit zehntausenden halbverhungerten, vertriebenen Polen die geleerten deutschen Städte und Dörfer Schlesiens. Artur Hajnicz schreibt: „Die Behörden suchten damals auf der Landkarte einen Punkt, ein Städtchen, das sie überhaupt nicht kannten. Dieser Ort sollte geräumt werden, um Platz für die harmlosen und ganz unschuldigen Menschen zu schaffen, die überhaupt nicht damit rechneten."

Aufgrund der Abtrennung seiner östlichen Gebiete wäre Polen ohne Schlesien und Pommern nicht lebensfähig gewesen. Es fehlte an Boden, um den polnischen Vertriebenen ein Zuhause zu verschaffen. Die Kommunisten sprachen zwar gerne von der „Rückkehr der Westgebiete" zum Mutterland, um von den Gebietsverlusten im Osten abzulenken, aber die umgesiedelten Polen wären sicher lieber in ihrer Heimat geblieben. Im Osten wurden 180.000 qkm abgetrennt, im Westen 103.000 qkm angeschlossen. Machen wir uns in Deutschland tatsächlich klar, was diese „Westverschiebung" für Millionen von Polen bedeutete? Polen war weniger handelndes Subjekt als fremdbestimmtes Objekt seiner Westverschiebung. Die Polen handelten in Schlesien, Pommern und Ostpreußen nicht als Sieger, sondern in erster Linie als Opfer des Krieges. Sie hatten gar keine andere Wahl, als die neuen Grenzen zu akzeptieren, wenn sie selbst überleben wollten.

Tomasz Arciszewski, der Premierminister der polnischen Exilregierung in London, war – wie sein Vorgänger Stanislaw Mikolajczyk – gegen die neue polnische Westgrenze, die sogenannte Curson-Linie. 1944 erklärte er in seinem berühmten Interview über die Westgrenze: „Wir wollen weder Breslau noch Stettin. Wir fordern unsere ethnisch und historisch polnischen Gebiete ...". Selbst die polnischen Kommunisten haben sich erst relativ spät mit dem Gedanken der Westverschiebung und der Ausweisung der Deutschen abgefunden. Da sie aber auf Stalins Druck hin den Verlust der polnischen Ostgebiete akzeptieren mußten, konnten sie sich schließlich durch weitgehende Entschädigung im Westen in den Augen ihrer Landsleute ein Verdienst erwerben. Nicht in erster Linie das polnische Volk hat die Vertreibung zu verantworten, sondern vor allem das Diktat Stalins.

4. Der vierte Grundsatz, der den politischen Konsens bestimmen sollte, ist von niemandem treffender formuliert worden als von dem bereits zitierten polnischen Intellektuellen Jan Jozef Lipski: „Durch die Übernahme Pommerns, Danzigs, des Ermlands und Masurens, des Landes Lebus, Niederschlesiens und des Oppelner Gebiets wurden wir zu Depositären riesiger deutscher Kulturgüter in diesen Gebieten. Das, was zur Kultur eines Landes gehört, bleibt immer Werk und Ruhm der Deutschen. Ein Depositär übernimmt zugleich Pflichten. Und daran, wie er diese Pflicht erfüllt, mißt man seine Kultur. Darüber von ihm Rechenschaft zu fordern, hat Europa das Recht, denn sowohl das, was die Deutschen schufen, als auch, was die Polen schufen, gehört zur gemeinsamen europäischen Kultur. Es ist kein gutes Zeugnis für den polnischen Patriotismus, wenn man deren Verfall zuläßt und ihren Wert gering schätzt, weil sie nicht ‚unsere' sind, und wenn man ihre deutsche Herkunft verwischt. Im Gegenteil, sie sollten uneingeschränkt in Ehren gehalten werden."

Die Endgültigkeit der heutigen Grenze zwischen Deutschland und Polen wird von den Vertriebenen und ihren Angehörigen eher akzeptiert werden, wenn sie spüren, daß die 700jährige deutsche Geschichte in großen Teilen des heutigen Polens nicht geleugnet wird. Das kulturelle Erbe der Deutschen bleibt in der alten Heimat – von Veit Stoß bis Gerhard Hauptmann. Zu dieser Hinterlassenschaft gehören auch mehr als 900 Schlösser, Burgen und Herrenhäuser, oft von herrlichen Gärten umgeben. Schon im Mittelalter wurden mehr als 130 Städte gegründet, die deutsches Recht ins Land brachten. Zu den schönsten gehören Goldberg (1211 gegründet) oder Löwenberg (1217). Die Deutschen hinterließen reiche Museen, allein in Breslau das Schlesische Museum der Bildenden Künste, das Schlesische Museum für Kunstgewerbe und Altertümer, das Schloßmuseum und das Diözesanmuseum. Ebenso bedeutende Schätze verwahren die Bibliotheken, z.B. die in Breslau mit der reichsten deutschen Handschriftensammlung, aber auch die staatlichen und privaten Archive, wie die Majoratsbibliothek der Reichsgrafen Schaffgotsch in Bad Warmbrunn.

Schlesien beherbergt aber nicht nur wertvolle Kulturgüter, sondern auch Bodenschätze (Kohle, Kupfer, andere Edelmetalle). Die Industrie war gut entwickelt: 21 Bergwerke – zum Teil mit modernsten Einrichtungen, 152 Textilfabriken, 39 Eisen- und Stahlwerke, 35 Papierfabriken und 29 chemische Werke.

Der polnische Staat hat also mit den ehemaligen deutschen Ostgebieten ungeheuer viel an Kultur, Wirtschaft, Technik und Zivilisation übernommen. Diese Tatsache verdient Anerkennung.

Jahrhundertelang haben deutsch- und polnischstämmige Menschen in Schlesien, Pommern und Ostpreußen friedlich nebeneinandergelebt. Zumal in Schlesien trat die „ethnische Zugehörigkeit" oft zurück, man fühlte sich in erster Linie nicht als Deutscher oder Pole, sondern eben „als Schlesier" (Dorota Simonides). Diese Verflechtung kommt auch in einer Äußerung des Oppelner Bischofs Alfons Nossol zum Ausdruck: „Viele Menschen kommen zu mir, die auf deutsch gesündigt haben und nun auf polnisch beichten – und umgekehrt."

Noch heute leben ca. 700.000 Menschen deutscher Abstammung in Polen. Alleine in der Gegend von Oppeln wohnen ca. 300.000 Deutsche. Die jahrhundertealte Existenz der Deutschen in diesen Gebieten und ihre Liebe zu Heimat und Kultur, die sogar die Zeit der feindlichen antideutschen Propaganda überstanden hat, sprachen immer für die rechtliche Anerkennung der deutschen Minderheit. Nach der Einführung der demokratischen Ordnung und nach der Unterzeichnung des Grenzvertrages blieb diese den Deutschen nicht länger vorenthalten. Schon im Sommer 1989 wurden in der Woiwodschaft Oppeln 300.000 Unterschriften als Unterstützung für die Gründung einer deutschen Minderheitsorganisation gesammelt, die im Dezember desselben Jahres registriert wurde. Am 15. September 1990 gründeten die Vertreter der Bezirksvorstände, in denen die Deutschen vor allem seßhaft sind (Oppeln, Kattowitz, Tschenstochau, Breslau, Hirschberg, Danzig, Waldenburg und Allenstein) den „Verband der deutschen sozial-kulturellen Gesellschaften in Polen" (VDP).

Der demokratische Wandel Polens ermöglichte schon im Mai 1990 die Beteiligung der Deutschen an den Kommunalwahlen. Die jahrelang geleugnete Minderheit gewann zum Staunen der Polen in 15 Gemeinden die Mehrheit und in weiteren 26 erhielt sie Mandate.

Das polnische Parlament wurde ebenfalls in diesen Wandlungsprozeß miteinbezogen, und so erreichten die Deutschen 1990 sieben Sitze im Sejm und ein Mandat im Senat. Heute sind es noch zwei Abgeordnete im Sejm, was vor allem auf die geringe Beteiligung der deutschstämmigen Polen bei der letzten Wahl zurückzuführen ist.

Das der deutschen Minderheit lange aufgezwungene Schweigen, ihre Nichtanerkennung und Negierung durch das Warschauer Regime hatte zu Folge, daß vielen Polen die Anwesenheit dieser ethnischen Gruppe im eigenen Land zunächst unvorstellbar schien. Daher hatte das politische und kulturelle Engagement der Deutschen am Anfang des Normalisierungsprozesses zunächst eine gewisse Beunruhigung in der polnischen Gesellschaft hervorgerufen. Die jahrzehntelange „Erziehung zum Haß" auf die Deutschen hatte deutliche Spuren in der Denkweise hinterlassen. Außerdem sind die Erinnerungen an den letzten Krieg noch immer wach, vor allem bei der älteren Generation. Dennoch sind die Fortschritte für die Minderheit – der deutsche Schulunterricht, die in Deutsch gelesene Messe, die Pflege des kulturellen Erbes – angesichts der historischen Erbelast gewaltig. Noch immer kommt es zu Spannungen, wieder und wieder zeigen sich auf beiden Seiten alte Ängste. Aber wohl niemand hätte 1989 vorausgesagt, daß sich das Zusammenleben in Schlesien derart fruchtbar entwickeln würde. Je mehr die Rechte der Minderheit auch bei wechselnden Regierungen gesichert bleiben, desto stärker werden die Deutschen in Schlesien von einem potentiellen „Stachel im Fleisch" zu einer Brücke zwischen Deutschen und Polen.

Gleichzeitig aber gibt es auch Forderungen an die Vertreter der deutschen Minderheit. Je mehr sie sich unzweideutig von den Forderungen der Ewiggestrigen nach Grenzrevision distanzieren, je stärker sie sich – neben ihrem Engagement für Minderheitenrechte – auch als loyale polnische Staatsbürger zeigen, desto mehr können sie in der polnischen Gesellschaft erreichen. Die führenden Vertreter der deutschen Minderheit wie Gerhard Borodziej oder Heinrich Kroll haben sich bisher durch einen umsichtigen und behutsamen Umgang mit ihren Rechten ausgezeichnet und die polnischen Nachbarn nicht – oder nur selten – überfordert. Das sollte so bleiben.

Heimatliebe hat nichts mit Nationalismus und Revisionismus zu tun. Aber sie ist auch nicht abhängig von der Fahne, die über dem Land weht. Der Dichter Adalbert von Chamisso, der selbst ein Vertriebener war, hat in diesem Sinne ein eindrucksvolles Gedicht verfaßt:

Ich träum' als Kind mich zurücke
Und schüttle mein greises Haupt.
Wie sucht ihr mich heim, ihr Bilder,
Die lang ich vergessen geglaubt?
So stehst du, o Schloß meiner Väter,
Mir treu und fest in dem Sinn.
Und bist du von der Erde verschwunden
Der Pflug geht über dich hin.
Sei fruchtbar, o teurer Boden
Ich segne dich, mild und gerührt,
und segne ihn zweifach, wer immer
Den Pflug nun über dich führt.

Die Bewältigung der gemeinsamen Vergangenheit, der Verbrechen Nazi-Deutschlands und der Vertreibung, ist zugleich eine wesentliche Voraussetzung für die Bewältigung der vor uns liegenden Zukunftsaufgaben, die wir entweder gemeinsam oder gar nicht meistern werden. Frieden, Freiheit, Wohlstand, Innere Sicherheit und Umweltschutz können wir auf Dauer nur gemeinsam – in der Europäischen Union und der NATO – schaffen und bewahren. Die Geschichte mit all ihrem Leid darf nicht vergessen werden, aber wir dürfen nicht zulassen, daß die Brandwunden der Älteren die Zukunft der deutsch-polnischen Beziehungen bestimmen. Wir müssen ein offenes Europa schaffen, das auf der euro-atlantischen Idee der Menschenrechte beruht, nicht aber auf der nationalistischen Konkurrenz von Stammes- und Blutsgemeinschaften. Polen und Deutsche sollten zukünftig nur noch „ganz normale Menschen" füreinander sein, „anerkannt als Mensch und nicht beurteilt aufgrund der nationalen Herkunft", wie es der ehemalige Außenminister Polens Władyslaw Bartoszewski ausdrückte. Wir sollten die Gemeinsamkeiten – griechische Philosophie, Christentum, römisches Recht, Renaissance und Aufklärung – betonen, nicht das Trennende in den Vordergrund rücken. In der am 7. Dezember 1996 in Warschau vorgelegten Schlußerklärung der deutsch-polnischen Konferenz über die Vertreibung haben alle die Formulierung des Sejm Abgeordneten Piotr Nowina-Konopka gebilligt: „Polen und Deutschland stehen heute vor einer einmaligen Chance, ihre Beziehungen so zu gestalten, daß sie zum Stützpfeiler der Stabilität in unserem Teil Europas werden. Der Dialog über die Vertreibung sowie die Erinnerung an ihre Opfer ist ein kleiner, aber wichtiger Bestandteil im gesellschaftlichen Gewebe dieser neuen Beziehungen."

8. Bronisław Geremek – Patriot, Demokrat und Europäer

Was für ein Mann! Bronisław Geremek gehört ohne Zweifel zu den eindrucksvollsten Persönlichkeiten in Europa. Seit ich ihn im Sommer 1991 zum ersten Mal begegnete, hat er mich immer wieder fasziniert. Die schonungslosen Lageanalysen, das kluge Taktieren, die strategische Vision, die krisenerprobte Kraft, die unbeugsame Zuversicht, die gnädige Fairness gegenüber Gegnern, der hintergründige Humor und die charmante Herzlichkeit – so habe ich Geremek wohl ein Dutzendmal in den letzten Jahren erleben dürfen. Der bärtige Pfeifenraucher mit den listigen Augen – er verfügt über ein Charisma, das nicht aus seinem aktuellen Amt erwächst, sondern aus einer natürlichen Autorität, die auf extremen Lebenserfahrungen gründet.

Bronisław Geremek wurde am 6. März 1932 in Warschau als Sohn eines Rabbiners geboren. Über seine Kindheit und Jugend ist nicht viel bekannt. Er, der als junges jüdisches Kind Ausgrenzung und Verfolgung erleben mußte, spricht nicht gerne darüber und hat, wie er selbst bekennt, viele Erinnerungen in seinem Inneren begraben, weil es ihm schwerfällt, die dunklen Schatten der Vergangenheit zu ertragen. Sein Prinzip, „nie zu den Erinnerungen" der Kindheit und Jugend zurückzukehren, hat er nur einmal gebrochen. In einem sehr persönlichen Gespräch mit Ewa Boniecka von der Zeitschrift ‚Sukces' berichtet er aus seinen frühen Lebensjahren: „Fast mein ganzes Leben habe ich in Warschau verbracht. Mit vier Jahren habe ich anhand der Straßenschilder lesen gelernt. Und als der Krieg ausbrach, wußte ich schon, was ich werden wollte: Schriftsteller."

Der gerade einmal siebenjährige, begabte Junge beginnt Gedichte zu schreiben. Aber schon nach wenigen Jahren, am Ende des Krieges, wußte er, daß er niemals mehr Schriftsteller werden konnte: „Über diese Erinnerungen konnte ich nicht schreiben."

Schon im Herbst 1939 hatte sich das Leben des Kindes mit dem Einmarsch der Wehrmacht und dem Beginn des Terrors der Nationalsozialisten drastisch verändert. Er mußte erleben, wie allein im Warschauer Ghetto im sogenannten Muranow-Viertel etwa 400.000 Juden auf engstem Raum – in lediglich 1692 Gebäuden – „eingepfercht" wurden, wie Krankheiten, Seuchen und Hunger ihre Opfer forderten. Er erlebte die Diskriminierung, die Mißhandlung und schließlich den Abtransport von Freunden und Verwandten in die Vernichtungslager.

Kurz vor dem Ausbruch des Aufstandes im Warschauer Ghetto zu Beginn des Jahres 1943 gelingt es einem gewissen Stefan Geremek, einem Bauernsohn, den jungen Bronisław und seine Mutter aus dem Ghetto herauszuholen und sie auf dem Land, im westpolnischen Wschowa, vor dem Zugriff der Nazis zu verstecken. Erst später erfährt Bronisław, daß sein Vater, der chassidische Rabbi aus Lodz, in Auschwitz ums Leben gekommen ist. Stefan Geremek wird der Adoptivvater des Jungen, der von nun an katholisch erzogen wird und als Ministrant bei der Messe hilft. Zu seiner jüdischen Herkunft sagt Geremek heute, daß er sie in sich trage. Sie werde ihm immer dann bewußt, „wenn Antisemitismus, Chauvinismus oder Rassismus auftauchen. Im Alltag ist sie dagegen verschlossen, eines dieser Hefte meiner Biographie, die ich nie geöffnet habe.".

Die Erfahrungen in der Zeit des Terrors durch den Nationalsozialismus haben Bronisław Geremek tief geprägt. „Heute, da ich schon ein älterer Mensch bin, kehren die Erinnerungen zurück. Erinnerungen an Menschen um mich herum, die an Hunger sterben. Erinnerungen an den Tod, der mir meine ganze Familie genommen hat."

1948 kehrte die Familie Geremek vom Land nach Warschau zurück. Zwei Jahre später trat der 18jährige der kommunistischen Polnischen Vereinigten Arbeiterpartei (PVAP) bei und wurde in ihrem Jugendverband aktiv. Nachdem die nationalsozialistische Besatzungszeit die absolute Diskriminierung und die Gefährdung der persönlichen Existenz bedeutet hatte, wirkte eine Ideologie, die die Gleichheit aller Menschen versprach, für viele Intellektuelle als attraktive Alternative eines Staats- und Gesellschaftsmodells. Später sagte Geremek, daß ihm „der Kommunismus als eine Art jugendliche Zukunft der Welt" erschienen sei.

Geremek begann seine akademische Karriere in Warschau. Er studierte Mediävistik und Romanistik, legte 1954 sein Examen ab. 1960 promovierte er mit einer Arbeit über den Deutschen Orden. Ab 1960 lehrte er als Gastlektor an der Pariser Sorbonne und leitete dort von 1962 an das Zentrum für polnische Kultur. Aus seiner Zeit in

Paris stammt nicht nur seine frankophile Einstellung, sondern auch sein Forschungsschwerpunkt, die französische mittelalterliche Geschichte mit dem Fokus auf die Außenseiter der damaligen Gesellschaft: Bettler, Aussätzige und Arme. „Mein Interesse an den von der Gesellschaft ausgeschlossenen ergab sich aus meiner Biographie, aus der Erfahrung des Holocaust."

1968, drei Jahre nach seiner Rückkehr nach Warschau, trat er – nach insgesamt 18 Jahren Mitgliedschaft – aus der PVAP aus. Den Ausschlag für die Abkehr von der kommunistischen Partei gaben der Einmarsch von Truppen des Warschauer Paktes in die Tschechoslowakei und eine Kampagne des nationalistischen Teils der polnischen Kommunisten, die sich offiziell gegen den sogenannten westlichen Zionismus, tatsächlich aber gegen alle Systemkritiker und Oppositionellen richtete, zum Beispiel gegen die mit dem „Prager Frühling" sympathisierenden Studenten und Intellektuellen. Die angeblich anti-zionistische Kampagne im Frühjahr 1968 war in Wahrheit antisemitisch. Einmal mehr wurden Juden unterdrückt und zum Verlassen des Landes gedrängt.

Vielleicht war es das Ende eines Traums vom Kommunismus mit menschlichem Antlitz, vielleicht stellten die Ereignisse des Jahres 1968 einen jener Momente dar, in denen Geremek seine jüdische Herkunft durch Rassismus und Antisemitismus ins Bewußtsein gedrängt wurde – er brach mit der PVAP, obwohl die Repressionen gegen ihn persönlich eher moderat gewesen sein sollen.

1972 legt Geremek seine Habilitationsschrift vor, doch eine Berufung zum Professor wird ihm aus politischen Gründen bis 1989 verweigert. Dabei ist seine wissenschaftliche Qualifikation unumstritten, wovon nicht zuletzt auch die Verleihung von elf Ehrendoktorhüten zeugt. Er geht mit einem Forschungsstipendium 1977/78 nach Washington zum Woodrow Wilson Int. Center, kehrt nach Warschau zurück und engagiert sich für das oppositionelle „Komitee zum Schutz der Arbeiter", das sich für politisch verfolgte Fabrikarbeiter einsetzt. Mit Untergrundzeitschriften versuchte das Komitee, den staatlich gelenkten Medien eine andere Informationsquelle entgegenzusetzen.

Im Sommer 1980 rückt Danzig und ein bis dahin unbekannter, arbeitsloser Werftarbeiter in den Blickpunkt der Weltöffentlichkeit. Lech Wałęsa, ein gelernter Elektriker und Mechaniker, organisiert den Streik der Arbeiter auf der Leninwerft. Auf dem Höhepunkt des Streiks im August überbringen ein gewisser Tadeusz Mazowiecki und Bronisław Geremek den Arbeitern eine Solidaritätsadresse der Warschauer Intellektuellen. Wałęsa bittet Geremek zu bleiben. Damit ist der politisch interessierte und engagierte Intellektuelle quasi über Nacht zu einer der Führungspersönlichkeiten der größten Oppositionsbewegung des ehemaligen „Ostblocks" geworden. Von nun an berät er die Solidarność bei der Organisation der Streiks und bei der Ausarbeitung der Forderungen und Programme. Am 31. August 1980 werden in der sogenannten „Danziger Gesellschaftlichen Übereinkunft" die wichtigsten Forderungen der Streikenden erfüllt – nicht zuletzt ein Erfolg Geremeks. Erstmals in der Geschichte sozialistischer Staaten erkennt die Obrigkeit eine unabhängige Gewerkschaft an. Der erste Schritt zur Ablösung des Systems ist getan. Der große Umbruch des Jahres 1989, der zur europäischen Revolution und zur Wiedervereinigung Deutschlands führt, nimmt hier seinen Ursprung.

Dann aber folgen Schicksalsschläge und schwere Prüfungen. Geremek, nun Vorsitzender des Programmrates der Solidarność, wird nach der Verhängung des Kriegsrechts am 13. Dezember 1981 inhaftiert und erst im Dezember des folgenden Jahres wieder freigelassen. Im Mai 1983 muß er als ein Führer der illegalen Solidarność erneut für mehrere Monate ins Gefängnis, obwohl im Juli 1983 das Kriegsrecht offiziell aufgehoben wird. Obwohl Geremek die Emigration angeboten wurde, bleibt er der Solidarność treu. Inhaftierungen, Repressionen, Druck auf seine Ehefrau Hanna und schließlich die Entlassung als Dozent im Jahre 1985, können ihn nicht erschüttern.

Die Solidarność entwickelte nicht nur innenpolitische, sondern auch außenpolitische Konzeptionen. Die Grundlage bestand in der Annahme der „westlichen Option". Die Opposition hatte erkannt, daß die beste Möglichkeit Polens, die „sowjetische Satellitenbahn" (Arthur Hajnicz) zu verlassen, in der Vereinigung Deutschlands bestand. Ohne die Einheit Deutschlands bliebe nämlich Polen vom Westen abgetrennt. Später erklärte der erste Außenminister des demokratischen Polen, Krzysztof Skubiszewski: „Polens Weg nach Europa führt über Deutschland." Frühzeitig erkannten die Vordenker der Freiheit die Interessengemeinschaft zwischen Deutschen und Polen.

Geremek wirkte als einer der Architekten des „Runden Tisches", der Verständigung der Solidarność mit der kommunistischen Partei. Im August 1988 beschlossen Solidarność und die kommunistische Parteiführung, gemeinsam über Möglichkeiten zur Lösung der politischen und wirtschaftlichen Krise zu beraten. Es dauerte noch sechs Monate, bevor der Runde Tisch tatsächlich konstituiert wurde – mit dabei: Bronisław Geremek. Am 5. April 1989 wurde eine historische Vereinbarung erreicht, durch die erstmals eine kommunistische Partei auf ihr Machtmonopol verzichtete und den Weg für die Opposition freimachte, über Staat und Gesellschaft mitzubestimmen. In seinen Erinnerungen schreibt Geremek: „Wir wollten die Demokratie einführen, und die Demokratie mußte das System einfach hinwegfegen." Daß dieser Transitionsprozeß vom Kommunismus zur Demokratie, der durch den Runden Tisch symbolisiert wird, gewaltfrei verlief, ist vor allem auch auf das Wirken Geremeks zurückzuführen. Noch im August wurde sein langjähriger politischer Weggefährte, Mazowiecki, der erste nicht-kommunistische polnische Regierungschef seit dem Zweiten Weltkrieg. Geremek wurde Vorsitzender des Auswärtigen Ausschusses des polnischen Sejm, eine Funktion, die er bis zu seiner Berufung zum Außenminister beibehalten konnte. Der Auftrag des inzwischen zum Präsidenten avancierten Lech Wałęsas an Geremek im Jahr 1991, eine Regierung zu bilden, scheiterte nicht zuletzt wegen antisemitischer Vorurteile, die dem geborenen Juden entgegenschlugen.

Vor den Präsidentenwahlen 1995 kam es zu ernsthaften Differenzen zwischen Wałęsa und Geremek, als das Staatsoberhaupt in einer Wahlkampagne autoritäre Züge erkennen ließ. Geremek warf dem noch amtierenden Präsidenten vor, die Zustände im Präsidialamt würden ihn „an den Hof von Ludwig XIV." erinnern. Geremek ist ein überzeugter Verfechter der Demokratie, gegen alle Widerstände und im Zweifel auch gegen alte Weggefährten. Er nannte Wałęsa damals eine historische Figur und implizierte damit natürlich, daß dieser abtreten sollte. Doch zugleich nannte er ihn einen Freund und meinte das auch so. Geremek ist kein Brutus, aber ein konsequenter Verfechter seiner Überzeugungen. So war es für ihn auch kein Unglück, daß die parlamentarische Solidarność nach einigen Monaten im Sejm zerbrach. Nach den ersten ‚freien' Wahlen hatte Geremek noch geglaubt, Solidarność repräsentiere die Nation, doch dann mußte er feststellen, daß die Gewerkschaft selbst im Widerspruch mit dem gesellschaftlichen und demokratischen Prinzip des Pluralismus stand, das eigentlich Ziel der Bewegung gewesen ist. Im Parlament von 1989 war die Solidarność eine Partei gewesen, die entstanden war, um einer anderen Partei die Stirn zu bieten: Den Kommunisten. Die Teilung der Solidarność in mehrere Parteien bedeutete nun für Geremek keine Katastrophe, vielmehr die Durchsetzung des Pluralismus, die endgültige Etablierung der Demokratie in Polen.

Als Vorsitzender des Auswärtigen Ausschusses wirkte Geremek oft im Hintergrund. Stets überlegt, sorgfältig abwägend, spielt er oft mit seiner Pfeife, läßt sich Zeit, bis er seine Worte setzt. Die Fähigkeit, sich nicht aus der Ruhe bringen zu lassen und seine Gedanken präzise zu formulieren, zeichnen ihn aus. Durch dieses diplomatische Geschick gelang es ihm, großen Einfluß auf die polnische Außenpolitik zu bekommen, weit mehr, als der Bedeutung eines Ausschußvorsitzenden normalerweise zukommt. Er war auch während der Zeit als seine „Freiheitsunion" in der Opposition arbeitete, einer der gesuchtesten Gesprächspartner für Warschau-Reisende aus aller Welt.

An seiner Westorientierung läßt er nie Zweifel aufkommen. Insbesondere in Frankreich ist er beliebt. Es heißt, daß er dort nach dem Papst und Wałęsa der bekannteste Pole sei. Trotz seiner Kindheits- und Jugenderinnerungen, trotz des Holocausts, trotz des verlorenen Vaters – Geremek ist auch ein Freund der Deutschen. Er hat aus der leidvollen deutsch-polnischen Vergangenheit die richtige Schlußfolgerung gezogen, daß Verständigung und eine gute Nachbarschaft für beide Länder, aber auch für ganz Europa von größter Bedeutung sind. Nach einem Deutschlandbesuch erklärte er im Herbst letzten Jahres: „Meiner Ansicht nach ist es gerade die Aufgabe meiner Generation in Polen und der entsprechenden Generation in Deutschland – wobei nichts vergessen wird –, aus der Geschichte Lehren zu ziehen. Die Tatsache, daß ich bei Gesprächen mit deutschen Politikern nicht nur eine gemeinsame Sprache, sondern auch Unterstützung für Polen finde, ist etwas, was ich in meinem Leben eigentlich nicht erwartet habe." Wenige Tage vor dem Weihnachtsfest 1997 sprach Geremek nach einem Konzert, das der polnische Botschafter in Bonn, Andrzey Byrt, aus Dank für die deutsche Unterstützung beim NATO-Beitritt Polens gegeben hatte, bei einer sehr persönlichen Tischrunde: „Der Beitritt zum Bündnis ist für Polen von größter historischer Tragweite. Was mich aber noch mehr berührt, ist das Wunder der deutsch-polnischen Verständigung, das nun auch dadurch manifestiert wird, daß Polen und Deutsche Verbündete in der Allianz werden."

Geremek ist ein selbstbewußter Vertreter seines Landes, der nicht um die Gunst des Westens buhlt, sondern vielmehr deutlich macht, welche Chancen und Möglichkeiten sich auch den Ländern der euro-atlantischen Institutionen bieten, wenn sie sich für Polen, aber auch für die anderen mittel- und osteuropäischen Staaten öffnen. Nach dem Fall der Mauer verlangt er politische Unterstützung und scheut sich auch nicht, politischen Vertretern des Westens vorzuwerfen, daß ihre Hilfen für die Reformdemokratien den Hoffnungen und Versprechungen nicht gerecht werden: „Als Antwort auf die Herausforderung des Jahres 1989 kamen vom Westen zuerst Worte, und dann vorsichtige – vielleicht zu vorsichtige Taten". Dabei hatte er schon im Jahr 1990 grundlegende Gedanken vorgestellt, die bis heute als eine Leitlinie der polnischen Außenpolitik gelten können: „Ich denke, daß es für die Deutschen, wie auch für die Polen ganz klar sein sollte, daß es sich hier nicht um Almosen für das verarmte und ruinierte Polen handelt, sondern vielmehr um die Unterstützung des Prozesses der europäischen Integration. Dadurch wird eine friedliche Struktur in Europa geschaffen, in der Konflikte zwischen verschiedenen politischen Systemen nicht mehr entstehen und der Lebensstandard sich angleicht. Denn solange krasse Unterschiede im Lebensstandard der Völker und Unterschiede in dem technologischen Standard bestehen, drohen neue Konflikte. Es nutzt also allen europäischen Ländern, sich auf die ökonomische, politische und zivilisatorische Einheit Europas zu konzentrieren; nicht nur Polen, Ungarn, Tschechoslowakei, sondern auch der Bundesrepublik."

Geremek hat ein klares Ziel für die polnische Außenpolitik: Die Rückkehr seines Landes in die europäische Zivilisation, die Verankerung Polens in den euro-atlantischen Institutionen.

Niemand bedroht heute Polen, doch nach den leidvollen Erfahrungen der Vergangenheit möchte unser Nachbar seinen Weg nicht alleine gehen, er sieht seine Zukunft in der Wertegemeinschaft des Westens. Geremek schrieb einmal: „EU und NATO nehmen Abschied vom Nationalstaat und versuchen, Europa anders zu organisieren. Gerade das bestimmt polnische Präferenzen." Sein Leben und

Wirken ist Ausdruck dieser Politik. Das Karlspreis-Komitee hatte Recht, als es in seiner Begründung für die Preisverleihung im Jahr 1998 betonte, das Leben des polnischen Außenministers bilde „eine großartige, harmonische Einheit, deren Wirkung über die Grenzen zwischen Staaten und Völkern, zwischen Ideologien und Konfessionen reicht."

Geremek ist ein polnischer Patriot, ein überzeugter Demokrat und ein begeisterter Europäer.

9. Jan Jozef Lipski – Eine Stimme der Versöhnung

„Das uns angetane Böse, auch das größte, ist keine Rechtfertigung und darf auch keine sein für das Böse, das wir selbst den anderen zugefügt haben." – Dieser Lehrsatz, fast ein Aphorismus, entstammt dem Aufsatz „Zwei Vaterländer - zwei Patriotismen" des polnischen Literaturwissenschaftlers und Bürgerrechtlers Jan Jozef Lipski (1926–1991). Diese Worte wurden 1981 mit Blick auf die Vertreibung der Deutschen verfaßt – zu einer Zeit also als noch kaum jemand in Polen es wagen durfte, das Unrecht der Vertreibung zu thematisieren.

Die damalige Äußerung war nicht die einzige mutige Tat Lipskis. Im Gegenteil: Schon als Jugendlicher war er an Sabotageaktionen des polnischen Widerstandes beteiligt und gehörte zu den Kämpfern des Warschauer Aufstandes.

Genauso wie er gegen die Besatzung durch Nazi-Deutschland opponierte, wandte er sich später gegen die kommunistische Diktatur in seiner Heimat. Er leitete die Kulturabteilung der kritischen und später verbotenen Zeitschrift „Po Prostu", gründete 1976 mit Gleichgesinnten das Komitee zur Verteidigung der Arbeiter (KOR), verlor aus politischen Gründen seine Arbeitsstelle und wurde schließlich verhaftet. Anfang der 80er Jahre war Lipski als Vertreter der „Solidarność" erneut an vordersten Demokratiefront zu finden.

Aber aller bitteren Erfahrungen zum Trotz erhob er immer wieder seine Stimme für Vergebung und Versöhnung – innerhalb der polnischer Gesellschaft, hinsichtlich der Nachbarn und vor allem in Richtung Deutschland. Von all dem zeugt ein gerade herausgegebender zweisprachiger Band (deutsch-polnisch) mit Essays Lipskis aus den letzten zehn Jahren seines Wirkens.

Lipski unterscheidet Patriotismus von Nationalismus und Chauvinismus. Patriotismus entspringt der Liebe zum eigenen Land und müsse zur Liebe der anderen Länder führen. Nationalismus dagegen halte das eigene Volk für besser als andere, fordere besondere Rechte und schränke die der Nachbarn ein. Er ist gegen „right or wrong, my country". Die oft wiederholte Forderung: „Liebe zu allem, was polnisch ist", sei nichts als „nationale Stupidität". Vielmehr müsse sich die Liebe zum Vaterland stets mit geistigen Gütern und Werten zusammenfügen, die bloße ethnische Zugehörigkeit begründe noch keinen Patriotismus. Im Extremfall könnten Angehörige einer Ethnie sogar zu unterschiedlichen Vaterländern gehören. Erst mit der Bindung an Freiheit und Menschenwürde erhält die Liebe zum eigenen Land ihren Sinn. Lipski hat den „Verfasssungspatriotismus" bereits 1981 vorausgedacht.

Aus diesem Grund geißelt er die antisemitischen Ausschreitungen in seiner Heimat während des Frühjahrs 1968. Er wendet sich gegen Klischees wie „Pole gleich Katholik" und unterstreicht die Bedeutung der jüdischen Minderheit. Die Juden in Polen seien so eng mit der polnischen Kultur verflochten, daß ihr Verlust eine beträchtliche Verarmung für Polen darstellt.

Mit Schamgefühl erwähnt Lipski die verächtliche Einstellung vieler Polen gegen die Tschechen, eine Verhaltensweise, die er vor dem Hintergrund der kulturellen Leistungen der Tschechen schlicht als „Idiotie" abtut. Vollkommen unbegründet sei auch das „größenwahnsinnge" Überlegenheitsgefühl der Polen gegenüber den Russen. Ein Volk, das einen Dostojewski oder Tolstoj hervorgebracht habe, könne man nicht als minderwertig bezeichnen. Hochachtung äußert Lipski vor dem „großen Sacharow" und den russischen Freiheitskämpfern, die es „schwerer haben als wir".

Gegen alle Schwarz-Weiß-Malerei wendet sich Lipski in seinen Schriften über das Verhältnis zwischen Deutschen und Polen. Er erwähnt die Schlacht bei Glogau im 12. Jahrhundert, als polnische Kinder als Schutzschilder an „deutsche" Belagerungsmaschinen gebunden waren. Er spricht von der Grausamkeit und Rücksichtslosigkeit deutscher Ordensritter. Gleichzeitig aber nennt er Otto III. den „ersten Europäer", der die Einheit Europas nicht auf dem Schlachtfeld, sondern durch Verständigung erstrebte. War nicht die Grenze zwischen polnischen und deutschen Landen vom 14. bis 18. Jahrhundert die ruhigste in Europa?

Lipski schildert die Übergriffe Preußens auf den östlichen Nachbarn im 19. Jahrhundert, aber auch die Sympathie der Deutschen für den polnischen Aufstand gegen die russische Besatzung im November 1830.

Aus eigener Erfahrung kann der polnische Intellektuelle über die Greuel des Nationalsozialismus berichten, aber er vergißt nicht das andere Deutschland – z.B. die „Weiße Rose". Ja, er geht noch weiter: „Wollen wir von Auschwitz nur die deutschen Henker in Erinnerung behalten, oder ebenfalls diejenigen Deutschen, wenn es auch nur eine Handvoll war, die nicht nur als Gefangene, sondern als Angehörige der Lagerwache mit dem Bösen kämpften?"

Lipski wünscht sich deshalb, daß die Polen über alles Leid hinweg auf Rachegefühl gegenüber den Deutschen verzichteten. Sie möchten doch den Wert der über die Jahrhunderte gewachsenen deutschen Kultur anerkennen und sie entsprechend pflegen. Die Vernachlässigung deutscher Kulturdenkmäler beweise ausschließlich „Primitivität, Dummheit, sogar den bösen Willen."

Solche Mahnungen an die eigenen Landsleute sind in der Vergangenheit nicht selten von der „falschen Seite" in Deutschland ausgebeutet und gegen Polen gewendet worden. Aber Lipski ist ohne Zweifel ein echter polnischer Patriot. Gerade deshalb, weil er sein Vaterland liebt, unterscheidet er zwischen den ruhmreichen und den finsteren Perioden der polnischen Geschichte. Die Liebe zum eigenen Land erfordert den Verzicht auf Schönfärberei, auf Verdrängung unbequemer Wahrheiten.

Lipski der von 1989 bis zu seinem Tod dem Senat des demokratischen Polens angehörte, erscheint in seinen Aufsätzen als „Wegweiser" (Jacek Kuron) in eine europäische Zukunft. Unermüdlich betont er die gleichen geistigen Wurzeln zwischen Polen und Deutschland – und Europa: Die antike griechische Kultur und Philosophie sowie das Christentum, in dem er – der nicht gläubige – unsere entscheidende Prägung sieht. Europa ist für ihn nicht die Nivellierung unterschiedlicher nationaler und regionaler Kulturen, sondern eine bunte Vielfalt von Traditionen und Bindungen. Aber wenn man das Gesetz nicht nur beim eigenen Volk und das Böse nicht nur beim anderen sucht, können Toleranz und Friedfertigkeit wachsen. „Wir vergeben und bitten um Vergebung" – dieses große Wort der polnischen Bischöfe an die Deutschen, gesprochen vor 32 Jahren, könnte als Überschrift über dem Werk Lipskis stehen, dessen Wirken mit dem vorliegenden Band endlich die hochverdiente Würdigung erfährt.

Friedbert Pflüger

IV.
Interessen, Moral und Außenpolitik

1. Jenseits von Eden – Die Bibel ist kein pazifistisches Rezeptbuch

Nach der schrecklichen Erfahrung des Zweiten Weltkriegs, der 60 Millionen Tote und das Grauen des Holocausts mit der Ermordung von sechs Millionen Juden zur Folge hatte, ging der Ruf nach Frieden um die Welt. Eine neue, bessere Welt sollte geschaffen werden, in der der Krieg ein für allemal in die Mottenkiste der Geschichte verbannt würde. Verbunden mit großen Hoffnungen, daß die Erfüllung dieses Traums nun in greifbarer Nähe sei, wurde 1946 feierlich die UNO ins Leben gerufen. Der Kalte Krieg, aber auch die ca. 180 großen Kriege und Bürgerkriege seit 1945 mit etwa 30 Millionen Toten haben diese Vision zerstört. 1990, nach der europäischen Revolution und dem Ende der Ost-West-Konfrontation, gab es neue Hoffnungen auf eine bessere Welt. Die KSZE-Charta von Paris vom November 1990 ging von der Erwartung aus, daß Frieden und Freiheit sich nunmehr endgültig durchsetzen würden. Manche glaubten sogar an das Ende der Geschichte.

Aber auch diese Hoffnungen haben getrogen! Allein 1995 wurden 32 Kriege und Bürgerkriege registriert. Täglich erreichen uns über das Fernsehen die schrecklichsten Bilder: Kinder oder Greise ohne Füße, Beine, Arme, von Minen zerfetzt; hungernde und verletzte Flüchtlinge, zumeist Zivilisten, die am Kampfgeschehen unbeteiligt waren; schrecklich entstellte Leichen, z.B. in Ruanda, wo ganze Teile einer Bevölkerungsgruppe hingemetzelt wurden, aber auch direkt vor unserer „Haustür", z.B. in Srebrenica, wo der Völkermord mit dem zynischen Wort „ethnische Säuberung" beschrieben wurde. Die Motive sind vielfältig – religiös, ideologisch, rassistisch, nationalistisch oder sozio-ökonomisch. Darüber hinaus haben die modernen Kriege eine besondere Brisanz – nämlich die Gefahr, daß atomare, biologische oder chemische Massenvernichtungswaffen zum Einsatz kommen. Auf der Welt gibt es Kapazitäten für einen -zigfachen „over-kill". Die Beispiele Iraks, Irans oder Libyens zeigen, daß die Gefahr, daß unberechenbare Diktatoren in den Besitz dieser Waffen kommen, nicht unterschätzt werden darf. Die Welt ist also nicht sicher – und sie ist auch nicht besser geworden.

Man möchte daran verzweifeln. Manche Christen fordern vor diesem Hintergrund eine völlige Umkehr. Man denke nur an den Hannoverschen Kirchentag 1982: „Für ein Nein ohne jedes Ja zu Massenvernichtungswaffen". Viele wollen sich noch enger am Leben Jesu orientieren und sagen: Ist nicht die ganze christliche Botschaft ein einziger Ruf nach Frieden? Muß sich ein Christ nicht der angeblichen „Rationalität", den angeblichen Sachzwängen von Macht und Gegenmacht entziehen und als Zeuge einer anderen, neuen Welt wirken, die ohne Krieg und Gewalt ist? Muß nicht endlich mit der Bergpredigt ernst gemacht werden: „Liebet Eure Feinde, segnet, die Euch fluchen, tut wohl denen, die Euch hassen" (MT 5,44)? Ist es nicht die Pflicht aller gläubigen Christen, die Worte Jesu, die er bei seiner Gefangennahme sprach, endlich zu befolgen: „Stecke Dein Schwert an seinen Ort. Denn wer das Schwert nimmt, der soll durchs Schwert umkommen (MT 26,52)? Sollten wir nicht der Illusion abschwören, Waffen und Rüstung könnten den Frieden sichern? Ist es nicht allein die „geistliche Waffenrüstung", von der Paulus in seinen Brief an die Epheser spricht, auf die es letztlich ankommt, der „Panzer der Gerechtigkeit", das „Schild des Glaubens", der „Helm des Heils" und das „Schwert des Geistes" (Ep. 6,16–17)? Und beinhalten die Worte „Du sollst Gott mehr gehorchen als den Menschen." (Apg. 5,29) nicht die Aufforderung, sich der militärischen Gehorsamspflicht und damit dem Wehrdienst zu entziehen? Im Atomzeitalter drohen wir mit der totalen Zerstörung und damit auch mit der Vernichtung dessen, was wir eigentlich schützen und erhalten wollen. Die Logik der Abschreckung – in Wahrheit ein Wahnsinn? Kann dieser Weg richtig sein – oder müssen wir nicht umkehren, hin zu einem radikalen Pazifismus?

Ich bin anderer Meinung und glaube , daß die Bibel für uns eine andere Botschaft bereit hält. Es geht bei den genannten Stellen aus der Bibel nicht um Anleitungen für den Umgang der Völker. Sie bilden kein Patentrezept für angewandte Politik. Es geht um die Verteidigung Jesu, den Schutz der christlichen Gemeinde, die Bewahrung des Glaubens. Damals, als die Evangelien entstanden, gab es gar keine Alternative im Kampf gegen Rom und die Christenverfolgung als die Lehre der Gewaltlosigkeit. Die linke Wange hinhalten, wenn jemand auf die rechte Wange schlägt, diese Formulierung (MT 5,39) ist keine allgemeine sittliche Weisung, kein Ratschlag an Politiker sondern eine Empfehlung für die recht- und einflußlosen Christen. Die Christen damals hatten nur die eine Möglichkeit; nämlich das Böse mit Gutem zu überwinden (Römer, 12,21). Dieser Empfehlung liegt ferner die Hoffnung zugrunde, durch Waffenlosigkeit die Waffenherrschaft zu beenden. Die Anweisung der Bergpredigt ist eine Aufforderung zum Leiden unter dem Bösen. „Selig sind, die um Gerechtigkeit willen verfolgt werden; denn das Himmelreich ist ihnen" (MT 5,10).

Noch wichtiger wiegt die Überlegung, daß wir unterscheiden müssen zwischen dem unverbrüchlichen Frieden Gottes und dem stets gefährdeten Frieden auf Erden. „Ich glaube an den Frieden, der herstellbar ist" so formulierte Dorothee Sölle. Aber ist der Friede auf Erden wirklich machbar? Ist es nicht eine gefährliche Überschätzung der Menschen zu glauben, das Reich der Welt in das Reich Christi verwandeln zu können? Ich glaube, daß die Welt „gefallene Schöpfung" bleibt bis zum jüngsten Tag (Heinz-Georg Binder). Der Mensch lebt jenseits von Eden. In diesem Sinne heißt es im Johannes-Evangelium: „Den Frieden lasse ich Euch, meinen Frieden gebe ich Euch. Nicht gebe ich euch wie die Welt gibt. Euer Herz erschrekke nicht und fürchte sich nicht." (14,27)

„Christus ist unser Friede", so heißt es im Brief des Paulus an die Epheser (2,14). Das ist ein Friede, der höher ist als alle Vernunft, der die Fähigkeiten der Welt übersteigt. Und schon im Alten Testament lesen wir bei Jesajah: „Es wird zur letzten Zeit der Berg, der des Herrn Haus ist, fest stehen, höher als alle Berge und alle Heiden werden herzulaufen und viele Völker werden hingehen und sagen: kommt laßt uns auf den Berg des Herrn gehen ... Da werden sie ihre Schwerter zu Pflugscharen und ihre Spieße zu Sicheln machen. Denn es wird kein Volk wider das andere das Schwert erheben, und sie werden hinfort nicht mehr lernen, Krieg zu führen" (2,2–4). Das ist keine Beschreibung der Lage, in der wir in unserer Welt leben, sondern die Vision der „letzten Zeit". Es ist die Erlösung des Menschen, die hier dargestellt wird.

Das Alte und das Neue Testament gehen eindeutig von der Existenz des Krieges aus, beide bezweifeln die Fähigkeit des Menschen, den ewigen Frieden zu schaffen. Bei Markus heißt es im 13. Kapitel: „Wenn ihr aber hören werdet von Kriegen und Kriegsgeschrei, so fürchtet euch nicht. Es muß so geschehen. Das Ende ist noch nicht da. Denn es wird sich ein Volk erheben wider das andere und ein Königreich wider das andere". Erinnern wir uns an die Geschichte vom Hauptmann von Kapernaum, der um die Heilung seines kranken Knechts bittet. Als Jesus ihm Hilfe zusagt, zweifelt der Hauptmann, da er doch Kriegsknecht ist: „Herr, ich bin nicht wert , daß Du unter mein Dach gehst, aber sprich nur ein Wort so wird mein Knecht gesund." (MT. 8,8). Jesus heilt den Knecht, und er fordert den Hauptmann nicht auf, den Dienst mit der Waffe zu unterlassen. Er lobt sogar den Hauptmann: „Solchen Glauben habe ich in Israel bei keinem gefunden." (8,10).

Wir müssen also differenzieren zwischen weltlichem und göttlichem Frieden. Daran knüpft die Lehre des Augustinus von den zwei Reichen und die Luthers von den zwei Regimentern an. Ihr liegt das Wort des Markus zugrunde: „Gebt dem Kaiser, was des Kaisers ist, und Gott, was Gottes ist." (12,17). Der Glaube, daß der Friede herstellbar sei, ist nicht nur falsch, sondern gefährlich. Wenn der Mensch sich selbst zutraut, den vollkommenen Frieden herzustellen, wiederholt er dann nicht den Sündenfall? Ist nicht gerade die Einsicht in die Irrtumsmöglichkeit, Fehlerhaftigkeit und Sündhaftigkeit des Menschen die Voraussetzung jeder wirklich humanen Politik?

Und führt nicht der Glaube in die Herstellbarkeit des Friedens auf Erden zwangsläufig zur Intoleranz gegen alle, die diesen Glauben nicht teilen? Wer glaubt, daß das Paradies auf Erden herstellbar ist, kann der nicht diejenigen, die anderer Meinung sind, um des höheren Zweckes willen unterdrücken, verfolgen und töten? Wird dann nicht christlicher Glaube zur tödlichen Ideologie? Haben nicht vielleicht Kreuzzüge und Inquisition gerade im Glauben an den herstellbaren Frieden ihre Ursache? Der reine Wille zum Guten kann auch Böses bewirken. Oftmals ist er schwärmerisch. Dann hilft er nicht, sondern verwirrt.

So hat die Barmer Theologische Erklärung von 1934 festgestellt, daß der Staat die Aufgabe hat, in der „noch nicht erlösten Welt, in der auch die Kirche steht, unter Androhung und Ausübung von Gewalt für Recht und Frieden zu sorgen." Die Barmer Erklärung folgert daraus: „Dementsprechend sehen wir es nicht als einen grundsätzlichen Widerspruch zu einer christlichen Friedensethik, vielmehr als eine notwendige, wenn auch nicht vorrangige Konkretion an, militärische Durchsetzung des Rechts bereitzuhalten und notfalls anzuwenden." (These V).

Man muß noch weiter gehen. Zwar muß, wer als Christ dem Gebot der Nächstenliebe folgt, ein Feind von Krieg und ein Freund von Friede sein. Was aber ist, wenn Diktatoren und Aggressoren diese Friedensliebe ausnützen, wenn sie unbewaffnete Völker überfallen, ethnische Säuberungen durchführen und im Namen einer Religion oder einer Ideologie Massenmorde begehen? Reicht dann das Gebet? Reicht dann die Mahnwache? Ausschwitz ist durch Soldaten befreit worden, nicht durch pazifistische Fürbitten!

Zum Fünften Gebot „Du sollst nicht töten" gehört die Schutzverpflichtung für menschliches Leben. Für sich selbst kann jeder im Vertrauen auf Christus für seine eigene Person erklären, daß er bereit ist, ohne den Schutz von Waffen zu leben. Ich kann mich aber nicht unter Berufung auf Jesus der Pflicht entziehen, Mörder – auch politische Mörder – daran zu hindern, über meinen Nächsten herzufallen. Es ist eine gefährliche Illusion, daß man sich mit Hilfe des Pazifismus der Gewalt entziehen und die Grundlage für umfassende Gewaltlosigkeit legen kann. Ich würde sogar sagen, daß dieser Glaube nichts anderes ist als Ideologie. Berthold Brecht hat treffend formuliert: „Stell Dir vor, es ist Krieg und keiner geht hin. Dann kommt der Krieg zu Dir." Der Pazifist entgeht der Gewalt nicht. Er läßt sie nämlich geschehen – z.B. in Screbeniza. Er kann seine Hände nicht in Unschuld waschen.

In diesem Sinne argumentiert auch Martin Luther in seinen Schriften „Von weltlicher Obrigkeit – wie weit man ihr Gehorsam schuldig sei" (1523) und „Ob Kriegsleute auch im seligen Stand sein können" (1526). Danach sollen politische Konflikte friedlich und nicht durch Krieg gelöst werden, denn: „So sollst Du den Widerpart aufs erst Recht und Fried anbieten." Luther verurteilt jeden Angriffskrieg: „Weltliche Obrigkeit ist nicht eingesetzt vor Gott, daß sie solle Frieden brechen und Kriege anfangen, sondern dazu, daß sie den Frieden handhaben und den Kriegern wehre ...". Nach Luther darf der Christ jedoch für den Schutz des Nächsten auch Gewalt anwenden. Dieser Schutz sei jedoch die Aufgabe der Vertreter weltlicher Macht: „Ein jeglicher Herr und Fürst ist schuldig, die Seinen zu schützen und den Frieden zu beschaffen. Das ist sein Amt, dazu hat er das Schwert." Die Anwendung von Gewalt zum Schutz des Nächsten sei als gerechtfertigt anzusehen, wenn sie als Notwehr gegen einen aufgezwungenen Angriff erforderlich ist.

Nach christlichem Verständnis mache jede Anwendung von Gewalt zwar schuldig, auch die aus Notwehr. Die Schuld wäre nach Luther aber größer, überließe man seine Mitmenschen wehrlos dem gewaltsamen Zugriff eines Angreifers und liefere ihn einer Fremdherrschaft aus, die ein Leben in Freiheit und unter Wahrung der Menschenrechte unmöglich macht. Deshalb darf der Christ auf Vergebung hoffen, wenn er bei Vorbereitung und Durchführung der Verteidigung schuldig wird.

Es steht geschrieben: „Niemand hat größere Liebe denn der, der sein Leben läßt für seine Freunde". (Joh. 15, 13) Sollten wir nicht deshalb den Soldaten, die heute ihren Dienst im ehemaligen Jugoslawien im Rahmen der NATO leisten, von Herzen danken? Sie sind dort nicht hingefahren, weil sie es gerne wollten oder weil sie andere Länder besetzen und den dort lebenden Menschen ihren Willen aufzwingen müßten. Sie sind dort hingefahren, um Massenmorde und Völkermord zu beenden. Nicht wenige haben dabei ihr Leben gelassen. Ihnen wird die besondere Liebe Christi zuteil. Sie haben unseren Respekt verdient, nicht aber den Schimpf „Soldaten sind Mörder".

Dennoch: Der demokratische Staat ermöglicht dem Einzelnen die Verweigerung des Wehrdienstes aus Gewissengründen. Das ist richtig, wenn es wirklich um eine gelebte pazifistische Haltung geht – etwa im Sinne der Quäker oder der Minnoniten. Sie lehren die konsequente Nachfolge Jesu. Für diese Menschen ist es legitim, den Wehrdienst zu verweigern. Aber sie können und dürfen nicht verlangen, daß der Staat die Landes- und Bündnisverteidigung verweigert oder sich vornehm zurückhält, wenn in der Nähe ein Völkermord geschieht.

Christen leben in dieser Welt, doch können sie den ewigen Frieden auf Erden nicht schaffen. Dieser Frieden ist eine göttliche Verheißung für das Jenseits. Wir müssen uns vielmehr an dem Möglichen orientieren: Mit der Nüchternheit des Paulus müssen wir kleine Schritte vorangehen, um diese Welt vielleicht ein wenig friedlicher und sicherer zu machen, ohne uns in die Gefahr von Eiferei, moralischer Selbstgerechtigkeit und Kreuzzugsmentalität zu begeben. In diesem Sinne hat die Politik in der konkreten Arbeit der letzten Jahre eine Reihe wichtiger Abrüstungsschritte vereinbart und zum Teil auch schon umgesetzt:

- Der nukleare Nichtverbreitungsvertrag (NVV) konnte im Mai 1995 unbefristet verlängert werden. Vor allem angesichts des risikoreichen nuklearen Erbes der Sowjetunion war dies ein entscheidender Erfolg, da sonst die Weiterverbreitung nuklearen Materials, Know hows sowie der entsprechenden Trägertechnologien gedroht hätte.
- Durch den INF- und den START I-Vertrag (sowie den noch nicht in Kraft getretenen START II-Vertrag) wurde ein enormer nuklearer Abrüstungsprozeß festgeschrieben. Zum Beispiel befanden sich 1985 allein auf westdeutschem Gebiet ca. 3.500 nukleare Sprengköpfe und damit die umfangreichste nukleare Infrastruktur der Welt. Zehn Jahre später war auf gesamtdeutschem Gebiet nur noch ca. 5 % dieses Potential vorhanden.
- Mit überwältigender Mehrheit beschloß die Generalversammlung der Vereinten Nationen im Herbst 1996 den Vertrag über einen Umfassenden Atomteststopp (CTBT). Auch wenn der Vertrag durch die starre Haltung Indiens und Pakistans noch nicht förmlich in Kraft treten kann, ist ein großer Schritt zu einer Welt ohne Atomtests getan worden.
- Im Frühjahr 1997 wird das Chemiewaffenübereinkommen (CWU), das nicht nur Verbote, sondern darüber hinaus auch ein striktes Verifikationsregime etabliert, endlich in Kraft treten.
- Der Vertrag über Konventionelle Streitkräfte in Europa (KSE-Vertrag) ist ein Meilenstein der Abrüstung, der zur Vernichtung von insgesamt 50.000 angriffsfähigen Waffensystemen geführt hat. Damit wurde die Gefahr eines Überraschungsangriffes in Europa drastisch verringert. Nunmehr geht es darum, die Rüstungskontrolle in Europa an die neuen Herausforderungen anzupassen.
- 1990 – zum Zeitpunkt der Wiedervereinigung – standen etwa 700.000 deutsche Soldaten unter Waffen. Heute sind es nur noch 340.000. Wie das Internationale Konversionszentrum Bonn (BICC) feststellte, hat Deutschland seine Streitkräfte stärker reduziert als jedes andere NATO-Land.
- 1986 waren auf gesamtdeutschen Gebiet über 800.000 ausländische Soldaten stationiert. Zehn Jahre später sind es nur noch knapp über 140.000.
- 1975 betrug der Anteil des Verteidigungsetats am Gesamthaushalt ca. 20 % (Anteil am BSP 3,00 %). 20 Jahre später ist dieser Anteil

auf nur noch ca. 10 % (bzw. 1,38 %) geschrumpft. Deutschland hat eine Friendensdividende in dreistelliger Milliardenhöhe eingefahren.

- Seit dem Ende des Kalten Krieges mußte die Rüstungsindustrie in Deutschland 50 % ihrer Beschäftigten und in manchen Bereichen bis zu 90 % der Fertigungskapazitäten abbauen. Diese Zahlen verdeutlichen, daß die Rüstungsindustrie auch weiterhin den sehr strengen Bestimmungen des Kriegswaffenkontrollgesetzes unterliegt und keine Möglichkeit geschaffen wurde, die gesunkene Nachfrage in Deutschland durch Exporte auszugleichen.
- Im Kampf gegen das internationale Landminenproblem hat Deutschland eine Vorreiterrolle eingenommen. Die Bundesregierung hat nicht nur frühzeitig den Export der besonders heimtückischen Anti-Personen-Minen verboten, sondern darüber hinaus auf den Einsatz dieser Waffen verzichtet und die Vernichtung der Bestände eingeleitet.
- Gleichzeitig mußten neue Herausforderungen bewältigt werden. Dazu gehört nicht nur die Integration der NVA in die Bundeswehr oder die Sanierung heruntergekommener Liegenschaften im Osten, sondern auch „out-of-area"-Einsätze wie z.B. der UNSCOM-Auftrag im Irak. Dort haben deutsche Soldaten einen wesentlichen Beitrag zur Kontrolle der Abrüstung der irakischen Massenvernichtungswaffen geleistet.

Trotz ihres hohen politischen Stellenwerts kann Abrüstung aber kein Selbstzweck sein. Abrüstung muß immer mit der Frage verknüpft werden, ob sie in einem bestimmten internationalen Umfeld wirklich dem Frieden dient oder aber andere Staaten zur Aggression einlädt.

Wer sich die sicherheitspolitische Lage in Europa vor zehn Jahren vor Augen hält und sich die Truppen- und Materialkonzentrationen auf dem Gebiet der Bundesrepublik und der ehemaligen DDR vergegenwärtigt, muß feststellen, daß sich ein epochaler Wandel vollzogen hat. Dem utopischen und letztlich gefährlichen Ansatz der Friedensbewegung – „Frieden schaffen ohne Waffen" – hat die CDU/CSU einen realistischen Ansatz gegenübergestellt, der es erlaubte, auf der Basis der Gleichberechtigung und ohne Gefahr der militärischen Erpressbarkeit Verhandlungen zu führen, die zu einem vorher für nie möglich gehaltenen Abrüstungsprozeß geführt haben.

Dennoch ist keine Epoche des irdischen Friedens angebrochen. Neue Bedrohungen und Instabilitäten charakterisieren die Weltordnung nach 1989. Deshalb muß unser Land auch weiterhin verteidigungs- und bündnisfähig bleiben. Nun die Hände in den Schoß zu legen und auf den ewigen Frieden zu hoffen, lehrt weder die Erfahrung der Geschichte noch die Exegese der Bibel. Aber es ist absurd zu behaupten, daß sich deshalb die Außenpolitik der Bundesrepublik Deutschland „militarisiert" habe. Soweit es die Sicherheit unseres Landes zuläßt, muß auch in Zukunft unsere ganze Aufmerksamkeit und unser entschiedenes Engagement der Abrüstung gelten. Der Prozeß der Abrüstung bleibt fragil. Dialog und Kooperation müssen die vorrangigen Mittel der Diplomatie bleiben. Wenn Frieden, Freiheit und Sicherheit aber bedroht werden, müssen wir nicht nur fähig, sondern auch bereit sein, uns und unsere Partner zu verteidigen.

Politik beantwortet nicht die letzten, sondern die vorletzten Fragen. Eine ethisch verantwortliche Politik versucht deshalb nicht, den Frieden auf Erden herzustellen, sondern die Hölle zu verhindern. Würden sich alle an diese bescheidenere Anforderung an die Politik halten, so würden die Aussichten auf Frieden und Freiheit in unserer Welt steigen.

2. Menschenrechtspolitik im deutschen Interesse

Die Hoffnung, daß das Ende des Kalten Krieges zu vermehrter Achtung der Menschenrechte führen würde, hat getrogen. Religiöser Fanatismus, Nationalismus und Rassismus drohen die Nachfolge von Kommunismus, Faschismus und Nationalsozialismus anzutreten. Nach dem Zeitalter der Ideologen im 20. Jahrhundert hinkt nun die Rückkehr der Konflikte, Krisen und Kriege des 19. Jahrhunderts – aber mit den technischen und medialen Machtmitteln der Moderne. Ist die Orgie der Menschenverachtung im ehemaligen Jugoslawien, deren Zeuge wir Abend für Abend vor unseren Fernsehschirmen sind, vielleicht nur ein Vorgeschmack auf ein Zeitalter ethnischer Barbarei? In jedem Fall gibt es nicht den geringsten Anlaß zur Entwarnung. Im Gegenteil. Die Anforderungen an Menschenrechtspolitik müssen in einer diffus gewordenen Umwelt noch steigen: Die Beobachtungs- und Dokumentationsmöglichkeiten von Menschenrechtsverletzungen, die Zusammenarbeit mit internationalen Menschenrechtsorganisationen, das Anreiz- und Sanktionsinstrumentarium der freiheitlichen Staaten, aber auch der internationalen Institutionen, allen voran der UNO – müssen der neuen weltpolitischen Situation angepaßt werden. Es gilt, ihre Wirkung zu verfeinern und zu verstärken. Es ist eine ethische Pflicht, aber es entspricht auch der grundsätzlichen Interessenlage der deutschen Politik, bei der Formulierung und Durchsetzung einer weltweiten Menschenrechtspolitik eine führende Rolle zu spielen.

Die Forderung nach Achtung der Menschenrechte entspringt einer universalistischen Ethik, die den Menschen nicht nur als Staatsbürger, sondern als Mitbürger ansieht. Charles de Montesquieu hat die Erdenbevölkerung bereits im 18. Jahrhundert auf die Notwendigkeit „der einen Welt“ hingewiesen. „Alle besonderen Pflichten (des Bürgers gegenüber dem Staat) stehen zurück, wenn man sie nicht ohne Erfüllung der Pflichten, die man als Mensch hat, erfüllen kann. Darf man an das Mahl des Vaterlandes denken, wenn es um das Mahl der Menschheit geht? Nein! Die Pflicht, die man als Bürger erfüllt, ist Verbrechen, läßt sie uns die Pflicht vergessen, die man als Mensch hat.“

Damit hat Montesquieu bereits vor 200 Jahren die klarste Absage an die nationalistischen Kräfte formuliert, die glauben, man könne den Nationalstaat wieder an die erste Stelle setzen. Aktive Menschenrechtspolitik ist das Gegenteil von „Deutschland zuerst". Es ist die nicht zuletzt christlichem Denken entspringende Erkenntnis, daß wir gegenüber der ganzen Schöpfung und allen Menschen Verantwortung tragen. Alle Menschen haben ihre Würde. Unterdrückung, Verfolgung und Folter sind auf allen Erdteilen gleichermaßen Unrecht. Zu warnen ist allerdings vor einer Überschätzung unserer Kräfte: zu warnen ist vor Rigorismus in der Menschenrechtspolitik. Wie jede politische Aufgabe konkurriert sie mit anderen, ebenfalls legitimen Motiven und Zielen. Es gibt Grenzen der Menschenrechtspolitik:

- Die Idee der Menschenrechte eignet sich nicht für Kreuzzüge. Die gewachsenen Werte und Traditionen anderer Kulturkreise müssen geachtet werden. Vor Selbstgerechtigkeit und der gerne eingenommenen Haltung moralischer Überlegenheit ist zu warnen. Vor allem: Wir selbst müssen bei uns zu Hause mit gutem Beispiel vorangehen.
- Menschenrechte sind nicht das einzige Ziel unserer Außenpolitik. Es gibt zwingende Notwendigkeiten, die der Entfaltung einer lupenreinen Menschenrechtspolitik entgegenstehen, etwa die Wahrung von Frieden und Stabilität. Als der damals neugewählte amerikanische Präsident Jimmy Carter im Frühjahr 1977 seine Menschenrechtspolitik in einem Brief an den Bürgerrechtler Andrej Sacharow einleitete, mußte er die schmerzliche Erfahrung machen, daß diese Aktion das Klima der gleichzeitig laufenden Abrüstungsverhandlungen mit dem Kreml vergiftete. Der von der Welt herbeigesehnte Salt-II-Vertrag kam im März 1977 deshalb nicht zustande.
- Es ist neben der Berücksichtigung ethischer Prinzipien auch legitim, in der Außenpolitik eigene Interessen geltend zu machen. Dazu zählt beispielsweise auch der Ausbau der Wirtschaftsbeziehungen zu Ländern, die in unseren Augen alles andere als lupenreine Demokratien sind. Menschenrechtsaktivisten neigen oft dazu, solche Erwägungen von vornherein als moralisch minderwertig und daher abwegig zu qualifizieren. Nachdem sie einmal mit Werftarbeitern in Mecklenburg-Vorpommern oder

Niedersachsen, die um ihre Arbeitsplätze zittern, gesprochen haben, würden sie verstehen, daß die Frage nicht leicht zu beantworten ist, ob man beispielsweise der Volksrepublik China nicht doch Containerschiffe liefern soll. Im Falle der Volksrepublik erscheint es durchaus sinnvoll, Außenhandel und Menschenrechtspolitik gleichzeitig zu betreiben. Gerade chinesische Dissidenten ermutigen uns, die Wirtschaftsbeziehungen mit dem offiziellen China auszubauen, da die Anwesenheit westlicher Kaufleute und die Öffnung für westliche Kommunikationssysteme mittelfristig auch zu mehr Freiheit führen können. Haben wir nicht auch zu Zeiten des Kalten Krieges mit Moskau einerseits unsere Wirtschaftsbeziehungen ausgebaut und gleichzeitig uns offen für Dissidenten eingesetzt?

Es ist verständlich, daß Menschenrechtsorganisationen wie Amnesty International dazu neigen, in jeder Phase eine konsistente und nicht selektive Menschenrechtspolitik zu fordern. Aber Menschenrechte können nicht die einzige Grundlage der Außenpolitik sein. Immer wieder muß der Einzelfall geprüft werden. Immer wieder müssen wir uns die Frage nach unseren Einwirkungsmöglichkeiten, nach der taktisch richtigen Vorgehensweise und den konkreten Auswirkungen für die Menschen stellen. Aber diese Einschränkungen dürfen auf keinen Fall dazu dienen, Menschenrechtspolitik im Rahmen der Außenpolitik abzuwerten. Solche Versuche gibt es immer wieder, zumal in Zeiten wirtschaftlicher Rezession. Menschenrechtspolitik aber ist kein Luxus für gute Zeiten, sondern der Kern unserer politischen Existenz. Ein freiheitliches Selbstbewußtsein kann nur überleben, wenn es auch die Freiheit der anderen in den Blick nimmt. Unsere in der amerikanischen und Französischen Revolution begründete westlich-europäische Kultur bezieht ihre Stärke und Überlebenskraft letztendlich nicht aus der Höhe des Bruttosozialprodukts und der Größe des Waffenarsenals, sondern aus den Ideen von Menschenrecht und Freiheit.

3. Die Last der Erde – Zum Kairoer Bevölkerungsgipfel

Im September 1994 versammelten sich die Vertreter von 183 Staaten zur Dritten Internationalen Konferenz über Bevölkerung und Entwicklung in Kairo. Mehr als 5.000 Teilnehmer waren zusammengekommen, um eines der drängendsten Zukunftsprobleme der Menschheit zu lösen: das extreme Bevölkerungswachstum.

Zur Zeit leben nahezu 5,7 Milliarden Menschen auf der Erde. Jedes Jahr steigert sich diese Zahl um über 90 Millionen. In weniger als 40 Jahren hat sich die Weltbevölkerung mehr als verdoppelt. Sollte sich dieser Trend ungebremst fortsetzen, werden im Jahr 2025 8.5 Milliarden, im Jahr 2050 mindestens 10 Milliarden Menschen die Erde bevölkern – das hätte katastrophale Folgen für die gesamte Menschheit. Bereits seit 1984 hält die Wachstumsrate der Nahrungsmittelproduktion mit der Wachstumsrate der Weltbevölkerung nicht mehr Schritt. Doch nicht nur Lebensmittel, fast alle Ressourcen der Erde sind begrenzt. Eine ausreichende Versorgung aller ist schon heute nur noch ein Wunschtraum. Täglich verhungern 100.000 Menschen, davon allein 35.000 Kinder.

Zwar spielt sich der rasante Bevölkerungszuwachs in den Entwicklungsländern ab, doch können die Industriestaaten nicht gleichgültig abseits stehen. Sie sind nicht nur von den ökologischen Konsequenzen betroffen, auch der Migrationsdruck auf die reichen Länder des Nordens würde sich verstärken. Deshalb ist es sowohl die moralische Pflicht als auch das ureigenste Interesse der Industriestaaten zu einem kontrollierten Bevölkerungswachstum beizutragen. Der Norden, der mit 20 Prozent der Weltbevölkerung 80 Prozent der Weltressourcen verbraucht, trägt durch sein Verhalten in erheblichem Maße zur Armut in den anderen Teilen der Welt bei. Diese gemeinsame Verantwortung aller Länder wurde in Kairo prinzipiell festgestellt. Grundlegend ist dabei die Erkenntnis, daß die Bevölkerungsproblematik nicht isoliert betrachtet und gelöst werden kann: Sie steht in engem Zusammenhang mit Problemen der Armut, der Gesundheitsversorgung, der Menschenrechte, der Bildung, der Selbstbestimmung der Frauen sowie der Begrenztheit der natürlichen Lebensgrundlagen.

Die Länder des Nordens haben sich in Kairo dazu verpflichtet, ihre Ausgaben für Familienplanung auf 17 Milliarden Mark im Jahr 2000 zu steigern. Allerdings war heftig umstritten, was unter Familienplanung zu verstehen sei. Insbesondere der Vatikan, der sich gegen jede Form von Verhütungsmitteln aussprach, spielte neben einigen fundamentalistischen islamischen Ländern die Rolle des Bremsers. Dennoch wurden in Kairo Entscheidungen getroffen, die zu Hoffnung Anlaß geben. Das entscheidende Stichwort ist „empowerment of women", die Gleichstellung der Frau in Familie und Gesellschaft: Dazu gehören:

- die selbständige Entscheidung über das Heiratsalter;
- die freie Entscheidung über die Anzahl der Kinder und
- die freie Verfügbarkeit der dafür notwendigen Kontrazeptiva;
- die gesundheitliche Betreuung vor und nach der Geburt
- und die Bereitstellung von Informationen über die Möglichkeiten der Familienplanung.

Diese Vorgaben einzuhalten hängt wesentlich von Bewußtseinsveränderungen in der Dritten Welt und der Beseitigung der „Apartheid der Geschlechter" (UNICEF-Direktor James Grant) ab. Mani Rowley, Expertin für Bevölkerungsfragen, schilderte neulich ein erschütterndes Beispiel. Eine Inderin im Alter von 29 Jahren sagte ihr nach der Totgeburt des neunten Kindes: „Ich möchte keine Kinder mehr haben. Aber mein Körper gehört nicht mir. Er gehört meinem Mann." Die Stärkung der Position der Frau ist also ein entscheidender Punkt: Dazu gehören unabdingbar eine bessere Ausbildung der Frauen und Sexualaufklärung. Möglichkeiten der Verhütung zu kennen ist Voraussetzung für eine bewußte Familienplanung. Es ist empirisch belegt: Frauen mit Schulausbildung, die über Verhütungsmittel verfügen können, bekommen weniger Kinder. Allerdings darf die Familienpolitik keinesfalls die Rolle des Mannes unterschätzen. Aufgrund der oftmals patriarchalischen Strukturen in den Entwicklungsländern ist Familienplanung ohne oder gar gegen den Willen des Mannes unmöglich.

Doch die reichen Länder des Nordens müssen sich vor Arroganz hüten. Erstens sind sie durch ihre Ressourcenverschwendung die eigentliche Last der Erde. Zweitens wäre es verhängnisvoll, am Reißbrett ausgearbeitete Lösungskonzepte auf Länder mit verschiedenartigen Strukturen übertragen zu wollen. Der Vorwurf des „Kulturimperialismus" oder des „Bevölkerungsdiktats" wäre nicht unberechtigt. Politisch unterstützte Familienplanung muß daher immer einhergehen mit der Berücksichtigung kultureller, religiöser und ethnischer Besonderheiten. Ein vorbildliches Projekt der Familienplanung habe ich vor einigen Jahren in Bangladesch gesehen, wo mit Puppenspiel unter Bezugnahme auf den Koran Aufklärung geleistet wurde. Jede Form von Zwangsmaßnahmen oder von Repressalien gegen kinderreiche Familien, wie sie zum Beispiel China praktiziert, widerspricht den Menschenrechten und ist auf keinen Fall akzeptabel. Auch die EKD betont das Recht auf Kinder ebenso wie das Recht, keine Kinder zu bekommen.

Angesichts der riesigen Zahl der täglich durch Unterernährung oder mangelhafte medizinische Versorgung sterbenden Kinder offenbart sich aber zugleich eine andere ethische Komponente. Ist es nicht eine moralische Verpflichtung, dem geborenen Leben ein menschenwürdiges Dasein zu ermöglichen? Ist es nicht Aufgabe des handelnden Menschen, seine Familienplanung verantwortungsbewußt zu gestalten?

Dabei sind keinesfalls nur die Entwicklungsländer gefragt. Der Teufelskreis aus Armut und Überbevölkerung ist bekannt und nur mit Hilfe der industrialisierten Welt zu durchbrechen. Diese sollte ihr altes Versprechen, 0,7 Prozent des Bruttosozialprodukts als Entwicklungshilfe zur Verfügung zu stellen, nicht aus dem Auge verlieren. In der Bundesrepublik dürfen in diesem Zusammenhang aber auch die enormen Wirtschaftshilfen für den Osten Europas nicht übersehen werden. Von großer Bedeutung ist ferner privates Engagement, wie es in vorbildlicher Weise von der erst 1991 in Hannover gegründeten „Deutschen Stiftung Weltbevölkerung" geleistet wird. Das wichtigste aber ist eine veränderte, gerechtere Weltwirtschaftsordnung, die auch den Interessen der Entwicklungsländer Rechnung trägt. Nur wenn Nord und Süd gleichermaßen verstärkte Anstrengungen unternehmen, besteht berechtigte Hoffnung, das dringende Zukunftsproblem „Überbevölkerung" in den Griff zu bekommen. Kairo muß der Anfang, nicht das Ende einer Entwicklung sein.

4. Krieg und Völkermord in Bosnien beenden!

Dr. Friedbert Pflüger (CDU/CSU): Herr Präsident! Meine Damen und Herren! Ich finde es wichtig und notwendig, daß wir sachlich miteinander umgehen. Aber diese Sachlichkeit darf natürlich nicht dazu führen, daß dann alle Konfliktlinien einfach verwischt werden. Deshalb glaube ich schon, daß das, was der Kollege Schäuble heute vormittag im Blick auf die Grünen und das Zitat „Soldaten sind Mörder" getan hat, richtig und notwendig gewesen ist.

(Beifall bei der CDU/CSU sowie bei Abgeordneten der F.D.P. – Brigitte Schulte (Hameln) (SPD): Völlig unangebracht!)

Wir brauchen gar nicht unbedingt auf die Veranstaltung am 26. Oktober – eine beschämende Veranstaltung –, sondern nur auf den Parteitag der Grünen vom letzten Wochenende zu gucken, auf dem ganz am Anfang eine Truppe von 15 Leuten mit Schildern „Soldaten sind Mörder" in den Parteitag hineinkam und das Präsidium dann gesagt hat: Ihr habt für diese Demonstration zwei Minuten. Also ist doch diese Art der Demonstration offenbar von der Parteiführung genehmigt worden. Aus dieser Sache können Sie sich doch nicht herausreden.

(Beifall bei der CDU/CSU sowie bei Abgeordneten der F.D.P.)

Aber wir nehmen zur Kenntnis, daß der Abgeordnete Fischer und seine Mitstreiter nichts von diesem Zitat halten. Das ist schon ein Fortschritt; man ist ja in letzter Zeit bescheiden geworden.

(Beifall bei der CDU/CSU – Dr. Antje Vollmer (BÜNDNIS 90/DIE GRÜNEN): Arrogant ist man geworden!)

Es ist sowieso schon etwas verwunderlich: Ich bestreite niemandem, daß es für ihn schwer ist, und ich streite auch nicht ab, daß viele von Ihnen in Gewissensnöten sind und einen bestimmten Weg gegangen sind. Aber warum Sie eigentlich einen Bonus für neue Erkenntnisse, die meine Fraktion schon vor Jahren und Jahrzehnten gehabt hat und für die sie uns beschimpft haben, beanspruchen, das habe ich bis heute nicht verstanden.

(Beifall bei der CDU/CSU sowie bei Abgeordneten der F.D.P.)

Völlig richtig ist, was der Kollege Fischer gesagt hat: daß das Schweigen der Waffen noch keinen Frieden bedeutet, daß es jetzt darauf ankommt, die Entfeindung vorzunehmen und daß das Militär dafür nur die Voraussetzungen, den Rahmen schaffen kann. Der Frieden selbst muß natürlich von innen wachsen. Das ist völlig unbestritten. Wenn uns die Kollegin Nickels sagt, wir würden ziviles Engagement nicht wertschätzen, dann kann ich nur feststellen: Das Gegenteil ist der Fall. Gestern hat es im Katholischen Büro in Bonn ein Gespräch zwischen den Vertretern aller Fraktionen und Vertretern der Kirchen und Nichtregierungsorganisationen gegeben, mit dem Ziel, einen zivilen Friedensdienst, einen koordinierten Fachdienst im ehemaligen Jugoslawien aufzubauen, der helfen soll, verfeindete Ethnien und Religionen wieder zusammenzuführen. Wir tun also etwas auf diesem Gebiet, und das ist dringend erforderlich. Das müssen wir alle gemeinsam in diesem Haus machen und uns nicht darüber streiten.

(Beifall bei der CDU/CSU sowie bei Abgeordneten der SPD)

Dann hat die Frau Kollegin Nickels gesagt, wir würden Gewaltfreiheit und Pazifismus geringschätzen. Auch das ist nicht wahr, Kollegin Nickels. Ich glaube nur, daß man hier zwischen einer individualethischen Position und der Sozialethik unterscheiden muß. Der einzelne kann sagen: Ich will keine Waffe in die Hand nehmen; ich will mich dem Ganzen entziehen. Wir haben das immer respektiert. Es steht sogar in unserer Verfassung, daß einer, der wirklich Pazifist ist, natürlich geschützt werden muß. Der einzelne kann also den Dienst an der Waffe verweigern. Aber der Staat kann doch nicht die Verteidigung von Freiheit und Menschenrechten verweigern. Das ist der entscheidende Unterschied, den ich Sie zu verstehen bitte.

(Beifall bei der CDU/CSU und der F.D.P.)

Vizepräsident Burkhard Hirsch: Herr Kollege Pflüger, gestatten Sie eine Zwischenfrage der Abgeordneten Nickels?

Dr. Friedbert Pflüger (CDU/CSU): Bitte.

Christa Nickels (BÜNDNIS 90/DIE GRÜNEN): Herr Pflüger, würden Sie mir zugestehen, daß gewaltfreie Optionen nicht als individualethische Einzelmeinungen denunziert werden dürfen, sondern endlich in ihrer strategischen Bedeutung für Friedensschaffung und Friedenssicherung anerkannt werden müssen?

Zweitens. Ich begrüße, was Sie da sagten. Mir als Pax-Christi-Mitglied ist dieser Kontakt im Katholischen Büro bekannt. Endlich ist er zustande gekommen. Die Einbringung eines Gesetzes über den zivilen Friedensdienst in den Bundestag ist absolut nötig. Ich möchte Sie fragen, ob Sie bereit sind, in Ihrer Fraktion alles dafür zu tun, daß wir das spätestens im nächsten Jahr im Bundestag beschließen können. Dann hätten wir in diesem Bereich endlich einmal etwas Handfestes auf den Weg gebracht.

(Beifall beim BÜNDNIS 90/DIE GRÜNEN
sowie bei Abgeordneten der SPD)

Dr. Friedbert Pflüger (CDU/CSU): Frau Kollegin, Sie sind Mitglied von Pax Christi. Dann werden Sie wahrscheinlich auch die Erklärung des Vorstandes von Pax Christi vom August gelesen haben, in der gesagt worden ist: Wir halten daher um der Glaubwürdigkeit unseres Friedenswillens ein künftiges militärisches Eingreifen dann für gerechtfertigt, wenn, wie im Fall von Srebrenica, Menschen in unerträglichem Maße schutzlos der Gewalt von Aggressoren ausgeliefert sind. – Das ist genau richtig. Das ist ein wichtiger Denkprozeß, den Pax Christi mitgemacht hat. Wir wollen nicht gewaltfrei schaffende Leute, die sich dort engagieren, die wir alle in unseren Wahlkreisen haben, diffamieren. Es ist großartig, daß sie sich dort engagieren, und wir danken ihnen dafür. Aber das wird doch jetzt dadurch leichter, daß die Friedensmission dort eingreift und den Menschen hilft, daß sie ihre zivilen Aufgaben wahrnehmen können, ohne daß ihnen Bomben auf den Kopf fallen. Darüber sollten wir uns doch beide gemeinsam freuen, anstatt uns das gegenseitig vorzuwerfen.

(Beifall bei der CDU/CSU und der F.D.P.)

Vizepräsident Dr. Burkhard Hirsch: Herr Pflüger, gestatten Sie eine zweite Frage von Frau Nickels?

Dr. Friedbert Pflüger (CDU/CSU): Nein. Ich möchte jetzt fortfahren, Frau Kollegin. Ich bitte um Verständnis.

Es hat meines Erachtens nichts mit Moral zu tun, und es hat vor allen Dingen nichts mit höherer Moral zu tun, wenn Menschen, die vom Völkermord bedroht werden, die Hilfe verweigert wird.

Wir wissen aber sehr gut, daß der militärische Einsatz nicht das Ziel, sondern nun der Rahmen ist. Das Ziel liegt im Aufbau von Strukturen eines friedlichen Zusammenlebens. Das haben wir nicht erst seit kurzem begriffen, sondern das ist die Politik dieser Bundesregierung von Anfang an. Es sind fast 1 Milliarde DM in bilaterale und europäische Hilfe geflossen, die wir an das ehemalige Jugoslawien geben. Wir haben die UN- Friedenstruppen unterstützt. Wir haben Herrn Koschnick bei seiner Mission in Mostar unterstützt. Hier ist doch unendlich viel gemacht worden, was mit Militär überhaupt nichts zu tun hat.

Bei dieser Gelegenheit darf ich ein Wort zu dem sagen, was der Kollege Gysi und der Kollege Duve miteinander ausgetragen haben. Wir haben unter anderem auch etwa 330 Schützenpanzer und noch mehr, nämlich 450 schwere Lkws an die UN-Einheiten im ehemaligen Jugoslawien abgegeben, kostenlos. Das Friedensinstitut SIPRI hat aber dafür einen Betrag von 40 Prozent des Neuwertes angerechnet. Auf diese Weise, Herr Kollege Gysi, kommen solche Rechnungen zustande, nach denen die Bundesrepublik Deutschland auf Platz 2 der Hitliste bei den Waffenexporten steht. Diese Zahlen haben nichts mit der Wirklichkeit zu tun, überhaupt nichts.

(Beifall bei der CDU/CSU und der F.D.P. sowie bei Abgeordneten der SPD – Günther Friedrich Nolting (F.D.P.): Das stimmt! Das Schlimme ist: Er weiß das!)

Es ist ein Märchen, daß Deutschland die Dritte Welt mit Waffen überschwämmen würde. Wahr ist, daß 98 Prozent unserer Rüstungsexporte in NATO-Länder und in skandinavische Länder gehen. Das hat mit all dem, was Sie hier als Fata Morgana aufbauen, absolut nichts zu tun, Herr Kollege Gysi. Das muß in diesem Hause endlich einmal gesagt werden.

(Beifall bei der CDU/CSU und der F.D.P. sowie bei Abgeordneten der SPD)

Was wir abgeben, ist doch in erster Linie NVA-Material. Das wissen Sie doch auch. Das ist das Erbe, das wir übernommen haben, das es jetzt zu verwalten gilt. Daher kommen diese Zahlen.

(Beifall bei Abgeordneten der CDU/CSU und der F.D.P.)

Wir haben uns an die Politik des „Frieden schaffen mit immer weniger Waffen" gehalten. Wir sind die Partei, die abgerüstet hat, mehr als jemals zuvor abgerüstet worden ist. Wir sind nämlich nicht der zweitgrößte Waffenexporteur, sondern wir sind der größte Waffenvernichter in der Welt.

(Beifall bei der CDU/CSU und der F.D.P.)

Wir haben nämlich seit 1992 fast 1 Milliarde DM ausgegeben, um altes NVA-Material zu verschrotten. Wir sind das Land, das als erstes in Europa die Vereinbarungen des KSE-Vertrages, dem im Jahre 1990 22 Nationen beigetreten sind, erfüllt und 8.600 Systeme verschrottet hat. Wir sind es, die einen Verzicht auf ABC-Waffen für alle Zeiten erklärt haben. Wir hatten nach der Wiedervereinigung 700.000 Soldaten unter Waffen, heute sind es 340.000. Der Verteidigungshaushalt betrug 1975 ein Fünftel des Gesamthaushaltes. Heute beträgt er ein Zehntel. Wir haben in den letzten Jahren auf allen Gebieten abgerüstet. Das sollten Sie zur Kenntnis nehmen und nicht ein gegenteiliges Märchen in diesem Raum verbreiten.

(Beifall bei der CDU/CSU und der F.D.P.)

Wir haben wahrlich in diesem Moment keine leichte Finanzlage. Trotzdem ist es – ich betone es – den Haushältern aller Parteien gelungen, zusammen mit dem Unterausschuß Abrüstung dafür zu sorgen, daß die Mittel für Minenräumen im Haushalt von 3 auf 13 Millionen DM erhöht werden.

(Beifall des Abg. Eckart Kuhlwein (SPD))

Ich finde, das ist eine Leistung, die man nicht geringschätzen sollte, auch eine Leistung dieses Parlamentes. Aber bitte verzichten Sie in Zukunft darauf, draußen im Lande, dort, wo es Ihnen gefällt, den Eindruck zu vermitteln, als würde hier nur aufgerüstet. Das Gegenteil ist doch der Fall, Herr Gysi.

(Beifall bei der CDU/CSU und der F.D.P.)

Es gibt keine Militarisierung von Staat und Gesellschaft in der Bundesrepublik Deutschland. Es gibt sie nicht. Die Daytoner Vereinbarung ist ein weiterer Beweis dafür. Was nämlich in der Diskussion bisher völlig untergegangen ist, ist die Tatsache, der auch Herr Kollege Fischer nicht gerecht geworden ist: Sie haben vom Waffenembargo gesprochen und sich dagegen ausgesprochen, daß es aufgegeben wird. Herr Kollege Fischer, Sie haben aber verschwiegen, daß dieses Waffenembargo nicht „einfach so“ aufgehoben wird. Vielmehr wird das in ganz konkrete rüstungskontrollpolitische Maßnahmen eingebettet, in ganz konkrete Obergrenzen, die vereinbart wurden.

(Joseph Fischer (Frankfurt) (BÜNDNIS 90/DIE GRÜNEN): Wir hoffen, daß das funktioniert!)

Das ist im übrigen ein Erfolg dieser Bundesregierung, die die Abrüstungsvereinbarungen in Dayton durchgesetzt hat. Auch das muß hier auf den Tisch; denn auch das trägt zu der Politik bei: Frieden schaffen mit immer weniger Waffen. – Dieses Versprechen hat die CDU/CSU/F.D.P.-Koalition eingehalten.

(Beifall bei der CDU/CSU und der F.D.P.)

Ich komme zum Schluß und möchte auf etwas hinweisen, was keineswegs selbstverständlich war, nämlich daß zum Beispiel auch die Evangelische Kirche in Deutschland in den letzten Jahren einen gewaltigen Diskussionsprozeß geführt und jetzt auf ihrer Friedenssynode sehr wichtige Beschlüsse gefaßt hat. Der Präsident des Rates der EKD, Bischof Engelhardt, hat am 10. November in Friedrichshafen folgendes gesagt: Inzwischen zeichnet sich ab, daß der Einsatz militärischer Gewalt die Verantwortlichen in Bosnien verhandlungsbereiter gemacht und damit die Menschen im ehemaligen Jugoslawien dem Frieden einen Schritt nähergebracht hat. Ich halte die vom Bundestag getroffene Entscheidung für richtig. Was friedensethisch und friedenspolitisch für die anderen Staaten der Vereinten Nationen gilt, gilt auch für Deutschland. Nichts anderes wollen wir. Wir wollen keine Muskelspiele; wir wollen keine Großmachtgefühle, keine Kanonenpolitik, sondern wir wollen ganz bescheiden und ohne Hurra unseren Beitrag leisten – nicht mehr und nicht weniger.

(Beifall bei der CDU/CSU und der F.D.P.)

5. Griechenland – Im Herzen von Europa

Bei einem offiziellen Abendessen im vergangenen Jahr sitze ich neben einem pensionierten, durchaus bekannten Verteter der deutschen Bankenwelt. Wir sprechen über die europäische Einigung und kommen dabei schließlich auf Griechenland zu sprechen. Da fährt der ältere Herr plötzlich auf: Griechenland dürfe eigentlich gar nicht bei der Europäischen Union mitmachen. Das Land sei rückständig, in keiner Weise westlich-europäisch, sondern viel stärker durch orthodox-slawische und mediterrane Einflüsse geprägt. Griechenland sei unberechenbar, hege und pflege anti-amerikanische Vorurteile und sei nur solange pro-europäisch, wie die Gemeinschaft kräftig zahle. Griechenland, das sei ein typisches Balkanland, wo man es mit Rechtsstaatlichkeit nicht so genau nehme, die Korruption blühe und eine polarisierte Demokratie herrsche. Das Land sei ständig im Streit mit den Nachbarn, habe dem Völkermord der Serben tatenlos, ja sogar mit klammheimlicher Sympathie – zugesehen und würde ständig Spannungen zwischen der strategisch viel wichtigeren Türkei und dem Westen schüren. Kurzum: Griechenland bereite nur Ärger, zuletzt in Mazedonien. Es gehöre gar nicht zu Europa, sondern sei eine Belastung für den Einigungsprozeß.

Vielleicht wollte mein Gesprächspartner mich nur provozieren. Ich aber blieb, nach einer Schrecksekunde, sachlich und versuchte auf seine Anwürfe mit Argumenten zu reagieren. Mochte nämlich die Tirade meines Tischnachbarn auch überzogen sein, so geistern doch die ihr zugrundeliegenden gedanklichen Muster in der einen oder anderen Form durch die Vorurteilswelt eines Teils der deutschen Eliten.

Zunächst aber wollte ich dem Herrn etwas näher auf den Zahn fühlen. Was ihn zu seiner pauschalen antigriechischen Haltung gebracht habe, wollte ich wissen. Der Gesprächspartner ging sofort in Deckung. Nein, antigriechisch sei er wahrlich nicht. Im Gegenteil, betrachte er sich als Philhellenen. Er sei Altsprachler und liebe die griechische Antike. Er begann von Tempeln und Göttern zu schwärmen und erwies sich als Experte des Alexander-Feldzuges. Schließlich lobte er auch noch das Urlaubsland Griechenland, den Ouzo, die

Gastfreundschaft und die Freundlichkeit, allerdings mit Ausnahme der Athener Taxifahrer.

Wenn er über das antike Hellas so gut Bescheid wisse, so gebe ich in meiner Antwort zu bedenken, wie könne er denn dann Griechenland aus Europa herausreden. Das sei schlechterdings schon deshalb unmöglich, weil der Begriff Europa der griechischen Mythologie entstamme. Sicher kenne er die Sage vom Raub der Europa durch den göttlichen Stier. Schon für die griechischen Seefahrer der Kolonisationszeit war eine der großen Fahrtrichtungen „Europa", neben „Asien" und „Libyen". Die ersten Hochkulturen auf europäischem Boden und der europäische Geist hatten sich nicht in Zentraleuropa gebildet, sondern im südlichen Raum. In Griechenland gab es schon eine europäische Hochkultur, als in Mittel- und Nordeuropa noch frühgeschichtliche Lebensformen vorzufinden waren. Wenn überhaupt irgend jemand Anspruch auf den Namen Europa hat, dann Griechenland. Sogar die 12 Sterne der europäischen Fahne stellten in der griechischen Überlieferung das Symbol der Vollkommenheit und der Einheit dar.

Vor allem aber – so argumentiere ich weiter – sei die ganze europäisch-westliche Zivilisation wesentlich im alten Hellas begründet worden, nicht zuletzt wurzelten Demokratie und Menschenrechte in der griechischen Philosophie und Staatskunst. Schon im 5. Jahrhundert vor Christus hätten die Sophisten die Auffassung vertreten, daß es ein Naturrecht gäbe, das höher und besser als die bestehenden Gesetze sei und allen Menschen gleiche Freiheitsansprüche verleihe. Alkidamos, Schüler des Gorgias von Leontinoi, lehrte schon damals, daß Gott alle Menschen frei geschaffen und niemanden zum Sklaven vorherbestimmt habe. Auch Aristoteles unterschied zwischen dem natürlichen und dem gesetzlichen Recht. Im Rahmen der Weltreichbildung durch Alexander den Großen wurde die Grundlage dafür geschaffen, daß sich die griechische Kultur ihres nationalen Charakters entkleidete. Sprache, Philosophie, Kunst und Architektur der Hellenen breiteten sich im gesamten Mittelmeerraum aus und wirkten prägend auf viele andere Völker. Das griechische Geistesleben entwickelte sich zu einer Art kosmopolitischer Menschheitskultur, den „Hellenismus". Eine der geistigen Grundlagen des Hellenismus war die Philosophie der Stoa, welche die Idee von der Allgemeinheit und Gleichheit des Menschengeschlechts vertrat. Gerechtigkeit, Menschenliebe und die Fähigkeit des Menschen zur Vernunft bildeten die Maxime der Stoiker. Ihre Philosophie sollte nicht nur für die freien Bürger, sondern für alle Menschen, einschließlich der Sklaven und Barbaren, gelten. Mit dieser Auffassung wurde der Horizont der Griechen über die Enge des Stadtstaates geweitet. Zenon sah bereits alle Menschen als „Mitbürger" an. Mit dieser Erkenntnis aus dem 3. Jahrhundert v.Chr. sind die Griechen doch europäischer gewesen als manche heute bei uns, oder nicht? Europa ohne Griechenland, das sei wie Philosophie ohne Aristoteles oder Mathematik ohne Pythagoras.

Mein Gesprächspartner entgegnet ungerührt, daß er die Errungenschaften der Antike ebenso würdige wie ich. Man könne den Beitrag der alten Griechen für die europäische Zivilisation gar nicht hoch genug schätzen. Ihm aber ginge es bei seiner Kritik um das heutige Griechenland. Das sei leider alles andere als ein Volk von antiker Geistesgröße. Wir lebten nicht mehr im 5. Jahrhundert v. Chr., sondern im 20. Jahrhundert. Da hätte sich vieles geändert.

Ich antworte, daß auch das moderne Griechenland keinen Vergleich zu scheuen brauche. Erst bewahrten die Griechen in der Neuzeit ihre Sprache, Religion, Kultur und Identität auch während einer jahrhundertelangen Unterdrückung durch das osmanische Reich. Sie befreiten sich selbst in einem grandiosen Unabhängigkeitskampf („Freiheit oder Tod"), dabei übrigens unterstützt von vielen jungen Deutschen. Und auch in unserem Jahrhundert hätten die Griechen durchaus Anlaß zum Stolz: Kaum ein anderes Land hätte sich dem größten Feind aller europäischen Zivilisation, Adolf Hitler, so entgegengestellt und so mutig für die Werte unserer westlichen Zivilisation gegen den totalitären Aggressor gekämpft. Die Griechen hätten der Invasion durch Nazi-Deutschland das „Ochi" (Nein) entgegengeschleudert und wichtige deutsche Truppenkontingente gebunden, die dann beim Kampf im Osten fehlten. Vor allem aber hätte Griechenland vor der Geschichte keinen Holocaust zu verantworten. Sicher, wir Deutschen könnten mit einigem Stolz auf immerhin fünf Jahrzehnte Demokratie zurückblicken, während in Griechenland zwischen 1967 und 1974 eine Militärjunta herrschte. Aber schließlich habe der Westen zu wenig getan, um die Obristen zu verhindern bzw. loszuwerden. Schließlich hätten die Griechen die Ketten der Diktatur selbst gesprengt und verfügten nun seit über zwei Jahrzehnten über eine recht stabile Demokratie.

Gerade dies aber bestreitet mein Nachbar entschieden. Nicht demokratische Strukturen und verfassungsgemäße Spielregeln beherrschten das Land, sondern charismatische Führer mit ihrer irrationalen Gefolgschaft. Das politische Leben in Griechenland sei unberechenbar, emotional und polarisiert. Hinzu komme, daß Griechenland von alten Männern regiert würde. Diese verfügten schon lange nicht mehr über die notwendige Kraft, um veraltete Strukturen aufzubrechen und das Land den Modernisierungsschub zu geben, den es für eine Zukunft in der EU dringend benötige.

Hier muß ich einräumen, daß mein Gesprächspartner teilweise recht hat. Auch meiner Meinung nach (und ebenso in den Augen unzähliger Griechen) braucht das Land neue politische Persönlichkeiten, junge, dynamische Politiker und Politikerinnen, die es verstehen, aus dem großen Potential des kleinen Landes mehr zu machen. Aber kann man deshalb pauschal die Stabilität und Funktionsfähigkeit der griechischen Demokratie in Frage stellen? Immerhin hat es seit 1974 zwei tiefgreifende Machtwechsel gegeben. Waren diese etwa nicht verfassungsmäßig? Wurden sie von der jeweiligen Opposition etwa nicht toleriert? Griechenland ist nach meinem Urteil ein freies Land mit einer freien Presse, funktionierender Gewaltenteilung und einer stark politisierten und engagierten Bevölkerung. Daß die innerparteiliche Demokratie unter Papandereou nicht wenig litt und manchmal zur „Demokratur" zu verkommen drohte, daß mehr Persönlichkeiten als Parteien gewählt werden – gibt es solche Phänomene nicht auch in anderen europäischen Ländern? Wir wollen doch ein europäisches Deutschland, kein deutsches Europa. Also sollten wir uns nicht anmaßen, unsere spezifischen Demokratieerfahrungen zu verallgemeinern. Europa besteht nun einmal aus verschiedenen Traditionen und Mentalitäten – und das soll auch so bleiben. Wir Deutschen sollen uns nicht einbilden, alles immer besser zu können und alles reparieren zu müssen – gerade in Sachen Demokratie nimmt uns das sowieso kaum jemand ab zwischen Epirus und Kreta.

Erfreulicherweise gibt mir mein Nachbar das erste Mal Recht. Auch er wolle nicht zurück zu einer Politik „am deutschen Wesen soll die Welt genesen". Aber die Griechen trieben es gar zu bunt. Was ihn immer wieder ärgere sei die destruktive Haltung Griechenlands innerhalb der EU. Man halte gegenüber den Partnern die Hand auf und kassiere ab, tue andererseits aber nichts, um die griechische Wirtschafts- und Sozialordnung zu reformieren. Der öffentliche Dienst wachse, notwendige Privatisierungen würden verschleppt – wenn Athen nicht aufpasse, würden Länder wie Ungarn, Polen oder Tschechien bald besser dastehen als Griechenland. Kaum irgendwo in Europa gäbe es noch so viel Ineffizienz und Sozialismus. Das alles habe mit der mediterranen Mentalität zu tun, nicht zuletzt aber auch mit einem latenten Anti-Amerikanismus, vor allem bei der regierenden PASOK.

In einem Punkt stimme ich zu. In der Tat braucht Griechenland eine umfassende Liberalisierung der Wirtschaft. Die griechische Sozialversicherung mit ca. 300 Kassen erscheint chaotisch und schwerfällig. Trotz hoher Sozialversicherungsbeiträge gibt es enorme Finanzprobleme. Das Gesundheitswesen ist nur wenig leistungsfähig, in den meisten Krankenhäusern fehlen Pflegepersonal, Ausstattung, teilweise auch Arznei- und Betriebsmittel. Die Arbeitslosenversicherung kann mit niedrigen Leistungen und kurzer Leistungsdauer den sozialen Abstieg Arbeitsloser nicht verhindern. Eine Sozialhilfe existiert nach wie vor nicht (abgesehen von einer Volksgrundrente). Vor allem aber dauern Entscheidungen über größere Infrastrukturprojekte wie die Metro in Athen und Tessaloniki oder der Flughafen bei Sparta viel zu lange, die Bürokratie ist noch aufgeblähter und ineffizienter als an anderen Orten Europas und die nach wie vor mächtigen Gewerkschaften verhindern immer wieder Versuche von Privatisierungen (z.B. der Telefongesellschaft oder der Athener Busbetriebe). Andererseits aber sollte man nicht verkennen, daß Griechenland – nicht zuletzt vor dem Hintergrund des Maastricht-Vertrages – in den letzten Jahren große Anstrengungen unternommen habe. Hatte Ministerpräsident Andreas Papandreou während seiner ersten Regierungsperiode in den 80er Jahren noch sozialistische Visionen verfolgt, so fuhr er in der zweiten Regierungszeit einen sehr viel pragmatischeren Kurs. Die PASOK Papandreous hat die Austeritätspolitik des Vorgängers im wesentlichen fortgeführt. Nullrunden bei den Löhnen im öffentlichen Dienst und staatliche Ausgabendisziplin haben dazu geführt, daß die Inflationsrate im Mai 1995 zum ersten Mal nach 21 Jahren unter 10 % sank. Die Staatsverschuldung ist noch immer viel zu hoch, hat sich aber in den letzten Jahren nicht verschlechtert. Man spürt die Wirkung der Maastricht-Kriterien. Daß diese Entwicklung gemessen an den Standards der meisten anderen europäischen Länder noch immer zu wünschen übrig läß, ist auch der griechischen Regierung klar. Aber man kann durchaus die These vertreten, daß Griechenland in den letzten drei Jahrzehnten die gewaltigsten Strukturveränderungen Europas zu verkraften hatte. Die traditionelle Agrargesellschaft ist in einen modernen Industriestaat verwandelt worden. Gab es noch vor wenigen Jahrzehnten vor allem auf dem Lande große Not, so ist heute der Lebensstandard in Griechenland im allgemeinen weitaus höher, als es offizielle Statistiken vermuten lassen. Griechenland müsse in der Tat noch gewaltige Anstrengungen unternehmen, um den Anschluß an den europäischen Partner herzustellen. Daß es aber nur die Hand aufgehalten hätte, sei eine zu einfache Betrachtung.

Was den Vorwurf des Antiamerikanismus angeht, so leugne ich nicht, daß Papandreou zwischen 1981 und 1989 überall im Westen, und vor allem in Amerika, tiefe Irritationen geweckt habe. Er hatte zeitweise abenteuerliche Annäherungsversuche an die Sowjetunion oder gar an Libyen unternommen, seine Sonderrolle im Bündnis überbetont und war so für die meisten Partner manchmal schwer erträglich. Aber unter Papandreous Nachfolger Mitsotakis und auch in der zweiten Amtszeit Papandreous (ab 1993) hatte sich das entscheidend geändert. Griechenland segelte fortan eindeutig auf Festkurs. In keinem Parlament erzielte der Maastricht-Vertrag eine größere Mehrheit als in Athen und das Verhältnis zu den USA entwickelte sich ausgezeichnet. Hinsichtlich der griechischen Sorgen gegenüber einer potentiellen Aggression der Türkei, vor allem aber im Blick auf die Zypern- und Mazedonien-Frage fand Griechenland oft mehr Verständnis und Unterstützung in Washington als in Bonn, Kopenhagen und Den Haag. So jedenfalls empfanden es viele Griechen.

Daß Griechenland hinsichtlich Zyperns und Mazedoniens für die EU oft kein einfacher Partner ist, kann leicht erklärt werden. Beide Länder und die damit zusammenhängenden Probleme gehören zum Kern des nationalen griechischen Interesses und werden deshalb mit Vehemenz vorgetragen. Gerade wir Deutschen müssen dafür ein gewisses Verständnis aufbringen. Denn auch wir hatten unsere westlichen Partner über Jahrzehnte mit „querelles allemandes" genervt. Man denke nur an die Hallstein-Doktrin. Damals hatten wir von unseren Partnern verlangt, unsere nationalen Interessen zu verstehen und sich entsprechend zu verhalten. Hat das kleine Land Griechenland nicht dasselbe Recht? Kümmern wir uns genügend um Zypern, schätzen wir die potentielle Gefahr durch die Teilung der Insel und türkische Annexionsgelüste richtig ein? Dürften wir uns, nachdem die Mauer in Berlin gefallen ist, mit der „grünen Linie", der Teilung Nikosias, abfinden?

Hinsichtlich der Mazedonien-Frage bin ich wahrlich nicht immer einer Meinung mit der griechischen Regierung gewesen. Athen hat hier ohne Zweifel Fehler gemacht, nicht zuletzt in der unzureichenden Erklärung ihrer Bedenken. Trotzreaktionen und nicht Überzeugungsanstrengungen hatten die griechische Haltung über weite Strecken diktiert. Andererseits aber: Ohne die harte Haltung Griechenlands, die z.B. im Handelsembargo gegen Skopje zum Ausdruck kam, hätte die dortige Regierung in den letzten Monaten nicht eingelenkt und großmazedonischen Ansprüchen durch Staatsflagge und Verfassung entsagt. Und wäre nicht Athen vielleicht viel früher kompromißbereit gewesen, wenn es in Europa mehr grundsätzliches Verständnis für seine entsprechenden Sorgen gefunden hätte?

Ähnlich kann man im übrigen auch mit Blick auf die Türkei argumentieren. Ich bin ein entschiedener Befürworter einer guten Nachbarschaft zwischen beiden Ländern, ähnlich wie sie einmal zu Beginn der 30er Jahre zwischen Atatürk und Venizelos bestand. Auch mir erscheinen manchmal die Sorgen in Athen vor einer möglichen türkischen Aggression übertrieben. Aber auf der anderen Seite kann ich nachvollziehen, daß Griechenland gegenüber dem großen Nachbarn im Osten Ängste entwickelt, zumal vor dem Hintergrund der jahrhundertelangen Okkupation durch die Türken. Außerdem gibt es immer wieder Drohungen aus der Türkei, auch bewußte Provokationen, etwa durch die systematische Verletzung des Luftraumes. Als Griechenland 1995 die UN-Seerechtskonvention ratifizierte, die eine 12 Seemeilenzone vorsieht, erklärte Ankara, daß die Umsetzung dieser Konvention einen „Kriegsgrund" darstellen würde – obwohl Athen doch ausdrücklich erklärt hatte, keine entsprechenden Schritte einzuleiten.

Man registrierte in Athen sehr genau, daß es kaum nennenswerte Proteste gab, als die Türkei Anfang März 1995 erklärte, Ankara behalte sich für den Fall eines EU-Beitritts Zyperns die Einverleibung des Nordteils der Insel vor. Ist es vor diesem Hintergrund wirklich verwunderlich, wenn man in Athen befürchtet, daß EU und NATO im Falle einer Verletzung des Völkerrechts durch Ankara auf Tauchstation gehen würden? Kann man sich in Athen wirklich auf die Solidarität der westlichen Partner verlassen, vor allem wenn deren Aufmerksamkeit durch andere Krisengebiete (Bosnien) gefesselt wird? Griechenland kann man nur verstehen, wenn man sich die schwierige geographische und historische Lage vergegenwärtigt. Das bedeutet keineswegs, Griechenland bei allen seinen Einschätzungen zu folgen. Aber einen Anspruch auf besseres Verständnis seiner Situation hat Griechenland schon.

Schließlich – wir sind längst beim Nachtisch – wendet sich das Gespräch dem Konflikt im ehemaligen Jugoslawien zu. Mein Gesprächspartner behauptet, daß Griechenland einseitig Serbien unterstützt und die Handelssanktionen der internationalen Staatengemeinschaft gegen Belgrad unterlaufen habe. Letzteres, so halte ich entgegen, sei zwar immer wieder behauptet worden, Beweise aber gebe es für eine systematische Verletzung von UN-Beschlüssen durch Griechenland nicht. Wohl habe es in Griechenland Fälle gegeben, wo einzelne Firmen Geschäfte mit Belgrad trotz entsprechender Verbote getätigt hätten – das aber seien illegale Aktionen gewesen. Der griechische Staat jedenfalls habe nach meiner Kenntnis solche Verletzungen internationaler Vereinbarungen weder selbst initiiert noch geduldet. Das würde inzwischen auch von niemandem mehr behauptet.

Was das generelle Verhältnis der Griechen zu den Serben angeht, so verweise ich auf die geschichtlich gewachsene Freundschaft zwischen beiden Völkern. Beide sind griechisch-orthodox, beide litten gemeinsam unter dem osmanischen Joch, beide kämpften Seite an Seite gegen Hitler-Deutschland. Auch unter Tito brachen die besonderen Beziehungen nie ab. Das bedeutet aber keineswegs, daß Griechenland etwa „ethnische Säuberungen" für richtig hielt oder gar Massaker an Zivilisten, Vergewaltigungen usw. Eine pauschale Verurteilung „der Serben" allerdings habe es in Griechenland nicht gegeben. Nach meinem Eindruck habe es andererseits aber eine größere Sensibilität für Kriegsverbrechen von Kroaten und Bosniaken gegeben als anderswo. Einseitige Betrachtungen der Situation im ehemaligen Jugoslawien habe es jedenfalls nicht nur in Athen gegeben. Weitgehend vergessen erscheint mir schließlich die überaus konstruktive Rolle der Regierung Mitsotakis, die Anfang 1993 in die

Vereinbarung von Vouliagmeni mündete und schon damals Frieden bedeutet hätte, wenn nicht das serbische Parlament in Pale in letzter Minute die Vereinbarungen abgelehnt hätte. Ich wolle wahrlich nicht alle Äußerungen und Handlungen Athens verteidigen, aber auch die EU in ihrer Gesamtheit habe sich im Jugoslawien-Krieg kein Ruhmesblatt verdient.

Mir geht es nicht um eine unkritische Glorifizierung Griechenlands. Im Gegenteil würde ich gegenüber Griechen manchen Akzent erheblich kritischer setzen als in meiner „Verteidigung" gegenüber dem süddeutschen Bankier. Mir geht es um eine faire Betrachtung Griechenlands. Es ist die Wiege Europas. Wir brauchen es als Stabilitätsanker auf dem Balkan und der Südostflanke der NATO. Wir wissen nicht, wie sich die innenpolitische Situation in der Türkei in den nächsten 10 Jahren entwickelt. Ist es da nicht in unserem ureigensten Interesse, den griechischen Partner besser zu verstehen und mehr zu pflegen? Worauf Griechenland als unser EU-Partner ein Recht hat, ist Zuwendung, Interesse und kritische Sympathie. Daß Griechenland eine solche Haltung zuweilen durch eine klarere Politik, durch eine bessere Darstellung seiner Motive und Verzicht auf spektakuläre Überraschungsaktionen erleichtern könnte – das allerdings ist auch wahr.

6. Lukaschenko – Der letzte Erbe Stalins

Dr. Friedbert Pflüger (CDU/CSU): Herr Präsident! Meine Damen und Herren! Gerhard Schröder hat sich mit dem weißrussischen Diktator Lukaschenko, dem letzten Erben Stalins, im Gästehaus der niedersächsischen Landesregierung getroffen. Er verstößt damit gegen die mühsam vereinbarte Politik der EU, der Bundesregierung und des Deutschen Bundestages. Dieses Treffen war ein Fehltritt.

(Beifall bei der CDU/CSU und der F.D.P.
sowie des Abg. Gerd Poppe (BÜNDNIS 90/DIE GRÜNEN))

Es ist wünschenswert, wenn sich ein führendes deutsches Unternehmen wie Conti in Weißrußland neue Märkte erschließt und Konkurrenten aussticht. Es ist gut und allgemein üblich, wenn Ministerpräsidenten einzelne Unternehmungen ihrer Bundesländer unterstützen. Aber diese Hilfsbereitschaft hat dort ihre Grenzen, wo übergeordnete politische Interessen und Vereinbarungen unterlaufen werden. Die verständliche Anfrage von Conti-Chef von Grünberg hätte Gerhard Schröder freundlich, aber entschieden ablehnen müssen.

(Beifall bei der CDU/CSU und der F.D.P.)

Es kann im deutschen Interesse sein und langfristig auch Menschenrechte befördern, mit Ländern wirtschaftlich zusammenzuarbeiten, die keine freiheitliche politische Verfassung haben. In diesem Fall aber wird ein schwacher Diktator ohne jede Not salonfähig gemacht. Die wachsende demokratische Opposition in Minsk wird entmutigt.

(Beifall bei der CDU/CSU und der F.D.P. –
Dr. Wolfgang Weng (Gerlingen) (F.D.P.): Und Verheugen schweigt!)

So wie die Sozialdemokraten in den 70er und 80er Jahren die Solidarność in Polen und die Charta 77 in der Tschechoslowakei links liegen ließen,

(Widerspruch bei der SPD)

so mißachtet Herr Schröder nun die Charta 97, die Menschenrechtsbewegung in Weißrußland.

(Beifall bei der CDU/CSU und der F.D.P.)

Herr Lukaschenko hat laut Deutschlandradio am 22. April folgendes gesagt: Hitler schuf den deutschen Staat durch eine starke Präsidialmacht; das ist genau unsere Auffassung von der Rolle eines Präsidenten.

(Zurufe von der CDU/CSU: Hört! Hört! –
Günter Verheugen (SPD): Warum haben Sie denn einen Botschafter dort?)

Ich finde, er ist ein Gesprächspartner für Herrn Frey und Herrn Schirinowskij, aber nicht für Herrn Schröder.

(Beifall bei der CDU/CSU und der F.D.P. –
Günter Verheugen (SPD): Auch nicht für den deutschen Botschafter?)

Dann höre ich, es gehe doch um Arbeitsplätze. Wenn das so ist, dann frage ich mich allerdings, warum denn Herr Schröder 1990 um ein Haar – wenn wir nicht aufgepaßt hätten – die Conti-Werke an Pirelli verscherbelt hätte. Wenn es Herrn Schröder um Arbeitsplätze geht: Warum hat er im Bundesrat die Steuerreform nicht durchgehen lassen? Dann hätte er Arbeitsplätze geschaffen, und zwar bei uns und nicht in Weißrußland.

(Beifall bei der CDU/CSU und der F.D.P. –
Jörg Tauss (SPD): Das ist unter Niveau, selbst unter Ihrem, Herr Kollege!)

Er ist nicht mehr nur Ministerpräsident, sondern er ist Kanzlerkandidat; er wird weltweit beobachtet. Um so verantwortlicher und sensibler muß er sich verhalten. Ich finde, daß der SPD-Experte für Weißrußland, Herr Professor Weisskirchen, recht hat: Es wäre besser gewesen, wenn Herr Schröder als ersten Staatsmann aus den mittel- und osteuropäischen Ländern einen Demokraten wie Havel und nicht einen Stalinisten wie Lukaschenko getroffen hätte.

(Beifall bei der CDU/CSU und der F.D.P.)

Herr Schröder versucht seine außenpolitische Unerfahrenheit durch eine populistische Abwertung der Außenpolitik aufzufangen. Es gehe hier nicht um Außenpolitik, es gehe um Arbeitsplätze. Aber Außenpolitik in Deutschland ist immer mit Arbeitsplätzen verbunden. Denn wenn wir nicht Frieden, Berechenbarkeit, Stabilität und Partnerschaft mit den Ländern um uns herum hätten, dann hätten wir auch keinen Wohlstand und keine Arbeitsplätze in unserem Land. Für Berechenbarkeit und Verläßlichkeit steht Helmut Kohl, steht Wolfgang Schäuble, steht unsere Fraktion – und nicht Gerhard Schröder und seine Politik.

(Beifall bei der CDU/CSU und der F.D.P.)

Ein weiteres Beispiel für diese Unberechenbarkeit, die wir feststellen müssen: Bisher war es für einen deutschen Kanzlerkandidaten üblich, vor der Bundestagswahl nach Washington zu fahren.

(Günter Verheugen (SPD): Das tut er auch! –
Weiterer Zuruf von der SPD: Er hat noch Zeit!)

Der amerikanische Präsident gewährte stets einen Termin im Weißen Haus – ein symbolischer Akt für die Bedeutung Deutschlands. Schröder wird, glaubt man der „Hannoverschen Allgemeinen Zeitung“ vom 22. April, nicht in die USA reisen.

(Günter Verheugen (SPD): Da glauben Sie lieber mir!)

Wir lassen Bill kommen, heißt es in Hannover. Eine Dreitagereise für ein Foto aus dem Weißen Haus sei ein bißchen viel. Das ist eine unglaubliche Arroganz gegenüber unserem wichtigsten Bündnispartner.

(Günter Verheugen (SPD): Arrogant sind Sie! –
Dr. Wolfgang Weng (Gerlingen) (F.D.P.): Dümmlich!)

Vielleicht hat er das inzwischen auf Grund der Kritik korrigiert. Aber aus solchen Äußerungen aus der Staatskanzlei, zitiert in der „Hannoverschen Allgemeinen Zeitung“, spricht Unkenntnis, Unerfahrenheit. Denn es geht nicht um einen Fototermin im Weißen Haus, sondern es geht um mehr als eine symbolische Geste im Rahmen des deutsch-amerikanischen Verhältnisses.

(Beifall bei der CDU/CSU und der F.D.P. –
Günter Verheugen (SPD): Fragen Sie doch vorher einmal nach!)

Wir wären schlecht dran, wenn der Eindruck entstünde: Da kommt ein Kanzlerkandidat, der sich in Havanna besser auskennt als in Washington und nach Minsk bessere Drähte hat als nach Warschau. Das darf in Deutschland nicht passieren. Die Deutschen wollen, daß Helmut Kohl Kanzler bleibt, weil das die Berechenbarkeit der deutschen Außenpolitik gegen einen solchen Schlingerkurs garantiert.

(Beifall bei der CDU/CSU und der F.D.P.
– Dr. Peter Ramsauer (CDU/CSU): Schlingelkurs! –
Jörg Tauss (SPD): Peinlicher geht es schon nimmer!)

7. Die Erinnerungen Władislaw Bartoszewskis:

Leben um jeden Preis ist eine Schande

Seine Rede am 27. April 1995 im Deutschen Bundestag wird ein Meilenstein im deutsch-polnischen Verhältnis bleiben: Władyslaw Bartoszewski hat die Menschen mit seiner Geschichtslektion berührt und bleibende Spuren hinterlassen. Dabei waren es nicht nur seine Worte, die bewegten – vielmehr noch wirkte die *Persönlichkeit* des 73jährigen polnischen Außenministers. Nur wer den Zweiten Weltkrieg, Auschwitz und die Gefängnisse Stalins miterlebt hat, nur wer sein Leben lang für die Demokratie gestritten hat, kann so reden. Władyslaw Bartoszewski hat nun seine Erinnerungen von 1983 überarbeitet und aktualisiert.

Die meisten Menschen neigen dazu, sich an die politischen Umstände in einer Diktatur anzupassen – und sei es nur, um Familie und Kinder nicht zu gefährden. Einige haben immerhin die Kraft, sich einmal in ihrem Leben gegen Unrecht und Unterdrückung aufzulehnen. Aber 50 Jahre Widerstand? Neunmal hat Bartoszewski Weihnachten hinter Gittern verbracht. Das erste Mal, 1940 im KZ Auschwitz, hatten SS-Wachleute die Lagerleichen des Tages unter den Tannenbaum auf dem Appellplatz gelegt – als „Weihnachtsgeschenk". Bei einer Razzia gegen die polnische Intelligenzia war der 18jährige Bartoszewski im September 1940 verhaftet und nach Auschwitz transportiert worden. Hier erlebte er die Hölle. Später, wenn er in den Gefängnissen der Kommunisten nach dem Krieg auf total gebrochene Menschen traf, konnte Bartoszewski trösten: Im Vergleich zu Auschwitz ging es gar nicht schlecht. Wenn Bartoszewskis Frau dann mahnte: „Du kannst nicht alles mit Auschwitz vergleichen", gab dieser zurück: „Sicherlich, das kann man nicht, aber hier gibt es doch keine Gaskammern.

40 Jahre nach dem Weihnachtsfest in Auschwitz saß Bartoszewski erneut im Gefängnis. Zusammen mit ca. 50 polnischen Intellektuellen hat man ihn sogleich nach der Ausrufung des Kriegsrechts ins Erholungsheim der polnischen Luftwaffe in Jaworze in Hinterpommern deportiert. Hier kann er durch seine Erfahrung Zuversicht und

Durchhaltewillen wecken: „Ich wünsche Euch nicht so sehr, daß wir bald nach Hause kommen. Ich wünsche Euch, daß Ihr in einem solchen Zustand nach Hause zurückkehrt, in dem Ihr Euren Frauen und Kindern und allen Euren Freunden in die Augen schauen könnt."

Bartoszewski berichtet von seiner tiefen Enttäuschung über die westlichen Länder, die nach dem Ende des Krieges die Anerkennung der polnischen Exil-Regierung widerriefen und die Polen einem von Moskau abhängigen neuen Regime überließen. Bartoszewski treibt heute eine ähnliche Angst um, wie man seiner Rede vor dem Bundestag unschwer entnehmen kann: „Wir hoffen, daß im Westen nicht wiederum ein enger ‚Realismus' dominiert im Sinne von ‚Einflußzonen', ‚Puffern' oder die Anerkennung der ‚Interessen' der Nachbargroßmächte, die in Jalta Triumphe gefeiert haben."

Nachdem sich die Hoffnungen auf ein demokratisches Polen zerschlagen hatten und die braune von einer roten Diktatur abgelöst war, geriet Bartoszewski bald erneut in Konflikt mit den Machthabern. Als Redakteur der oppositionellen Tageszeitung „Gazeta Ludowa" wird er am 15. November 1946 erneut inhaftiert. Ein Jahr und fünf Monate lebt er ohne Anwalt, ohne Familienkontakt, ohne Zeitungen und Bücher total isoliert in seiner Zelle. Als 26jähriger verläßt er das Gefängnis, „bitter, erfahren, mein Leben zum Teil verpfuscht." Er findet wegen seiner „Vorstrafe" kaum Arbeit, schlägt sich durch, hungert, vertreibt Toilettendeckel. Am 14. Dezember 1949 ist es dann wieder soweit. Bartoszewski wird auf der Straße verhaftet und wandert erneut, diesmal für fast fünf Jahre, in den Kerker. Hier erlebt er das Grauen eines stalinistischen Gefängnisses, Isolation, Folter, tagelange Verhöre. Zeitweise teilt er, der Widerständler, die Zelle mit einem Gestapo-Offizier. 1954 wird Bartoszewski – inzwischen an Tuberkulose erkrankt – aus dem Gefängnis entlassen und im Zuge des politischen Tauwetters zwei Jahre nach Stalins Tod rehabilitiert.

Wer nun glaubte, daß sich Bartoszewski mit dem „gemäßigten" Kommunismus arrangieren würde, sah sich schon bald getäuscht. Er wird ständiger Mitarbeiter der kritischen katholischen Wochenzeitung „Tygodnik Powszechny", Generalsekretär des polnischen PEN-Zentrums, unterzeichnet im Januar 1976 einen öffentlichen Protest gegen Verfassungsänderungen und gründet mit anderen Wissenschaftlern die sogenannten „Fliegenden Universitäten" im Untergrund. Am 21. August 1980 unterzeichnet Bartoszewski einen Solidaritätsbrief der Intellektuellen an die streikenden Arbeiter in Danzig, wird Mitglied der freien Gewerkschaft Solidarität. Am Tag der Ausrufung des Kriegsrechtes wird er erneut interniert, Ende April 1982 aus der Haft entlassen. Was mußte es für ihn bedeuten, daß sieben Jahre später mit Tadeusz Mazowiecki ein langjähriger Mitstreiter der erste demokratische Ministerpräsident im Bereich des Warschauer Paktes wurde! Was mag Bartoszewski empfunden haben, als ausgerechnet er 50 Jahre nach Kriegsende die Rede zum 8. Mai vor dem Deutschen Parlament hielt!

Bartoszewski hat in seinem Leben vielen Menschen geholfen, nicht zuletzt verfolgten Juden. Aber auch er hat in bedrohlichen Situationen immer wieder Hilfe erfahren. Er hat gegen die Diktatur gekämpft und nach einem halben Jahrhundert doch den Sieg der Demokratie erlebt. Seiner Meinung nach ist nicht der Ehrliche der Dumme, vielmehr „lohnt es sich, anständig zu sein." Und was bedeutet es, anständig zu sein? Für Bartoszewski ist es Zivilcourage. Man müsse sich dem Strom entgegenstellen können – denn: „Leben um jeden Preis, das ist eine Schande."

8. Herausforderung Islam – Dialog oder Kampf der Kulturen?

An einem Montag, den 17. November 1997, fand der bislang schlimmste Mordanschlag auf Touristen statt. Im ägyptischen Luxor, aufgrund seiner antiken Sehenswürdigkeiten bei Kulturreisenden besonders beliebt, ermordeten islamische Extremisten 58 Touristen. Zudem kamen vier Ägypter und sechs Attentäter ums Leben. Die Fanatiker gingen mit äußerster Brutalität vor. Viele Opfer wurden nicht mit Pistolen oder Gewehren, sondern mit Messern oder anderen scharfen Gegenständen ermordet. Einige Leichen wurden nach Angaben von ägyptischen Sicherheitskräften geschändet, indem ihnen Ohren und Nasen abgeschnitten wurden. Dabei hatte Luxor, dessen Bevölkerung zu 90 % von dem Geschäft mit dem Touristen lebt, als sicher gegolten. Immerhin liegt es etwa 500 Kilometer südlich von Kairo und noch immer mehr als 200 Kilometer entfernt von dem als Exremistenzentrum bekannten Assiut. Nun war der Anschlag in Luxor der – bisherige – Höhepunkt einer Anschlagserie, die im Oktober 1992 begonnen und bislang beinahe 40 Todesopfer und zahlreiche Verletzte gefordert hatte. Nach dem Attentat von Luxor haben Extremisten angekündigt, daß weitere Anschläge folgen werden.

Ist das Massaker ein Beweis dafür, daß der von vielen befürchtete „Kampf der Kulturen“ bereits Realität ist? Im Sommer 1993 veröffentlichte der amerikanische Politikwissenschaftler Samuel P. Huntington einen Artikel in der renommierten Fachzeitschrift ‚Foreign Affairs‘, der eine bis heute anhaltende Debatte ausgelöst hat. Huntington stellte die These auf, daß die Weltpolitik nach dem Ende des Kalten Krieges in eine neue Phase getreten ist und daß die wesentlichen Ursachen für die Konflikte und Kriege der Zukunft in den kulturellen Unterschieden der verschiedenen Zivilisationen begründet liegen. Droht uns – so fragte Huntington – ein Konflikt der Kulturen? Ein Brennpunkt solcher Konflikte könnte nach Auffassung Huntingtons die Unterschiede und Spannungen zwischen dem christlichen Westen und dem Islam werden – zweier Kuluturen, deren Gegensatz schon Jahrhunderte überdauere und der auch immer wieder militärisch ausgefochten worden sei.

Der amerikanische Professor wurde daraufhin vehement angegriffen: Kalte Kriegs-Rhetorik, Pauschalisierung statt Differenzierung, Ignoranz gegenüber dem anderen Kulturkreis, wissenschaftliche Verantwortungslosigkeit, da er ohne Notwendigkeit und Begründung ein neues Feindbild schaffe. Doch trotz aller Anfeindungen und Kritik: Huntingtons These vom Kampf der Kulturen war in der Welt – und sie war offenbar ernsthaft genug und ausreichend fundiert, um nach ihrer Veröffentlichung die Diskussionen über die internationalen Beziehungen zu bestimmen.

1996 legte Huntington dann das Buch über den „Kampf der Kulturen" (englisch etwas anders: „Clash of Civilizations") vor. Das Fragezeichen war aus dem Titel verschwunden. Die Auseinandersetzung zwischen den unterschiedlichen Kulturen wurde ohne wenn und aber als die wichtigste (wenn auch nicht die einzige) Determinante der Weltpolitik des kommenden Jahrhunderts definiert. Dabei habe der Westen, momentan und auf längere Sicht die stärkste Kultur dieser Welt, nicht nur Probleme mit dem islamischen Extremismus, sondern mit dem Islam im allgemeinen.

Muß Huntington in die Reihe derjenigen eingeordnet werden, die ein Feindbild Islam stilisieren wollen, weil die Sowjetunion nicht mehr dazu herhalten kann, die angeblich aufgeblähten Verteidigungsetats und überproportionierten Armeen des Westens zu legitimieren? Soll das Feindbild Islam dazu herhalten, um die brüchiger gewordene Einheit des Westens unter dem Dach des Militärbündnisses NATO zu sichern? Wer Huntingtons Werk auf diese Thesen reduziert, bekommt in der Tat ein falsches Bild.

Um dem Islam, aber auch um Huntington gerecht zu werden, ist eine differenziertere Betrachtungsweise nötig. Es muß die Frage beantwortet werden, wie es zum Wandel einer Religion kam, die lange für ihre Toleranz bekannt war, nun aber in vielen Teilen der Welt als Synonym für religiösen und politischen Fanatismus mit oftmals gewalttätiger Ausprägung gilt. Warum wird „der" Islam heute so oft als Bedrohung perzipiert? Ist die diese Bedrohungsperzeption berechtigt? Nicht zuletzt stellt sich auch die Frage, wie wir uns gegenüber einer potentiellen „islamischen" Gefahr verhalten sollten.

Die islamische Welt, die dem christlichen Abendland während des Mittelalters sowohl hinsichtlich ihrer gesellschaftlichen Strukturen, ihrer technologischen Kompetenz als auch ihrer ideellen Errungenschaften überlegen war, mußte in der Neuzeit den Aufstieg des Westens und den zunehmenden Verlust der eigenen Macht erleben. Im Zuge des Imperialismus wurden fast alle Länder, deren Bevölkerung islamischen Glaubens war, von den Kolonialmächten unterworfen oder verloren – wie die Türkei – ihren Einfluß. Zu Beginn des 20. Jahrhunderts hatten die meisten islamischen Völker ihre Unabhängigkeit verloren. Sie fühlten sich gedemütigt durch die wirtschaftliche, technologische und militärische Überlegenheit des Westens und in ihrer Identität erschüttert.

Die Antwort war ein auflebender, nach Unabhängigkeit strebender Nationalismus, der nach dem Ende des Zweiten Weltkriegs den islamischen Staaten die Unabhängigkeit brachte. Doch der Idee des Nationalismus, meist durchsetzt mit sozialistischem Gedankengut, fehlte nach der Dekolonialisierung die einigende ideelle und politische Kraft. Eine dünne Oberschicht hatte Wertvorstellungen und Ideen aus dem Westen übernommen, war relativ säkularisiert und verfolgte das Ziel eines auf wachsenden Wohlstand aufbauenden Materialismus, der durch Modernisierung im Sinne des westlichen Fortschrittsmodells realisiert werden sollte. Doch die dem Staat zugewiesene Aufgabe, die wesentliche Rolle beim Aufbau eines Gemeinwesens und einer leistungsfähigen Wirtschaft zu spielen, erwies sich als zu umfassend, um erfolgreich bewältigt werden zu können. Die große Masse der Bevölkerung kam nicht in den Genuß der Neuerungen, die Versprechungen der westlich ausgerichteten Eliten von vermehrtem Wohlstand erfüllten sich nicht. Im Gegenteil: Die Öffnung der Märkte brachte zumeist höhere Preise und trotz der Modernisierungsbemühungen entwickelten sich keine konkurrenzfähigen Industrien, so daß für den Großteil der Menschen der westlich ausgerichtete Nationalismus eine Enttäuschung war.

Fanal für das Scheitern des Nationalismus war die „arabische" Niederlage im Sechs-Tage-Krieg gegen Israel 1967. Als Ersatz lebte nunmehr der Islam, zuerst vor allem in Ägypten, als eine Hoffnung auf Besserung auf. Begünstigt wurde dieser Prozeß, der sich in der islamischen Welt weder einheitlich noch zeitgleich vollzog, durch die Tatsache, daß auch in den vorangegangenen Jahrzehnten islamische Strömungen, wenn auch nicht dominant, so doch stets vorhanden waren. Diese Tatsache erleichterte die sukzessive Ablösung der nationalistischen Ideologie durch einen mehr und mehr politisierten und radikalisierten Islam.

Der islamische Extremismus füllte das ideelle Vakuum, das durch das Scheitern des Nationalismus in wirtschaftlicher, politischer und nicht zuletzt militärischer Hinsicht entstanden war. Letztlich war der religiöse Extremismus im Islam die Antwort auf den weithin gescheiterten Versuch der Anpassung an die Moderne. Deshalb – so der Sozialwissenschaftler Bassam Tibi – bedeutet der Extremismus auch keine Renaissance des Islam, stellt er vielmehr eine völlig neue, zeitgenössische Synthese zwischen Religion und Politik dar, die aus der Konfrontation mit der Moderne entstanden ist.

Viele radikale Moslems machten den Westen für das weitgehende Scheitern der islamischen Staaten verantwortlich: Zuerst hätten die Kolonialmächte die unterworfenen Länder mit Hilfe ihrer militärischen Macht unterdrückt und ausgebeutet, nun vollziehe sich der gleiche Prozeß mit Hilfe der wirtschaftlichen und technologischen Überlegenheit. Der dekadente Westen versuche den Aufstieg der islamischen Welt zu verhindern, indem er die eigenen Unsitten und Mißstände – offene Sexualität, Alkohol, Drogen oder Aids – in die Welt der „Gläubigen“ exportiere. Viele Muslime haben ein mit einer starken „religiösen Komponente“ behaftetes „Superioritätsgefühl“ (Ralf Geisler) entwickelt, da sie in der angeblichen Dekadenz des Westens die Wurzeln seines Untergangs sehen und glauben, nun breche das Zeitalter des Islam an. Die ökonomischen und politischen Fakten sprechen derzeit allerdings eine ganz andere Sprache.

Das koloniale Erbe war für die jungen islamischen Staaten eine schwere Bürde. Auch die wirtschaftliche Dominanz des Westens – selbst nach der Dekolonialisierung – hat nicht zum Aufschwung beigetragen. Doch können weder populistische Verschwörungstheorien noch die Hypothek der Vergangenheit das ökonomische und politische Scheitern der jungen islamischen Staaten nach dem Zweiten Weltkrieg sowie die darauf folgende Politisierung des Islam hinreichend erklären.

Darüber hinaus muß ein anderer Faktor unbedingt berücksichtigt werden: Das enorme Bevölkerungswachstum in fast allen Ländern mit überwiegend islamischer Bevölkerung. So hat sich z.B. die Bevölkerung Algeriens in drei Dekaden verdreifacht (9 Mio. 1962, dem Jahr der Unabhängigkeit, auf ca. 28 Mio.). Doch keine Volkswirtschaft ist so dynamisch, daß sie ihre Potentiale in einem so kurzen Zeitraum an ein derartiges Wachstum von Menschen anpassen könnte, die nach Arbeit, Wohnung und allen Gütern des täglichen Lebens verlangen. „Die Daten sprechen ihre eigene Sprache: Das reale Pro-Kopf-Einkommen der arabischen Welt fiel im letzten Jahrzehnt um jährlich zwei Prozent – dies ist der größte Einkommensverlust aller Entwicklungsregionen überhaupt. Das Einkommensgefälle zwischen Europa und seinen südlichen Nachbarn beträgt 10:1. Über 40 Prozent der unter 25jährigen Algerier sind arbeitslos, in Ägypten sind dies sogar über 80 Prozent." Soziales Elend und Arbeitslosigkeit – ob hausgemacht oder nicht – sind der klassische Nährboden für radikale Ideen aller Art. Der Aufstieg des islamischen Extremismus läßt sich also nur dann verstehen, wenn die unterschiedlichen Ursachen in einer Gesamtschau betrachtet werden: Koloniales Erbe, der gescheiterte Versuch einer an westlichen Ideen ausgerichteten nationalen Modernisierung sowie vor allem das enorme Bevölkerungswachstum und die damit einhergehende Armut sind die Wurzeln einer Entwicklung, die dem Westen so bedrohlich erscheint.

Dennoch: Auch wenn viel für eine Zuspitzung dieser Entwicklungen und deshalb für zusätzliche Schübe des „Fundamentalismus" spricht – es muß nicht zum Kampf der Kulturen, zum Konflikt des Westens mit dem Islam kommen. Es besteht ebensowenig Veranlassung für Panik wie zu einer Entwarnung. Wir müssen die Gefahren – die realen wie die potentiellen – nüchtern analysieren und Strategien entwickeln, wie wir sie entkräften, ihnen begegnen oder uns letztlich auch dagegen verteidigen können. Unsere Zukunft ist nicht teleologisch, wir können sie gestalten.

Tatsache ist, daß der islamische Extremismus in vielfältiger Weise eine Herausforderung für den Westen darstellt. Die extremistisch-islamistische Bewegung ist derzeit die dynamischste und dominierende Kraft unter den politischen und religiösen Bewegungen. An der Macht – oder zumindest daran beteiligt – sind die Radikalen momentan „nur" in drei Ländern, nämlich Iran, Sudan und Afghanistan. In der Türkei waren sie bis Ende Juni 1997 Teil der regierenden Koalition, im Jemen bis Mai 1997. In anderen Ländern – z.B. Algerien – wurden sie lediglich mit Gewalt auf ihrem Weg an die Macht gehindert. Der Kreislauf von Gewalt und Terror, Repressalien und Gegengewalt führt in manchen Ländern zu bürgerkriegsähnlichen

Zuständen und einer latenten terroristischen Bedrohung (siehe die Anschläge in Ägypten), die eine Verhärtung der Fronten sowie negative Auswirkungen auf die wirtschaftliche Entwicklung zur Folge haben.

Islamische Extremisten haben den Westen, vor allem aber die USA und Israel, als klares Feindbild aufgebaut. Die Losung „marg bar Amerika" (Tod für Amerika) gehört im Iran zur politischen Tagesordnung. Bedrohlich ist, daß die verbale Aggression immer stärker in praktizierten Terror umschlägt: Die Ermordung von Liberalen, christlichen Missionaren oder auch unbeteiligten Zivilisten in Algerien; die Gewalt gegen Polizei, Touristen und koptische Christen in Ägypten; die Belagerungszustand annehmenden Ausschreitungen vor der deutschen Botschaft in Teheran nach dem Urteil im sogenannten Mykonos-Prozeß – von den Selbstmordattentaten der Hisbollah und von Hamas in Israel ganz zu schweigen. Schon fast in Vergessenheit geraten sind die Todesurteile (Fatwa) gegen Salman Rushdie oder Talima Nasren, die deutlich machen, daß der radikale Islam und die laizistische, auf Trennung von Staat und Religion beruhende Weltanschauung des Westens weithin antagonistisch sind: Die Verneinung der Menschenrechte, insbesondere für Frauen und religiöse Minderheiten, eine durch den Willen Allahs „legitimierte" repressive Einparteienherrschaft oder die monolithische, streng hierarchisierte Führungsstruktur extremistischer Bewegungen, in der Abweichler hart bestraft werden, verdeutlichen nur einige der vielen und tiefen Gegensätze.

Gefährlich wird es für die westlichen Länder, wenn radikale Islamisten anfangen, den Terror zu „exportieren". Ein frühes Beispiel war der Bombenanschlag auf ein Passagierflugzeug über dem britischen Lockerbie im Dezember 1988, hinter dem libysche Drahtzieher vermutet werden. Die Attentate algerischer Extremisten in Frankreich oder der Anschlag auf das World Trade Center in New York zeigen deutlich, daß islamischer Terrorismus für den Westen keine ferne und akademische Gefahr mehr ist. Ebenso wie die Vorkommnisse in Frankreich offenbaren die auf deutschen Boden gewaltsam ausgetragenen Konflikte zwischen Türken und Kurden, daß innere Probleme islamischer Länder auf „Gastländer" übergreifen können. Über zwei Millionen Einwohner der Bundesrepublik sind türkischer bzw. kurdischer Abstammung, eine Zuspitzung der Situation in der Türkei würde nicht ohne Auswirkungen auf Deutschland bleiben. Gesellschaften mit einem hohen Anteil muslimischer Minderheiten werden daher nicht umhin kommen, größere Anstrengungen zu unternehmen, diese Gruppen zu integrieren. Sie werden allerdings auch zur Entschiedenheit und Härte gezwungen, wenn extremistische Gruppen das Gastrecht zur politischen Gewalt auf fremden Boden ausnutzen. Ungerechte oder als ungerecht empfundene Zustände z.B. in der Türkei können kein Grund sein, diesen Konflikt in Deutschland auszutragen.

Terror ist eine schreckliche Waffe, doch er kann den Westen nicht in seiner Existenz gefährden. Existentiell bedrohlich wird islamisch-terroristischer Fundamentalismus erst, wenn er in den Besitz von Massenvernichtungswaffen gelangt. Der Giftgasanschlag der (nicht-muslimischen) Aum-Sekte in der Tokioter U-Bahn hat gezeigt, welche Risiken von religiösen Fanatikern ausgehen können. In der Tat streben viele islamische Länder nach dem Besitz von atomaren, biologischen und chemischen Waffen (ABC-Waffen). Massenvernichtungswaffen in den Händen von unberechenbaren Dikatoren oder irrationalen Fanatikern sind keine Utopie mehr, wie einige Beispiele zeigen:

- Der Iran verfügt über ein umfassendes ziviles Nuklearprogramm, das dem Land auf mittlere Sicht die Möglichkeit eröffnen wird, Kernwaffen zu bauen. B- und C-Waffen werden in der „geheimen" Waffenschmiede Parchin entwickelt. Teheran ist vermutlich schon heute in der Lage, die Südflanke der NATO zumindest mit C-Waffen zu gefährden.
- Wäre es nicht zum Golfkrieg gekommen, würde der Irak heute über Atombomben verfügen. C-Waffen hatte Saddam Hussein schon im ersten Golfkrieg gegen den Iran sowie in den 80er Jahren gegen die eigene kurdische Bevölkerung eingesetzt. Dem Irak ist es trotz strenger internationaler Kontrollen durch die Abrüstungsmission der Vereinten Nationen gelungen, die Fähigkeit zu Herstellung von ABC-Waffen zu erhalten.
- Es ist anzunehmen, daß auch Libyen C-Waffen besitzt. Wenn die Bemühungen Ghaddafis, Raketentechnologie aus dem Ausland zu beschaffen, erfolgreich sein werden, bedeutet dies eine Bedrohung zumindest von Südeuropa.

Massenvernichtungswaffen in Händen der sogenannten „rogue-states" (Schurkenstaaten) egalisieren die unbestrittene konventionelle

Überlegenheit des Westens. Deshalb ist es nötig, neue Wege zu gehen, um die eigene Bevölkerung zu schützen: Dazu gehören der Ausbau des Zivilschutzes, der Vorwarnsysteme (zu denen auch ein leistungsfähiger Nachrichtendienst zu zählen ist), verstärkte Bemühungen in der Nicht-Weiterverbreitung und ein ausgefeiltes Sanktionsinstrumentarium bei Verstößen gegen internationale Abkommen. Wichtig ist letztlich auch die Fähigkeit zur militärischen Abwehr und – wenn alle anderen Mittel versagen – die Ressourcen, um effektive militärische Gegenmaßnahmen gegen die ABC-Kapazitäten eines Aggressors ergreifen zu können.

Doch wird man „dem" Islam gerecht, wenn man ein einseitiges Bedrohungsszenario zeichnet? Gibt es überhaupt ‚den' Islam? Über 1 Milliarde Menschen können – auch wenn sie die gleiche Religionszugehörigkeit haben – kaum als einheitliche Masse betrachtet werden. Menschen unterschiedlichster Ethnien, Völker, Nationen und Sprachen sind islamischen Glaubens, aber deswegen noch lange nicht unter dem Dach des Islam geeint. Zudem gibt es – ebenso wie im Christentum – unterschiedliche religiöse Gruppierungen: Die Sunniten, die mit Abstand bedeutendste Ausrichtung, die vor allem im Iran ansässigen Schiiten, die laizistischen Alawiten oder Sekten wie die Ismailiten, Imamiten oder Zaiditen.

Betrachtet man „den" Islam lediglich in der Ausprägung des Extremismus, würde man ein stark verzerrtes Bild der Realität bekommen. Wer Extremisten, die Mord zum politischen Programm zählen und ihn religiös zu legitimieren versuchen, mit dem Islam gleichsetzt, diskrimiert eine Weltreligion mit Millionen friedlicher Gläubiger. So sollten wir nicht vergessen, daß es nach dem schrecklichen Anschlag von Luxor einheimische Zivilisten waren, die unverzüglich und spontan erste Hilfe leisteten. Das Massaker rief bei ihnen Entsetzen hervor, denn die meisten Ägypter verstehen sich als außerordentlich gastfreundlich. Attentäter haben in der ägyptischen Bevölkerung, aber auch in anderen islamischen Ländern, kaum Rückhalt. Die Extremisten, die nach dem Anschlag von Luxor in Feuergefechten mit der Polizei umkamen, wurden nach Augenzeugenberichten von der einheimischen Bevölkerung verflucht und bespuckt.

Trotz der furchtbaren Anschläge in Israel, Algerien oder Ägypten müssen wir uns also daran erinnern, daß es im Islam eine sehr liberale und tolerante Tradition gibt, die heute vielleicht verschüttet, aber nicht verloren ist. Im Koran (Sura 2:256) heißt es: „Es soll kein Zwang sein in Glaubensdingen." Der zum Islam konvertierte Christdemokrat Christian Hoffmann schreibt: „Zu den Fundamenten des Islam zurückzukehren, heißt deshalb heute vor allem: zur Offenheit der Wissenssuche zurückzukehren: ‚Suche das Wissen, selbst wenn Du bis nach China gehen mußt!' Diese Maxime des Propheten Muhammad war zu damaligen Zeiten angesichts der Entfernungen gewiß revolutionär, sie sollte auch heute für uns verbindlich sein."

Diese Sure ist eine Absage an absolute Heilswahrheiten und eine Forderung nach Selbstkritik, Wahrheitssuche, Offenheit und Toleranz. Der Islam war schließlich bereits eine aufgeklärte Religion, als die Christen noch glaubten, mit dem Schwert missionieren zu können. Das im 8. Jahrhundert in Spanien entstandene Reich der arabischen Omaijaden und deren Kalifat von Cordoba war ein Beispiel dafür, daß Moslems, Christen und Juden friedlich zusammenleben können. Diese Koexistenz, die zu einer Blüte der Zivilisation führte, wurde durch die christliche Reconquista beendet, die 1492 zugleich zur Austreibung der Juden aus Spanien führte. Die Herstellung der nationalen und religiösen Einheit durch die katholischen Könige Spaniens, nicht zuletzt durchgesetzt mit der grausamen Hilfe der Inquisition, brachte das Ende der Vielfalt auf der iberischen Halbinsel.

Die ursprüngliche Richtung des Islam war auf Modernisierung gerichtet, indem der Koran und die geistigen Errungenschaften der Menschen gleichermaßen akzeptiert und integriert werden sollten. Erst später führte die wörtliche Auslegung zur Stagnation und oftmals zur Manipulation des Sinngehalts des Korans, was heute den Extremisten in die Hände spielt.

Wichtig ist also eine Rückbesinnung auf die Wurzeln des Islam. Mohammed Arkoun, Professor für die Ideengeschichte des Islam, sagt: „Wenn die Muslime an die philosophische Dimension des arabischen Denkens, wie sie im Mittelalter vorherrschend war, anknüpfen, werden sie in die Welt des Westens eintreten." Die Ambivalenz, mit der der Westen derzeit den Islam sieht, wird auch bei der Friedenspreisträgerin des Deutschen Buchhandels, Annemarie Schimmel, deutlich: „In einer Kultur, deren traditioneller Gruß salam ‚Frieden' heißt, findet zur Zeit eine erschreckende Verengung und Verhärtung dogmatischer und legalistischer Positionen statt. Wir stehen weithin einem Ausdruck reiner Machtpolitik gegenüber, Ideologien, die sich des Islam als eines

Schlagwortes bedienen und mit seinen religiösen Grundlagen kaum noch etwas gemein haben. Ich jedenfalls habe weder im Koran noch in der Tradition irgend etwas gefunden, das Terrorismus oder Geiselnahme befehle oder auch nur gestatte." Tatsächlich ist der politisch mißbrauchte Islam etwas ganz anderes als der gelebte Islam. Wichtig ist, daß der Islam zu seinen Wurzeln zurückfindet, um dem Mißbrauch durch demagogisierende Fanatiker zu entgehen.

In allen Ländern gibt es Gruppen, die zum Dialog bereit sind und zu denen wir Kontakt suchen sollten. Dabei müssen wir auf die Unterschiede der Kulturen, der Traditionen und Denkweisen Rücksicht nehmen, denn der Eindruck einer europäischen Bevormundung würde den Fortschritt gefährden und den Aufstieg der Islamisten begünstigen. Dieser Dialog muß auf allen möglichen Ebenen geführt werden: Sozio-kulturell, wirtschaftlich, politisch. Moslems sollte z.B. vermehrt die Möglichkeit gegeben werden, in westlichen Ländern zu studieren. Genauso sollten die westlichen Gesellschaften sich mit den islamischen beschäftigen, um Feindbilder und Stereotype abzubauen und mehr Verständnis füreinander zu entwickeln. In nahezu allen islamischen Ländern müßten die Regierungen große Anstrengungen unternehmen, um die schulische Ausbildung gezielt zu fördern, denn sie ist eine entscheidende Voraussetzung für ökonomischen Aufschwung. Die Realität ist oft genau gegenteilig: Es gibt zu wenig öffentliche Schulen, weswegen „Koranschulen" radikaler Muslime aus dem Boden sprießen, wie etwa in Pakistan, wo die Talibanbewegung in den Koranschulen außerhalb der großen Städte entstand und wuchs.

Von besseren Bildungschancen dürfen Mädchen und Frauen nicht ausgeschlossen werden. Nur so kann langfristig die Position der Frauen gestärkt und ein wichtiger Schritt gegen das starke Bevölkerungswachstum getan werden. Es ist erwiesen, daß Frauen, die eine schulische Ausbildung genossen haben und über die Möglichkeiten der Familienplanung informiert sind, später Kinder bekommen. Wo es möglich und erwünscht ist, sollte der Westen beim Aufbau effizienter Verwaltungs-, Finanz- und Wirtschaftssysteme helfen und mutige Reformschritte unterstützen, die die Entwicklung einer dynamischen Privatwirtschaft fördern. Grundlegende Voraussetzung für den Erfolg der von außen entgegengebrachten Hilfe ist aber die Bekämpfung von Korruption und Vetternwirtschaft.

Auch der Westen muß seine „Hausaufgaben" machen: Dazu gehört vor allem der Abbau von Handelsbeschränkungen der EU, womit ein wichtiger Beitrag zum Ausgleich der chronisch defizitären Außenhandelsbilanz derjenigen islamischen Länder erbracht werden könnte, die nicht über Öl verfügen. Kurzum: Wir müssen erkennen, daß sich ohne umfassende wirtschaftliche und finanzielle Hilfe der Industriestaaten die ökonomische und soziale Rückständigkeit, wachsende Armut, Arbeitslosigkeit und Perspektivlosigkeit der immer noch stetig ansteigenden Anzahl junger Menschen in vielen islamischen Ländern nicht beseitigen lassen wird.

Auch wenn es paradox klingen mag – es sind gerade diese Schwächen, die für den Westen gefährlich sind, denn sie bieten den Nährboden für Extremismus und Gewalt, aber auch für eine unkontrollierte und letztlich kaum zu bewältigende Auswanderung junger Moslems in Richtung der Industriestaaten, deren vermeintlicher Reichtum ein besseres Leben verspricht. Deshalb hat sich Bundespräsident Roman Herzog für ein friedliches, menschenwürdiges Miteinander ausgesprochen: „Es verlangt ein leidenschaftliches Bemühen darum, daß die Grenzen zwischen den Kulturen nicht auf Dauer zugleich Grenzen zwischen Armut und Reichtum bleiben oder werden; deshalb plädiere ich, wo immer es geht, für freie Märkte, für wirtschaftliche Zusammenarbeit und – im Interesse der Ärmsten – für Entwicklungshilfe. Und es verlangt das nicht erlahmende Bemühen, Gemeinsamkeiten, die vorhanden, aber verschüttet sind, ans Tageslicht zu fördern und zu stärken, und für Ideen, die nach aller Erfahrung Frieden stiften, zu werben und – wo nötig – auch zu kämpfen."

Roman Herzog zeigt den richtigen Weg. Wir müssen den Dialog suchen, kooperieren und helfen. Doch sollten diese Bemühungen scheitern, dann müssen wir auch militärisch ausreichend gewappnet sein, um einer potentiellen Gefahr begegnen zu können. Der Verdienst des amerikanischen Politikwissenschaftlers Huntington ist es, die heute vom Islam ausgehenden Gefahren in aller Deutlichkeit herausgearbeitet zu haben – und es sollte eine obsolete Praxis der Antike und des Mittelalters sein, den Überbringer schlechter Nachrichten „hinzurichten". Huntington sagt nicht, daß der Konflikt der Kulturen unvermeidlich sei, er zeigt sogar Wege auf, wie er sich eine friedliche Koexistenz vorstellt. Auch wenn dieser Teil in seiner Arbeit vielleicht etwas zu kurz kommt, sein Werk ist nicht darauf ausgerichtet, den Konflikt zu schüren. Es ist eine Aufforderung an den Westen, sich der Herausforderung des Islam zu stellen und alles zu tun, um den Kampf der Kulturen zu verhindern.

Der Kampf der Kulturen ist keine „self-fulfilling prophecy". Auch wenn der Extremismus uns noch auf lange Zeit erhalten bleiben wird – er ist kein unvermeidliches Produkt der Geschichte, der einen irreversibelen Siegeszug durch die islamische Welt angetreten hat. Es ist interessanterweise der Iran, das erste Land, das dem Extremismus anheimfiel, der Hoffnung macht: Als Protestbewegung ist der radikale Islamismus stark, denn er gibt den Zukurzgekommenen und den Entfremdeten eine scheinbare Hoffnung, eine vorläufig als heilsam empfundene Identität. Doch eine konkrete Vision für die Zukunft und für die Lösung der großen sozialen, wirtschaftlichen und politischen Aufgaben, mit denen die meisten islamischen Staaten konfrontiert sind, fehlt den Extremisten. „Der fundamentalistische Islam," so einer der führenden deutschen Orientalisten Udo Steinbach, „der sich in einer heftigen Konfrontation mit dem Westen artikuliert, erscheint schwerlich in der Lage, die Grundlage für eine erfolgreiche Auseinandersetzung des Islams mit der Moderne abzugeben." Der überwältigende Wahlsieg des Gemäßigten Mohammed Chatami zum iranischen Staatspräsidenten gegen den religiösen Falken Nategh Nuri zeigt deutlich, daß das Pendel auch wieder zurückschlagen kann. Allerdings bleibt fraglich, ob die vorsichtigen Veränderungen im Iran wirklich Substanz und Dauer haben oder ob es sich um Kosmetik handelt, welche den Staat der Mullahs nach außen attraktiver machen soll. Je klarer es wird, daß die Extremisten der Bevölkerung keine Perspektiven bieten können, desto geringer wird ihr Rückhalt werden. Je erfolgreicher der Westen und die gemäßigten und liberalen Moslems dabei sind, eine Alternative aufzuzeigen, die eine politische und wirtschaftliche Zukunft bietet, ohne die kulturelle und religiöse Identität der Moslems zu unterlaufen, desto sicherer wird sich die Zukunft zwischen dem Westen und dem Islam friedlich gestalten.

9. Eine Blume für die Frauen in Afghanistan

Dr. Friedbert Pflüger (CDU/CSU): Herr Präsident! Meine Damen und Herren! Herr Kollege Zöpel, ich muß eine Vorbemerkung zu dem machen, was Sie eben gesagt haben. Ich glaube, wir sind uns in diesem Haus alle darüber einig: Menschenrechtspolitik ist kein Luxus für gute Zeiten, sondern sie muß sich bewähren. Sie ist das eigentliche Ziel unserer Politik. Frauenrechte gehören ganz wesentlich dazu.

Aber ich warne sehr davor, einfach zu sagen: Wenn jetzt irgendwo auf der Welt Frauenrechte nicht geachtet werden, wird Entwicklungshilfe gekürzt. Menschen- und Frauenrechte kann man nicht verabsolutieren. Es gibt andere konkurrierende außenpolitische Ziele, die genauso wichtig sind, wie zum Beispiel die Abrüstung und die Nonproliferation. Wenn ich ein Land zum Beispiel für ein Atomteststoppabkommen gewinnen will, kann es sein, daß ich ihm Entwicklungshilfe geben muß, auch wenn dort nicht alle Menschenrechte eingehalten werden. Ich warne nur – weil Sie in Ihrer Partei wahrscheinlich noch mehr außenpolitische Verantwortung übernehmen werden – vor solchen rigiden Doktrinen, die Sie hier vertreten. Diese führen in den außenpolitischen Fragen in der Regel nicht sehr viel weiter.

(Beifall bei der CDU/CSU und der F.D.P.)

Aber ich will mich dem Thema Afghanistan zuwenden. Im Oktober 1996 habe ich Kandahar besucht und bin als informelles Mitglied einer UN-Delegation im Hauptquartier der Taliban gewesen. Ich maße mir deshalb nicht an, die Situation in Afghanistan besonders gut zu verstehen. Es gibt andere, die das besser können. Aber man nimmt natürlich Eindrücke mit und nicht zuletzt von den Frauen auf den Straßen im Borkha, diesem zeltartigen Umhang vom Scheitel bis zu den Zehen, in dem nur ein kleiner Gitterschlitz für die Augen übrigbleibt. Diese Frauen kamen mir wie Tiere im Käfig vor, unmenschlich, zumal sie auch nur in Begleitung von Männern überhaupt auf die Straße dürfen. Die Taliban haben einen „Gottesstaat" mit mittelalterlichen Regeln errichtet.

(Dr. Edith Niehuis (SPD): Das ist Blasphemie!)

Für Mädchen gibt es in der Talibantyrannei keine Schulbildung mehr. Der 37jährige Ingenieur Abbas und seine Frau Mirjam sagen dazu:

Wir können noch ertragen, daß die Taliban uns das Leben zur Hölle machen, aber daß sie die Zukunft unserer Töchter ruinieren, das werden wir ihnen nie verzeihen. Die Taliban sind Allahs furchtbarste Geißel.

Meine Fraktion unterstützt die Bemühungen des Europäischen Parlaments und der EU-Kommissarin für humanitäre Hilfe, Frau Bonino, zum Internationalen Frauentag am 8. März 1998, das Talibanregime international unter Druck zu setzen unter dem Motto: „Eine Blume für die Frauen in Afghanistan".

(Beifall im ganzen Hause)

Wir bitten insbesondere die Regierung von Pakistan und unsere Freunde in den USA, bei der Wahrnehmung legitimer energiepolitischer Interessen – es ist ganz legitim und auch politisch sinnvoll, eine Pipeline von Turkmenistan an das Arabische Meer zu bauen – auf die Taliban einzuwirken und den Terror der Taliban gegen die eigene Bevölkerung nicht hinzunehmen.

Aber noch wichtiger als solche Appelle und Erklärungen wie: „Die Aufklärung muß jetzt überall gelten" – so gut gemeint sie sind – ist der Versuch, Herr Kollege Zöpel, wirklich zu verstehen – verstehen heißt nicht billigen –, wie es zu so etwas wie dort in Afghanistan kommt.

Der Erziehungsminister der Taliban sagt:

> Es ist, als besitze man eine Rose,
> – wenn man eine Frau hat –
> man gibt ihr Wasser und hält sie zu Hause,
> um sie zu betrachten und an ihr zu riechen.
> Es ist nicht vorgesehen, daß sie das Haus verläßt
> und von anderen berochen wird.

Das klingt für uns zynisch und unakzeptabel, aber es wurzelt natürlich in Traditionen, in Ehrenkodexen, die manchmal älter sind als der Islam. Ehre und Schande sind zentrale Kategorien. Die zentrale Bedeutung, die die Frau in der afghanischen Kultur – auch bei den Taliban – einnimmt, muß man erst einmal verstehen.

„Zan, zar, zamin" – das heißt: Frau, Gold, Land – ist die Werteskala der Afghanen. Dazu muß man sich einmal vorstellen: Sie haben Fremdherrschaft und Bürgerkriege erlebt. Alles, was sie stolz macht, nämlich Land und Geld, ist ihnen weggenommen worden. Sie hängen am Tropf des Westens. Das einzige, was sie noch halbwegs haben, bei dem sie sich mit ihrer Kultur und Tradition im reinen wissen, ist dieses alte – natürlich furchtbare – Frauenverständnis.

(Hanna Wolf (München) (SPD):
Was wollen Sie uns damit eigentlich sagen?)

Ich wußte, daß Sie genau so reagieren würden.

Ich darf noch einmal feststellen: Verstehen heißt nicht billigen. Aber man muß es erst einmal verstehen. Der Schleier ist für uns und auch für viele Frauen, die ihn tragen müssen, etwas Furchtbares. Aber es gibt auch Frauen, Frau Kollegin, die ihn deshalb tragen, weil sie ihn als eine Abschottung vor dekadenten, fremden Einflüssen verstehen. Wenn Sie, Frau Kollegin, so etwas nicht verstehen, dann müssen wir uns doch die Frage stellen, ob das nicht etwas mit Kulturimperialismus und mit Eurozentrismus zu tun hat.

(Hanna Wolf (München) (SPD):
Darauf haben wir gewartet, daß Sie so etwas sagen!)

Vizepräsident Hans-Ulrich Klose: Herr Dr. Pflüger, gestatten Sie der Frau Dr. Schwaetzer eine Zwischenfrage?

Dr. Friedbert Pflüger (CDU/CSU): Bitte schön.

Dr. Irmgard Schwaetzer (F.D.P.): Herr Kollege, könnten Sie mir zustimmen, wenn ich Ihnen sage, daß jeder Zwang, den Schleier zu tragen, mit entsprechenden Bestrafungen bei Zuwiderhandlung eine Menschenrechtsverletzung darstellt und überhaupt nichts damit zu tun hat, daß sich eine Frau in einem freiheitlichen Staat natürlich dafür entscheiden kann, dies zu tun? Das ist ihr gutes Recht. Aber jede kulturelle Interpretation der Menschenrechte und des Kanons, der 1993 in Wien verabschiedet worden ist, so wie Sie das gerade getan haben, ist auch eine Beförderung von Menschenrechtsverletzungen. So will ich das jetzt einmal ganz überspitzt formulieren.

(Beifall bei der SPD, dem BÜNDNIS 90/DIE GRÜNEN und der PDS)

Dr. Friedbert Pflüger (CDU/CSU): Frau Kollegin, ich habe wirklich gehofft, daß man ein bißchen tiefer diskutieren kann. Ich habe doch gesagt: Verstehen heißt nicht billigen. Natürlich müssen wir das kritisieren; das tue ich ständig, wenn ich damit konfrontiert werde, daß Frauen unter Zwang einen Schleier tragen müssen. Das ist absolut unakzeptabel. Aber man muß doch eine andere Kultur erst einmal verstehen. Es reicht nicht, einfach ein Postulat in die Welt hineinzusetzen, indem man sagt: Die Aufklärung gilt jetzt überall.

(Hanna Wolf (München) (SPD):
Die Männer bestimmen doch allein, was da Kultur ist!)

Nein, das hat nicht nur mit Männern und Frauen zu tun. Das ist vielmehr etwas, was in diesen Ländern auch von manchen Frauen als kulturimperialistisch verstanden wird. Ich darf aber wiederholen: Selbstverständlich lehnen ich und meine Fraktion diese Taliban mit ihren Vorschriften, Sanktionen und mittelalterlichen Gesetzen auf das tiefste ab. Diese Leute sind furchtbar und müssen weg. Das kann doch gar keine Frage sein.

(Beifall bei der CDU/CSU)

Ich will auf etwas ganz anderes hinaus. Wir hier im Abendland, die wir die Inquisition und noch vor 50 Jahren den Holocaust hatten, sollten etwas vorsichtiger sein dabei, immer mit dem belehrenden Zeigefinger in der Welt herumzulaufen.

Etwas anderes ist wichtig, nämlich daß wir auf die großen liberalen und humanen Traditionen im Islam selbst hinweisen. Wenn wir den Menschen dort deutlich machen – das hat zum Beispiel Fatema Mernissi, eine marokkanische Politikwissenschaftlerin, getan –, daß ja in alten islamischen Kulturen – zum Beispiel schon bei Mohammed – auch Frauen politische Funktionen hatten, daß zum Beispiel Aischa, die dritte Frau des Propheten Mohammed, eine bedeutende politische Rolle im Widerstand hatte und Sakina, die jüngste Tochter des Propheten, sich weigerte, den Schleier zu tragen, dann hat so etwas Sinn. Das wird zur Veränderung führen.

(Dr. Edith Niehuis (SPD):
Das hätte doch schon längst zu Veränderungen führen müssen!)

Es gibt liberale Traditionen im Islam. Er ist nicht naturgemäß fundamentalistisch. Genau wie wir in unserer christlichen Kirche auch die Fundamentalisten und die Inquisiteure hatten,

(Dr. Irmgard Schwaetzer (F.D.P.): Haben!)

so haben sie eben jetzt solche Phasen. Die müssen sie überwinden. Dazu tragen nicht selbstgerechte Appelle von der moralischen Kanzel, von uns im Abendland bei, die wir sie über Jahre ausgebeutet und ihnen vieles genommen haben. Dazu trägt vielmehr vor allen Dingen ein Dialog der Kulturen bei, wie wir ihn wollen, um damit zu erreichen, daß diese menschenverachtenden Taliban nicht mehr das Sagen in Afghanistan haben und nicht mehr die Frauen in diesem Land unterdrücken können.

(Beifall bei der CDU/CSU)

Vizepräsident Hans-Ulrich Klose: Das Wort zu einer Kurzintervention hat die Kollegin Grießhaber.

Rita Grießhaber (BÜNDNIS 90/DIE GRÜNEN): Herr Kollege Pflüger, Sie haben jetzt versucht, uns zu verstehen zu geben, wie afghanische Männer mit Frauen umgehen, aus welcher Tradition das kommt und mit welcher Geschichte in diesem Land dies zu tun hat. Sie haben für meine Begriffe, obwohl Sie gesagt haben: „Verstehen heißt nicht akzeptieren“, in unglaublicher Weise Dinge zusammengeworfen, die so nicht zusammengehören.

(Anneliese Augustin (CDU/CSU): Das stimmt doch überhaupt nicht!)

Lassen Sie mich vielleicht ausreden?

Herr Kollege Pflüger, wie erklären Sie es sich, daß in diesem Land ein Riß durch die Gesellschaft geht, daß es andere Männer gibt, daß die alte Regierung Rabbanis ein vollkommen anderes Frauenbild hatte, daß während dieser Regierungszeit die Frauen in Kabul nicht verschleiert herumlaufen mußten?

Das hat nichts mit der unmittelbaren Tradition in Afghanistan zu tun. Das hat aber sehr viel mit den Menschen in Pakistan zu tun, die die Religionsschulen mit ermöglicht, geduldet und gefördert haben, in denen die Taliban mit dieser Politik ausgebildet worden sind.

Wir können doch nicht, für diesen Irrsinn Verständnis aufbringen

(Dr. Friedbert Pflüger (CDU/CSU): Nein, nein!)

und versuchen, zu erklären und zu verstehen, wie es dazu gekommen ist. Es gibt in Afghanistan ganz unterschiedliche Traditionen, auch solche, die mit dem Islam wirklich nichts zu tun haben. Ich war in Gegenden, wo mir gesagt wurde: Jeder Esel, jedes Haustier ist wertvoller als jede Frau. Es gibt aber andere Regionen, wo es ein anderes, sehr aufgeklärtes und liberales Verständnis für Frauen gab, besonders in Kabul.

Dies hat nichts mit der Tradition oder mit einer Erklärung aus der Geschichte zu tun. Es hat vielmehr mit Machtverhältnissen zu tun. Es hat mit Interessen zu tun, die sich durchgesetzt haben, und ganz viel mit der Unterstützung Pakistans durch die Religionsschulen. Und nun versucht man, jemanden dazu zu bekommen, auf Verbesserungen einzuwirken, der selber Mitverursacher dieser schrecklichen Ideologie war, die dort jetzt herrscht und die sich im letzten Jahr, soweit ich es mitbekommen habe, auf seiten der Taliban unglaublich verstärkt hat.

Deswegen muß man sagen: Darin muß man sich nicht hineinversetzen, das muß man nicht verstehen. Nein, das muß man politisch mit allen Mitteln, mit allem, was man hat, bekämpfen.

(Beifall beim BÜNDNIS 90/DIE GRÜNEN, bei der SPD und der PDS)

Vizepräsident Hans-Ulrich Klose: Herr Dr. Pflüger, bitte.

Dr. Friedbert Pflüger (CDU/CSU): Frau Kollegin, die heutige passive Rolle der Frauen in ihrer Unterdrücktheit in der Gesellschaft Afghanistans ist nicht zu tolerieren. Sie hat mit dem traditionellen muslimischen Verständnis manchmal zu tun, manchmal aber nicht. Es gibt muslimische Gesellschaften, die eine solche Verfolgung und Unterdrückung nicht kennen. Das habe ich, glaube ich, gesagt.

Da haben Sie völlig recht: Bei den Taliban geht es nicht unbedingt nur um religiöse Tradition, sondern um ihre Instrumentalisierung, um eine moderne Ideologie, die benutzt wird, um Frauen in dieser Situation zu halten.

Dennoch sage ich: Wir müssen es erst einmal verstehen. Ohne den Bürgerkrieg, ohne die Besetzung, ohne das völlige Darniederliegen einer solchen islamischen Kultur und Tradition und ohne die Angst vor der westlichen Ausbreitung, die einerseits gute Dinge in die Welt trägt, andererseits aber auch Dinge, die in solchen Gesellschaften als problematisch angesehen werden, wäre eine solche Verschleierung, wie wir sie heute kennen, nicht nur in Afghanistan, sondern auch im Iran und in anderen Ländern nicht zu verstehen.

Ich behaupte: Wenn man etwas bekämpfen will – Sie müßten mich gut genug kennen, um zu wissen, daß auch ich so etwas bekämpfe –, muß man erst einmal verstehen, wieso es eigentlich dazu kommen konnte. Wir befinden uns eben in einer solchen Auseinandersetzung von Kulturen. Ich plädiere doch nur dafür, daß wir nicht sagen: Wir hier im Westen haben es so phantastisch gemacht. Wir haben alles richtig gemacht. – Wenn ich sehe, daß westliche Touristen in griechische Klöster und türkische Moscheen in Badehose und Bikini gehen, dann dreht sich mir der Magen um. Vor solchen Dingen wollen sich die Menschen schützen. Dazu wählen sie völlig inakzeptable Mittel.

Die Borkha ist auch ein Symbol für den Schutz der Frau gegen all diese furchtbaren Einflüsse.

(Dr. Edith Niehuis (SPD): Das ist doch Quatsch!)

Warum regen Sie sich denn so auf? – Ich sage es noch einmal: Es ist nicht legitim.

(Dr. Edith Niehuis (SPD): Aber es ist doch legitim!)

Dennoch müssen Sie verstehen und begreifen, wieso es dazu kommen konnte. Nichts anderes habe ich gemacht.

Im übrigen habe ich mich bei dem, was ich zu meiner Vorbereitung hinzugezogen habe, auf Feministinnen gestützt, die solche Untersuchungen und Überlegungen angestellt haben.

Man muß doch erst einmal analysieren können, bevor man Schlüsse zieht. Jemanden, der eine Analyse anstellt, kann man doch nicht in die Ecke stellen und ihm sagen: Mit deiner Analyse billigst du das.

(Ulla Schmidt (Aachen) (SPD): Aber das reicht doch nicht!)

Nein, reichen tut es nicht. Deswegen habe ich gesagt: Wir unterstützen das Europäische Parlament in seiner Aktion – wir wollen diese

Aktion mittragen –, und wir appellieren an die Amerikaner und die Pakistani, bei der Wahrnehmung ihrer legitimen energiepolitischen Interessen auch auf die Taliban einzuwirken und nicht so zu tun, als ob es dieses Problem nicht gäbe. Das ist ein ganz konkreter Schritt, den ich gefordert habe und den bisher keiner von Ihnen angesprochen hat.

(Beifall bei der CDU/CSU)

V.
Deutsche Daten und Debatten

1. Der 8. Mai: Militärische Niederlage – Politischer Sieg

Anfang April 1995 hat John Ausland, ein amerikanischer Weltkriegs-Veteran, in einem Leserbrief in einer großen Zeitung beklagt, daß er vor 50 Jahren von der deutschen Bevölkerung nicht als „Befreier“ willkommen geheißen wurde. Die meisten Deutschen hätten bis zuletzt in dem falschen Glauben gekämpft, ihr Vaterland zu verteidigen.

In der Tat: Die Mehrheit der Deutschen hat sich am 8. Mai 1945 nicht befreit gefühlt. Hitler war ja nicht als ein böser Dämon von außen her über das Land gekommen. Millionen hatten an Hitler geglaubt, ihm bedingungslos Gefolgschaft geleistet, ihn fanatisch unterstützt: Führer befiehl, wir folgen! Wie sollte man sich da angesichts der bedingungslosen Kapitulation der Wehrmacht „befreit“ fühlen?

Zeitzeugen berichten allenfalls von einer vorherrschenden Erleichterung über das Ende von Zerstörung und Blutvergießen, vom Aufatmen angesichts des Endes von Bombennächten und Todesangst. Gleichzeitig aber dominierte vor 50 Jahren das Gefühl der totalen Niederlage. Der von Deutschland begonnene Weltkrieg hatte mit schrecklicher Wucht auf das eigene Gebiet zurückgeschlagen. Die meisten Städte lagen in Schutt und Asche, unzählige Menschen waren auf der Flucht. Zehntausende Deutsche vegetierten in Kriegsgefangenenlagern. Ich erinnere mich an die furchtbaren Berichte meines Vaters von seiner Not und seinem Hunger im Rheinwiesenlager bei Remagen. Der 8. Mai ist von der Mehrheit der Deutschen nicht als Befreiung, sondern als Zusammenbruch erlebt worden.

Besonderes Leid bedeutete die Vertreibung von Millionen Menschen aus ihrer Heimat. Der polnische Außenminister Władyslaw Bartoszewski hat in seiner Rede vor dem Deutschen Bundestag am 25. April 1995 ausgeführt:

„Das uns angetane Böse, auch das größte, ist keine Rechtfertigung und darf auch keine sein für das Böse, das wir selbst anderen zugefügt haben; die Aussiedlung der Menschen aus ihrer Heimat kann bestenfalls ein kleineres Übel sein, niemals eine gute Tat.“

Es erscheint vor diesem Hintergrund nachvollziehbar, wenn viele Menschen in der Rückschau auf die jüngste Geschichte nicht feiern wollen. Zu viele subjektive Empfindungen, die mit Schmerz, Entbehrung und Verlust behaftet sind, bleiben bei vielen mit dem Kriegsende gekoppelt. Sie gilt es zu respektieren.

So sehr Unterschiede im subjektiven Gedenken legitim sind, so wenig ist es die Unklarheit über die objektive Bewertung des 8. Mai 1945. Trotz unterschiedlicher Erfahrungen und gegensätzlicher Gefühle muß ein eindeutiger historischer Schluß gezogen werden: Der 8. Mai war der Tag der Befreiung vom Nationalsozialismus.

Wer dagegen in diesem Tag „den Beginn von Vertreibungsterror, neuer Unterdrückung im Osten und Beginn der Teilung des Landes" sieht, der verwechselt Ursache und Wirkung. Vertreibung und Teilung haben wenig mit dem 8. Mai 1945, aber viel mit dem 30. Januar 1933 zu tun. Der Zusammenbruch Deutschlands erfolgte nicht am Ende des Krieges, sondern in Wahrheit am Tag der Machtergreifung Adolf Hitlers. Damals ging die Weimarer Republik unter, verlor die Demokratie – nicht wegen einer Übermacht ihrer Feinde, sondern aufgrund der Halbherzigkeit ihrer Freunde.

Wer heute wieder den 8. Mai 1945 zum „Tag der Niederlage" erklärt, äußert damit Bedauern und lädt zu der Frage ein: Ja, um Gottes Willen, hätte Hitler denn den Krieg gewinnen sollen?

Man stelle sich vor: Hitler wäre Ende 1944 als erster in den Besitz der Atombombe gekommen und hätte damit doch noch den Endsieg errungen! Wäre nicht das in Wahrheit die schrecklichste Niederlage gewesen, auch für Deutschland?

Für die Zeit nach dem militärischen „Endsieg" hatten die Nationalsozialisten konkrete Pläne. Es bedarf deshalb keiner großen Phantasie, um sich auszumalen, wie die Welt heute aussähe, wenn das nationalsozialistische Deutschland die Oberhand über die Alliierten Streitkräfte gewonnen hätte.

Am 23. November 1939 hatte Hitler vor den Oberbefehlshabern der Wehrmacht seinen Anspruch auf die Weltherrschaft unterstrichen: „Die Erde ist für den da, der sie sich nimmt!" Ein „Großgermanisches Weltreich" wäre entstanden mit dem zu „Germania" umgetauften Berlin als Hauptstadt.

Von hier aus würde vielleicht heute ein Nachfolger Hitlers die Welt regieren – oder besser das, was davon übriggeblieben wäre. Alle Juden, jedenfalls zwischen Grönland und dem Ural, wären dem nationalsozialistischen Terror zum Opfer gefallen. Allenfalls als Versuchsmenschen in Massenhaltung für medizinische Großversuche hätten sie im Tausendjährigen Reich für begrenzte Zeit noch Platz gefunden. Der berüchtigte Block 10 im Lager Auschwitz I, wo schrecklichste Menschenversuche durchgeführt wurden, legt Zeugnis darüber ab, wozu die Nazis fähig waren. Ebensowenig wie Juden gäbe es noch Sinti und Roma, auch keine Behinderten, keine Sozialisten und Kommunisten, vielleicht nicht einmal mehr Christen. Auch Slawen würde es nur noch sehr begrenzt geben – einige hätte man übrig gelassen, als „Heloten" für die Herrenmenschen, wie Heydrich sich auszudrücken pflegte. Ein gigantisches Vernichtungsprogramm für Polen, Ukrainer, Tschechen, Serben und Russen war bereits Anfang der 40er Jahre beschlossen. Ein „Generalplan Ost" sah „rassische Aussiebung, Umvolkung, radikale Germanisierung" vor. Der gesamte Osten bis zum Ural sollte „eingedeutscht" werden. Die dort lebenden „Untermenschen" sollten durch massenhafte Zwangssterilisierung unfruchtbar gemacht und entweder hinter den Ural vertrieben werden oder als Sklavenarbeiter an den gigantischen Siedlungsprojekten der „arischen Rasse" mitwirken.

Erich Kästner hat uns ein Gedicht geschenkt, das er unter dem Titel „Die andre Möglichkeit" auf den Ersten Weltkrieg bezogen hat. Es läßt sich mit noch größerer Berechtigung auch auf den Zweiten Weltkrieg anwenden. Einige Strophen daraus:

> Wenn wir den Krieg gewonnen hätten,
> mit Wogenprall und Sturmgebraus,
> dann wäre Deutschland nicht zu retten
> und gliche einem Irrenhaus.
>
> Die Frauen müßten Kinder werfen.
> Ein Kind im Jahre. Oder Haft.
> Der Staat braucht Kinder als Konserven.
> Und Blut schmeckt ihm wie Himbeersaft.
>
> Wenn wir den Krieg gewonnen hätten,
> dann wär der Himmel national.
> Die Pfarrer trügen Epauletten.
> Und Gott wär deutscher General.

Wenn wir den Krieg gewonnen hätten,
dann wäre jedermann Soldat.
Ein Volk der Laffen und Lafetten!
Und ringsherum wär Stacheldraht!

Dann läge die Vernunft in Ketten.
Und stünde stündlich vor Gericht.
Und Kriege gäb's wie Operetten.
Wenn wir den Krieg gewonnen hätten –
zum Glück gewannen wir ihn nicht![1]

Vor allem junge Leute fragen immer wieder, ob solche Überlegungen unser wiedervereinigtes Deutschland nicht unnötig beschweren würden. Angesichts der großen vor uns liegenden Probleme hätten wir doch anderes zu tun als über Befreiung oder Niederlage zu sprechen. Die weitaus meisten Deutschen hätten die Nazi-Zeit nicht oder nur als Kind erlebt. Deshalb müsse endlich Schluß sein mit dem ewigen Sühnen oder der, wie es manchmal heißt, „nationalmasochistischen Selbstanklage". Eine selbstbewußte Nation müsse her, die sich nicht mehr entschuldigt für die Untaten der Nazis.

Solche Gedanken, so verständlich sie angesichts der ungeheuren Last von Auschwitz auch sein mögen, sind töricht und gefährlich. Bei manchen jungen Leuten mögen sie einer gewissen Überheblichkeit entsprechen: Was gehen uns die Untaten unserer Großväter an? Uns kann das nicht passieren. Ein tragischer Irrtum. Der Mensch bleibt – immer und überall – von der totalitären Verführung gefährdet. Wer glaubt, die Ungeister der damaligen Zeit seien ein für alle Mal verbannt, ist geschichtslos und naiv. Das, was uns heute als unnatürlich erscheint, ereignete sich auf ganz natürliche Weise, durchgeführt von Menschen wie Du und ich. Unmenschlichkeit ist eine „stets bereite Möglichkeit" (Adolf Arndt). Das Böse ist banal. Es kann morgen wieder geschehen, wenn auch in anderem Gewand – nicht nur in Deutschland.

Die Erinnerung ist eine innere Barriere gegen Rückfälle. Sie muß aufrecht erhalten werden – auch wenn die sogenannte Er-

1 Komplett abgedrucktes Gedicht auf Seite 264

lebnisgeneration nicht mehr unter uns ist. Es geht dabei nicht darum, junge Menschen mit Schuld zu belasten. Schuld ist – wie Unschuld – niemals kollektiv, immer persönlich. Vielmehr geht es darum, die Lehren der Geschichte zu beherzigen sich politisch verantwortlich zu verhalten, Freiheit und Demokratie zu schützen. Die Zukunft können wir gemeinsam mit den anderen europäischen Staaten nur dann friedlich und freiheitlich gestalten, wenn wir die Geschichte kennen. Selbstbewußt und normal wird die Nation nicht durch die Verkleinerung oder Verdrängung der Vergangenheit, sondern durch ehrliches Gedenken und Erinnern. Wer dagegen die Untaten des Nationalsozialismus relativiert, mit anderem Unrecht aufrechnet oder gar als eine Abwehrreaktion gegen den „ursprünglicheren Gulag" (Ernst Nolte) hinstellt, der bereitet gewollt oder ungewollt den Boden für neue Katastrophen.

Der 8. Mai 1995 darf kein Schlußstrich unter die Geschichte sein, wohl aber ein Schlußstrich unter pseudowissenschaftliche Debatten, ob es überhaupt Gaskammern in Auschwitz gegeben habe und kalte Rechnungen, ob nicht in Wahrheit „nur" 2 anstatt 6 Millionen Juden durch Hitlers Regime den Tod fanden.

Welche Lehren sind es denn, die wir, vor allem auch die jüngere Generation, aus den Schrecken der Nazi-Barbarei für eine Zukunft in Frieden und Freiheit ziehen müssen?

1.) Laßt uns nicht in Nationalismus zurückfallen. Niemals wieder wollen wir auf andere Nationen und Völker herabblicken. Wir wollen an der Idee des vereinten Europas festhalten, es vertiefen und erweitern. Denn wir haben in den letzten fünf Jahrzehnten erlebt, daß durch die Union der europäischen Staaten erstmals ein dauerhafter Frieden in der alten Welt begründet wurde. Nicht der Nationalstaat des 19. Jahrhunderts, sondern die immer engere Verzahnung der europäischen Länder muß unser Programm sein. Die Parole „Mein Land zuerst" führt zu neuen Abgrenzungen, neuen Spannungen und – wer weiß – vielleicht auch zu neuen Kriegen.

2.) Wir halten an der Grundentscheidung Konrad Adenauers, der politischen und normativen Westbindung, fest. Auch nach Ende des Kalten Krieges bleibt die Westbindung, d.h. Europäische Union und Atlantisches Bündnis für uns ein Teil der „Staatsräson". Unverbrüchlich einen uns die Werte der amerikanischen und französischen Revolution. Für deutsche Sonderwege bleibt kein Raum.

3.) Wer dem entsprechend eine nationalistische Außenpolitik ablehnt, kann sich internationaler Verantwortung nicht entziehen. Das bedeutet in manchen Fällen, wenn alle anderen Mittel versagt haben, auch unsere Mitwirkung an friedenserhaltenden oder friedensschaffenden Maßnahmen der internationalen Staatengemeinschaft. Diktatoren und Aggressoren muß notfalls mit Gewalt entgegengetreten werden. Pazifismus als sozialethisches Prinzip ist eine Irrlehre aus dem Zweiten Weltkrieg. Auschwitz wurde nicht durch Friedensgebete und Mahnwachen befreit, der Nationalsozialismus nicht durch gutes Zureden in die Knie gezwungen.

4.) Nation ist kein Selbstzweck und kein Grundwert. Nie wieder darf es ein „right or wrong, my country" geben. Patriotismus ist nicht mehr ohne die Bindung an Freiheit und Menschenrechte denkbar. Die erste Loyalität gilt nicht der Nation, sondern der freiheitlichen Demokratie. Das Ziel muß sein: Die Begriffe Vaterland und Demokratie so zu verschmelzen, daß sie eins werden.

5.) Die Würde eines jeden Menschen, nicht nur der Deutschen, ist unantastbar. Wer durch Worte oder Taten ausländische Mitbürger ausgrenzt, beleidigt oder gar bedroht und angreift – der entzündet eine Flamme, die leicht zur Feuersbrunst werden kann. Niemand erwartet, daß Deutschland seine Tore für alle Flüchtlinge dieser Welt öffnet und mehr Lasten trägt als seine Nachbarn. Aber wer hier bei uns lebt und Schutz sucht, muß menschenwürdig behandelt werden. Derjenige, der Menschenjagden auf Ausländer veranstaltet oder Asylbewerberheime in Brand steckt, ist der wahrhaft Fremde.

6.) Menschenrechte haben universale Geltung. Wenn wir sie nicht in China, im Iran, in Birma, in Tschetschenien und anderswo kraftvoll einfordern, werden wir eines Tages auch nicht mehr in der Lage sein, sie bei uns zu bewahren. Wir wollen keine Kreuzzüge der Selbstgerechtigkeit und achten andere Kulturen und Traditionen. Vor dem Hintergrund unserer Geschichte aber ist es unsere Pflicht, uns für bedrohte und unterdrückte Menschen einzusetzen. In diesen Tagen gilt das nicht zuletzt einmal mehr für Bosnien.

7.) Überleben wird unsere freiheitliche Demokratie nur, wenn der Staat für uns mehr ist als ein Apparat zur Wohlstandsmehrung und sozialen Sicherung. Der demokratische und soziale Rechtsstaat muß auch eine Herzenssache sein, für den sich die Bürger gerne engagieren. Kritik an seinen Institutionen und den politisch Verantwortlichen ist nicht nur legitim, sondern notwendig. Aber sie sollte sich davor hüten, in eine Fundamentalkritik zu entarten, an deren Ende wie in der Weimarer Republik nur die Überzeugung stehen kann, daß das Land einen „starken Mann“ benötigt, der die „Schwatzbude“, das Parlament, auflöst.

8.) Die Freiheit muß wehrhaft sein. Es darf nie wieder fließende Grenzen geben zwischen Demokraten und Extremisten. Den Anfängen antidemokratischer Bestrebungen müssen die Demokraten gemeinsam entgegentreten, politisch, notfalls aber auch mit den rechtsstaatlichen Mitteln der Repression. Wer Auschwitz leugnet, gehört hinter Schloß und Riegel. Genauso rechtsradikale Schlägertrupps, die Afrikaner oder Asiaten als „Briketts“ oder „Fidschis“ an die Wand „klatschen“ möchten. Aber auch die sogenannten „Antiimperialistischen Zellen“, die kürzlich einen feigen Anschlag auf meinen Kollegen Theodor Blank ausübten, muß mit der ganzen Härte von Gesetz und Strafverfolgung der Kampf angesagt werden.

9.) Aufklärung, Toleranz, Vernunft und demokratischer Dialog müssen unsere politische Kultur prägen – nicht aber politische Absolutheitsansprüche, romantischer Mystizismus oder religiöser Fundamentalismus. Der Versuch, den Himmel auf Erden zu schaffen, produzierte stets die Hölle (Karl Popper). Nicht das Paradies auf Erden zu schaffen und den Menschen zu erlösen, ist die Aufgabe der Politik, sondern – viel bescheidener – die großen Katastrophen zu verhindern und einen politischen Rahmen zu schaffen, in dem die Menschen nach ihrer Fasson glücklich werden.

Eines der schrecklichsten Konzentrationslager war das KZ Buchenwald bei Weimar. Buchenwald und Weimar – damit ist soviel gesagt über Deutschland. Weimar steht für Geist und Kultur, für Dichter und Denker, für Schiller und Goethe und für die erste deutsche Republik. Das Edelste hat hier sein Zuhause. Daneben Buchenwald, wo Menschen schlimmer als Tiere gehalten und systematisch ausgerottet wurden. Das Niedrigste bleibt mit diesem Namen verbunden.

Mitte der siebziger Jahre des 18. Jahrhunderts hatten Goethe und Schiller einen Ausflug auf den Ettersberg bei Weimar unternommen und ihre Initialen in eine Buche geritzt. Als die Nazis mehr als 150 Jahre später den Wald von Häftlingen roden ließen, verschonten sie diesen Baum Goethes und Schillers. So stand diese eine Buche dort während des Krieges, zwischen KZ-Küchen und Effektenkammer, tausende Todgeweihter gingen täglich an ihr vorbei.

Bei einem Angriff der Alliierten auf die nahegelegenen Deutschen Ausrüstungswerke wurde der Goethe-Baum zerstört. Nur der Baumstumpf hat das Chaos des von den Nazis entfesselten Krieges überlebt. Dieser immer noch fest in den Ettersberg verwurzelte Stumpf ist uns Mahnung und Hoffnung zugleich:

- Mahnung, daß von Deutschland nie wieder Krieg, Terror und menschenverachtendes Unrecht ausgehen möge,
- Hoffnung, daß Deutschland dauerhaft an den Werten festhält, für die der Goethe-Baum beispielhaft stand: Toleranz und Menschlichkeit, Zivilcourage und Freiheit in Leben und Denken – Werte, die fest in der deutschen Kultur verwurzelt bleiben müssen.

Der 8. Mai ist und bleibt der Tag, an dem Deutschland die Tyrannei abschüttelte und Freiheit und Geist wieder hoffen konnten. Der Tag der militärischen Niederlage ist der Tag des politischen Sieges der Demokratie über die Diktatur. John Ausland, dem amerikanischen Veteranen, sei gesagt, daß die große Mehrheit der Deutschen heute weiß, daß er als Befreier kam.

siehe Seite 260:

Wenn wir den Krieg gewonnen hätten,
mit Wogenprall und Sturmgebraus,
dann wäre Deutschland nicht zu retten
und gliche einem Irrenhaus.

Man würde uns nach Noten zähmen
wie einen wilden Völkerstamm.
Wir sprängen, wenn Sergeanten kämen,
vom Trottoir und stünden stramm.

Wenn wir den Krieg gewonnen hätten,
dann wären wir ein stolzer Staat.
Und preßten noch in unsern Betten
die Hände an die Hosennaht.

Die Frauen müßten Kinder werfen.
Ein Kind im Jahre. Oder Haft.
Der Staat braucht Kinder als Konserven.
Und Blut schmeckt ihm wie Himbeersaft.

Wenn wir den Krieg gewonnen hätten,
dann wär der Himmel national.
Die Pfarrer trügen Epauletten.
Und Gott wär deutscher General.

Die Grenze wär ein Schützengraben.
Der Mond wär ein Gefreitenknopf.
Wir würden einen Kaiser haben
und einen Helm statt einen Kopf.

Wenn wir den Krieg gewonnen hätten,
dann wäre jedermann Soldat.
Ein Volk der Laffen und Lafetten!
Und ringsherum wär Stacheldraht!

Dann würde auf Befehl geboren.
Weil Menschen ziemlich billig sind.
Und weil man mit Kanonenrohren
allein die Kriege nicht gewinnt.

Dann läge die Vernunft in Ketten.
Und stünde stündlich vor Gericht.
Und Kriege gäb's wie Operetten.
Wenn wir den Krieg gewonnen hätten –
zum Glück gewannen wir ihn nicht!

2. Der 9. November – ein Schlüsseldatum für Deutschland

Es ist eine Freude und Ehre für mich, für den Verein „Gegen Vergessen – Für Demokratie" am Ende dieser Tagung zu Ihnen sprechen zu dürfen. Ich grüße Sie herzlich im Namen unseres Vorsitzenden, Hans Jochen Vogel. Mit ihm, mit Hanna-Renate Laurien und Friedrich Schorlemmer haben wir 1993 den Verein gegründet, dem inzwischen 1.500 Mitglieder angehören. Die Erinnerung an die zwei totalitären Diktaturen, die wir in diesem Jahrhundert in Deutschland hatten, ist die Voraussetzung dafür, daß die Demokratie erhalten bleiben kann. Gerade 1993, als sich ausländerfeindliche Ausschreitungen häuften und nationalistische Töne lauter wurden, habe ich die Botschaft unseres Vereins für besonders notwendig gehalten. Aber auch heute und in Zukunft gilt: Die Erinnerung an die Schrecken der Tyrannei, an Weltkrieg und Völkermord – sie belastet uns nicht, sie befreit. Sie erst ist die Voraussetzung dafür, den Menschen in anderen Ländern, zumal den Juden, zukunftsgewandt zu begegnen.

Es freut uns im Vorstand des Vereins, daß wir diese Veranstaltung zusammen mit zwei sehr renommierten Organisationen durchführen können, der Deutsch-Israelischen Gesellschaft und der Arbeitsgemeinschaft Verfolgter Sozialdemokraten:

- Die Deutsch-Israelische Gesellschaft bemüht sich um gute Beziehungen zum Staat Israel, eine zentral wichtige Aufgabe für unsere Außenpolitik, aber – wenn man so will – auch ganz allgemein für die „Sache der Deutschen". Ungeachtet mancher Kritik an der Regierung Netanjahu ist und bleibt die Qualität unserer Beziehungen zu Israel ein Gradmesser der Reife der deutschen Demokratie. Es ist die historische Verantwortung gegenüber der Juden, aber auch unser Interesse an und unsere Sympathie für das heutige Israel – das uns eine besondere Solidarität mit Jerusalem empfinden läßt.
- Und lassen Sie mich als Christdemokrat sagen: Das, was mir an der SPD am nächsten ist, was ich seit jeher schätze und verehre, ist der sozialdemokratische Widerstand gegen Hitler. Die Arbeitsgemeinschaft Verfolgter Sozialdemokraten, unter Leitung von Susi Miller, hält dieses Erbe wach.

„Freiheit und Leben kann man uns nehmen, die Ehre nicht." – So formulierte Otto Wels am 23. März 1933 das Credo der SPD gegen Ermächtigungsgesetz und Verfolgung. Unter dem Hohngelächter der Nazis fügte er hinzu: „Wir grüßen die Verfolgten und Bedrängten. Wir grüßen unsere Freunde im Reich. Ihre Standhaftigkeit und Treue verdienen Bewunderung. Ihr Bekennermut, ihre ungebrochene Zuversicht verbürgen eine hellere Zukunft."

Die Rede von Otto Wels gehört zu den großen Dokumenten der deutschen Geschichte. Jeder Sozialdemokrat, jeder Deutsche kann stolz darauf sein. Genauso wie auf die vielen Sozialdemokraten, die für die Freiheit ihr Leben riskierten und verloren – wie Wilhelm Leuschner, Hermann Maas, Ludwig Schwamp, Rudolf Breitscheid, Carlo Mierendorff oder Julius Leber. Aber ich denke auch an die Frauen und Männer im Exil: z.B. Erich Ollenhauer, Willi Eichler, Susi Miller, Fritz Heine oder Heinz Putzrath. Auch Willy Brandt gehört zu den sozialdemokratischen Widerstandskämpfern im Exil. Von ihm stammt der Satz: Wir sind nicht zu Helden geboren. Damit nahm er die Landsleute in Schutz, die nicht den Mut zur Opposition hatten. Die SPD kann auf diese Tradition des Widerstandes gegen die Nazis, diese vaterlandslosen Gesellen, wirklich stolz sein.

Willy Brandt und viele andere sind diesem Erbe auch in der Bonner Republik treu geblieben. Die Familie meiner Frau hat es erlebt, als die griechische Junta den Journalisten Basil Mathiopoulos jagte. Er verdankt Willy Brandt die Freiheit und vielleicht mehr. Das verbindet meine Frau bis heute mit der SPD auf eine tiefere Weise, als ein Parteibuch es je könnte.

Zum Thema im engeren Sinn: Wäre die Öffnung der Mauer am 8. oder 10. November 1989 erfolgt, so wäre wohl dieses Datum für unseren Nationalfeiertag ausgesucht worden. Was denn steht mehr für „Einigkeit und Recht und Freiheit" als der Fall der Mauer?

Aber die Geschichte wollte es uns nicht so leicht machen. Also ließ sie dieses Ereignis an einem 9. November stattfinden, an einem Datum, an dem sich in unserer deutschen Vergangenheit schon so vieles, und so viel tragisches, abgespielt hatte: Die Revolution 1918, der Marsch auf die Feldherrenhalle 1923 und die Reichsprogromnacht 1938. Der 9. November als Nationalfeiertag konnte vor diesem

Hintergrund kein reiner Freudentag sein, immer hätte man in den Gedenkreden auch der anderen Ereignisse gedenken müssen. Und so entschied man sich gegen den 9. November und wählte den 3. Oktober, das Datum des politisch bestimmten Tages der Wiedervereinigung. Ich beklage das nicht, sondern kann es gut verstehen. Wer möchte nicht wie die Amerikaner am 4. Juli oder die Franzosen am 14. Juli einen nationalen Feiertag haben, an dem man sich nicht den Ambivalenzen der Geschichte stellen muß, sondern sich einfach nur freuen kann?

Und das geht eben nicht am 9. November. Schon mit dem ersten Datum, dem 9. November 1918, hätte man seine Schwierigkeiten. Leider ist dieser Tag im allgemeinen Bewußtsein der Deutschen, selbst der Eliten, kaum mehr vorhanden. 1993, nach 75 Jahren, erinnerten sich nur wenige daran, im Vordergrund stand der 4. Jahrestag des Mauerfalls und der 55. Jahrestag der Judenprogrome. Dabei ist der Novembertag 1918 vielleicht der wichtigste 9. November. Er ist ein Schlüsseltag zum Verständnis dessen, was sich in Deutschland seit damals entwickelt hat – im Guten wie im Bösen.

Zunächst ist festzuhalten, daß der 9. November 1918 das Ende der Monarchie in Deutschland markiert. Mit der Flucht des Kaisers ins holländische Exil, der Ablehnung der Reichsverweserschaft durch den Prinzen Max von Baden, vor allem aber mit Philipp Scheidemanns Ausrufung der Republik vom Balkon des Reichstages endet das Kaiserreich. Wenig später verschwanden auch die Königstümer in Bayern, Sachsen und Württemberg sowie die Großherzog- und Herzogtümer in den deutschen Landen. Fast lautlos erfolgte diese Revolution, die Sebastian Hoffner zu Recht „gutmütig" nennt: Im Gegensatz zur französischen Revolution rollen keine Köpfe, niemand wird an Laternenpfählen erhängt, kampflos und resigniert erklärt der König von Sachsen der Delegation, die ihn zur Abdankung auffordert: „Dann macht Euren Dreck alleene!".

Wir wissen heute, daß Friedrich Ebert, der letzte Reichspräsident, die Monarchie am liebsten nicht abgeschafft hätte. Über die Ausrufung der Republik durch seinen sozialdemokratischen Parteifreund Philipp Scheidemann war er erbost und stellte ihn zur Rede. Vor der sozialistischen Revolution, vor Arbeiterräten nach sowjetischem Vorbild fürchtete er sich. So verständlich die Ängste Eberts vor Unordnung, Anarchie und sozialistischer Revolution damals gewesen waren, so sehr uns die Aussicht auf Räteexperimente nach den Erfahrungen im real existierenden Sozialismus heute verschrecken mag, Tatsache ist: wieder einmal war eine deutsche Revolution stecken geblieben und in einer Konterrevolution erstickt worden! Die neue Regierung stand gar nicht voll hinter der Republik! Reichswehr und kaiserliche Beamtenschaft blieben die Säulen des Staates, es gab keinen radikalen Bruch mit der alten Ordnung, vielmehr wirkte sie in die Weimarer Republik hinein, prägte und schwächte sie zugleich.

Am deutlichsten wurde das in der Entstehungs- und Wirkungsgeschichte der sogenannten „Dolchstoßlegende“. – Nein, Deutschland hatte den Krieg gar nicht wirklich verloren, vielmehr hatten die „Novemberverbrecher“ im entscheidenden Moment Verrat an der kämpfenden Truppe und am Siegeswillen des Volkes geübt.

Die Revolution vom 9. November 1918 war also in den Worten Ernst Fraenkels, die Klaus Schönhoven zitiert hat, nur eine „halbe Revolution“. Aus ihr erwuchs später die „ganze Niederlage“. Wäre die Loslösung vom „ancien régime“ klarer erfolgt, die Kritik an Krieg und Kaiser entschiedener ausgefallen – vielleicht wären uns Nazi-Diktatur, Zweiter Weltkrieg, Holocaust und später die Teilung unseres Vaterlandes erspart geblieben. Also auch die folgenden 9. November.So aber konnte sich der 9. November 1918 nie zu einem identitätsstiftenden Element der Weimarer Republik entwickeln. Er wurde nicht zum Feiertag. Wohl aber nutzte die Nazi-Bewegung unter Adolf Hitler das Datum. Für sie galt der Tag sowohl als Geburtsstunde der verhaßten Republik als auch als Symbol für den feigen Verrat der herrschenden Elite (heute würde man sagen: „der politischen Klasse“) am Volk. Zum 5. Jahrestag des 9. November 1918 versucht Hitler den Staatsstreich mit seinem „Marsch auf die Feldherrenhalle“ in München. Der Putsch wird niedergeschlagen, zeigt aber zugleich die Schwächen der Republik, einer Demokratie ohne Demokraten. Klaus Schönhoven hat uns sehr eindringlich geschildert, daß der 9. November 1923 für die nationalsozialistische Bewegung zum mystischen Datum wurde, zum jährlichen Feiertag, an dem sich – mit heidnischem Ritual – die nationalistische Verheißung stets von neuem inszenierte.

Es ist ein trauriger Zufall der Geschichte, daß Adolf Hitler am 9. November 1938 vom Tod des Botschaftsrates Ernst vom Rath erfährt, während er im alten Rathaus von München mit alten „Kampfgefährten" den Gedenktag des Putsches von 1923 feiert. Rita Thalmann schildert in ihrem Buch „Die Kristallnacht" detailliert die Stimmung, die damals in Deutschland geherrscht hat. Hitler soll tief betroffen gewesen sein. Er zog sich mit Goebbels zu einer Unterredung zurück und befahl dann, man solle der SA freie Hand lassen. Schon zuvor hatte es im „Völkischem Beobachter" geheißen: „Die Schüsse in der Deutschen Botschaft in Paris werden ... den Beginn einer neuen deutschen Haltung in der Judenfrage bedeuten."

Einmal mehr markierte der 9. November einen Markstein der deutschen Geschichte. Es kam zur Reichsprogromnacht. Sie ist ein Fanal und der vorläufige Höhepunkt einer erschütternden Entwicklung, die in der fast vollständigen Vernichtung des europäischen Judentums endet. Rita Thalmann hat den Nürnberger Bürgermeister zitiert, der am 8. September 1874 bei der Einweihung der Synagoge auf die leidvolle Geschichte der Nürnberger Juden verwies und dabei sagte: „Die Behandlung der sogenannten Judenfrage halte stets gleichen Schritt mit dem Stande der Gesittung und Humanität bei Nationen wie bei Einzelnen." Gemessen an den Worten des damaligen Nürnberger Bürgermeisters hatte Deutschland unter der Herrschaft der Nationalsozialisten in der Tat seinen ideellen und kulturellen Tiefpunkt erreicht.

Der siebzehnjährige Herschel Grynszpan, der mit seinen Schüssen auf den Botschaftsrat Ernst vom Rath den Vorwand für die Reichsprogromnacht gegeben hatte, sagte bei seinen Vernehmungen in Paris: „Es ist doch kein Verbrechen, Jude zu sein. Wir sind keine Hunde. Das jüdische Volk hat auch das Recht zu leben." Aus Sicht der Nazis hatte Herschel Grynszpan Unrecht. Juden waren in den Augen des braunen Mobs keine Menschen, sie waren Parasiten, Ratten, Blutsauger im Körper des deutschen Volkes – die NS-Terminologie ließ an Niederträchtigkeit und Menschenverachtung nichts zu wünschen übrig.

Und der 9. November 1989 – Eckart hat vorgetragen, daß er „die Selbstbefreiung eines Volkes" war.

Damit hat er meine uneingeschränkte Zustimmung. Der 9. November 1989 symbolisiert die neue Einheit und die neue Freiheit der Deutschen. Er symbolisiert aber auch generell das Ende des „Eisernen Vorhanges", der bipolaren Trennung unserer Welt in freiheitliche Demokratie und kommunistische Diktatur. Der 9. November ist ein Tag der deutschen, aber gleichsam auch der europäischen Revolution. Er markiert das Ende des Kalten Krieges. Insofern ist er sogar ein weltgeschichtliches Schlüsseldatum.

Aber macht Europa auch das richtige aus der Revolution für die Demokratie? Oder verlieren Freiheit und Vernunft gegenüber neuen Nationalismen und ethnischen Säuberungen? Realisieren wir die Ziele der europäischen Umwälzung? Setzen wir in der „alten Welt" endgültig die europäischen Werte durch, wie sie seit griechischer Philosophie, römischem Recht, Christentum, Renaissance und Aufklärung gewachsen sind? Wir werden sehen wie weit wir kommen. Ein „endgültig" gibt es für den historisch denkenden Menschen nie, denn die Geschichte geht immer weiter. Vor Rückfällen in neue Barbareien werden wir nicht verschont bleiben, die „totalitäre Versuchung" (Jacob Talmon) bleibt. Wir können uns über den 9. November 1989 freuen und dankbar die Chancen ergreifen, die dieser Tag uns bietet. Aber als wie nachhaltig und dauerhaft sich diese Umwälzung erweist, das ist noch nicht entschieden: Wir haben es in der Hand und müssen daran arbeiten.

Gerade wir Deutsche. Ist nicht der Ruf „Wir sind das Volk" schnell, vielleicht gar zu schnell, von der Parole „Wir sind ein Volk" abgelöst worden? War die Einheit wieder das Wichtigste und nicht die Freiheit? Wurde der gemeinsame Nationalstaat zum Selbstzweck und blieb der demokratische Anspruch der Revolution – verkörpert in Bürgerrechtlern wie Bärbel Bohley oder Jens Reich – auf der Strecke?

Manche Beobachter hegen diese Befürchtung. Wir sollten sie ernst nehmen. Aber spricht nicht einiges dafür, daß erstmals in der deutschen Geschichte „Wir sind das Volk" und „Wir sind ein Volk" untrennbar zusammen gedacht und zusammen verwirklicht werden? Könnte es nicht tatsächlich sein, daß wir endlich Nation und Demokratie zusammendenken? Dann hätten wir wirklich aus der Geschichte gelernt. Die Nation als ethnisches homogenes Gebilde existiert schon lange nicht mehr. Der alte Nationalstaat hat keine Zukunft in der Zeit der europäischen Einigung, der offenen Grenzen, der übernationalen Probleme. In einer solchen Zeit hat der Nationenbegriff nur noch einen Sinn, wenn er sich untrennbar mit Freiheit, Menschenrechten und Demokratie verbindet. Der Patriotismus gegenüber Deutschland und Europa und der freiheitlichen Verfassung muß eines werden. So sehe ich den Auftrag des 9. November 1989. Die deutschen Kanzler, von Konrad Adenauer über Willy Brandt zu Helmut Kohl, haben sich dieser Aufgabe gegenüber verpflichtet. Hoffentlich bleibt es so. Wenn es so bleibt, dann haben wir wirklich aus der Geschichte gelernt.

3. Extremismus aus der Mitte

Erbarmungslos ist Henryk M. Broders Darstellung und Bewertung der deutschen Befindlichkeit nach 1989. Unter dem Motto „Warum denn sachlich, wenn es auch persönlich geht?" rechnet er in seinem Buch „Erbarmen mit den Deutschen" schonungslos ab mit den verunglückten Versuchen der Deutschen, die Vergangenheit von zwei Diktaturen zu bewältigen. Seinen Sarkasmus richtet der Autor gegen das sogenannte Deckert-Urteil des Landgerichts Mannheim, das er als „Ehrenerklärung für einen bekennenden Rechtsradikalen" wertet. Ebenso scharf geht Broder mit der Linken ins Gericht, die sich noch immer schwertue, das DDR-System als Diktatur zu bezeichnen, und verbissen ihr „Grundrecht auf Kollaboration" verteidigt.

Broder nennt in diesem Zusammenhang den ehemaligen Präsidenten des DDR-Schriftstellerverbandes, Hermann Kant, der geheimer Informant der Stasi gewesen sei und sich nun als der eigentliche Widerstandskämpfer „hinter den Kulissen" verkaufe. Dabei könne er sich sogar der bewußten oder naiven Hilfe durch Bürgerrechtler bedienen. Die Stasi, ein Opfer des MfS? Broders durch Ironie und Zynismus gewürztem Rigorismus kann man sich schwer entziehen.

Aber wird er Menschen wie zum Beispiel Friedrich Schorlemmer gerecht? Dieser erscheint als moralisierender Tölpel, der in seinem idealistischen Streben nach Versöhnung den Stützen der ehemaligen DDR in die Hände arbeitet. Aber Schorlemmer hat sich auch für eine ehrliche Aufarbeitung der Geschehnisse, gegen die Verdrängung des Unrechts ausgesprochen. Ist es nicht die Pflicht des Pfarrers, für Versöhnung zu werben, wenn vorher die Wahrheit ausgesprochen wurde? Ebenso unfair ist es, wenn Broder der Bürgerrechtlerin Vera Wollenberger vorwirft, ihr „Frühwarnsystem" habe gegenüber ihrem Ehemann, der sie jahrelang ausspionierte, versagt.

Zu pauschal erscheint ferner die Kritik am Umgang mit rechtsextremer Gewalt. Zwar trifft Broder oft ins Schwarze, wenn er anhand konkreter Beispiele die Verharmlosung von fremdenfeindlichen Ausschreitungen geißelt. Aber waren die große Berliner Demonstration gegen Fremdenhaß und die Lichterketten, die sich in der ganzen Bundesrepublik als Protest gegen Rassismus formierten, wirklich so unbedeutend, wie Broder sie zu empfinden scheint? Es ist richtig, den „aus der Mitte der Gesellschaft" kommenden Rechtsextremismus nicht als Randphänomen zu verharmlosen. Es ist falsch, das Engagement von Menschen dagegen, etwa durch die Mitarbeit in einer Christlich-Jüdischen Gesellschaft, als lächerlich hinzustellen.

Bitter-sarkastisch legt Broder Widersprüche der Linken zwischen ihrer zu Ritualen verkommenen Holocaust-Betroffenheit und ihrer Haltung gegenüber Israel im Golfkrieg offen. So bezeichnete der Grünen-Potitiker Christian Strobele die irakischen Raketen auf Israel als „logische, fast zwingende Folge der israelischen Politik".

Da ist es in der Tat dann nicht weit zu der abenteuerlichen These des Politologen Ekkehard Krippendorff, die Juden selbst hätten den Holocaust durch passiven Widerstand verhindern können: „Man stelle sich dieses Szenario vor: Kein deutscher Jude folgt den diskriminierenden Anordnungen der deutschen Behörden ... wären sie gegenüber Hunderttausenden durchsetzbar gewesen?" So ist also jedermann in erster Linie selbst schuld am Verbrechen, das ein anderer ihm antut, oder, um es mit Broder zu sagen: „Was bleibt, ist die bizarre Unterstellung, das NS-Regime ist deswegen nicht zusammengebrochen, weil die Juden keinen Sitzstreik an der Verladerampe veranstaltet haben." Hier hat, so will es scheinen, Ernst Nolte, der den Juden über ihre angebliche „Affinität" zum Bolschewismus und die These vom „ursprünglicheren" Archipel Gulag zumindest die Mitschuld am Holocaust zuweist, seinen linken Meister gefunden.

Die Attitüde eines erheblichen Teils der Friedensbewegung im Golfkrieg interpretiert Broder dahin. daß dort der „überaus heftige Wunsch am Werke war, Saddam Hussein möge die historische Chance nutzen und den Job vollenden, den die Nazis nicht zu Ende bringen konnten". Seiner Meinung nach arbeitet der Pazifismus der Linken dem Unrecht in die Hände: „Das Problem der Nazipräsenz in Europa wurde mit Waffengewalt gelöst, mit gutem Zureden hätten die Nazis ihre Stellungen nicht geräumt. Auschwitz wurde mit Waffengewalt geschlossen, nicht mit Resolutionen."

Broder überspitzt, übertreibt und beleidigt. Manchmal trifft er knapp, aber entscheidend daneben. Aber dennoch ist man immer wieder geneigt, dem in Jerusalem und Berlin lebenden Autor das meiste zu verzeihen, weil er auf der anderen Seite immer wieder messerscharf analysiert und dazu spannend und originell schreibt. Er ist ein erbarmungsloser Provokateur und klassischer Unruhestifter. Er macht nachdenklich und regt zur Veränderung an.

4. EXPO 2000 – Eine Chance für Mensch, Natur und Technik

Vom 1. Juni bis 31. Oktober 2000 findet in Hannover die Weltausstellung EXPO 2000 statt. Sie ist keine lokale oder regionale Veranstaltung. Gastgeber ist vielmehr die Bundesrepublik Deutschland, die sich 1988 um die Ausrichtung der Weltaustellung beworben hatte und 1990 den Zuschlag erhielt. Die EXPO ist ein Weltereignis. 40 Millionen Tagesbesucher aus allen Teilen der Erde werden erwartet, alle wichtigen Medien der fünf Kontinente werden darüber berichten. Fünf Monate lang werden die Scheinwerfer der Welt auf Deutschland gerichtet sein. Die Weltaustellung in unserem Land zu einem Erfolg zu machen ist vor diesem Hintergrund eine nationale Aufgabe.

Die Grundidee der Bewerbung bestand in dem Vorschlag, die 150 Jahre alte Idee von Weltausstellungen weiter zu entwickeln. Statt einer klassischen Leistungsschau und Selbstdarstellung soll in Hannover an der Schwelle zum neuen Jahrtausend eine inhaltliche Aufgabe gestellt werden, die für die ökologischen und ökonomischen Herausforderungen der Menschheit von Bedeutung sind. Das Leitthema **Mensch-Natur-Technik** steht für eine EXPO neuen Typs, für eine Denkolympiade im Ringen um Zukunftslösungen für unseren bedrohten Planeten. Die EXPO 2000 wird eine internationale Zukunftswerkstatt, in der weit über 100 Staaten, aber auch Organisationen, Verbände, Religionsgemeinschaften, Firmen, Gewerkschaften usw. ihre Lösungsvorschläge für die Zukunftsfragen der Erde unterbreiten und sie auf ihre Machbarkeit und Durchsetzungsfähigkeit testen.

Selten hat Deutschland eine solche Chance gehabt, seinen Ideenreichtum, seine Vielfalt, Leistungsfähigkeit und Lösungskompetenz vor einem Weltpublikum unter Beweis zu stellen. Entsprechend groß müssen unsere Anstrengungen sein. Die EXPO 2000 ist die erste Weltaustellung auf deutschem Boden. Sie findet 10 Jahre nach der Wiedervereinigung und ein gutes halbes Jahrhundert nach dem demokratischen Neuanfang in unserem Lande statt. Zugegeben: In erster Linie wird Hannover von der Weltausstellung profitieren. Doch die Stärkung der niedersächsischen Hauptstadt, der Ausbau des Wirtschafts- und Messestandortes Hannover wird ein Gewinn für das ganze Land sein. Der Imagegewinn durch eine erfolgreiche und gelungene Weltausstellung ist für die ganze Bundesrepublik von einer unschätzbar großen Bedeutung. Wir müssen vor diesem Hintergrund die EXPO 2000 nutzen, um der Welt unser Land als gefestigtes demokratisches Gemeinwesen darzustellen, den Menschenrechten verpflichtet, weltoffen und tolerant, bereit und in der Lage, die Herausforderungen der Zukunft anzunehmen und sie zu meistern.

Gleichzeitig bietet die Weltaustellung die Chance, vielen Ländern und Menschen auf der Welt für Unterstützung und Solidarität im letzten halben Jahrhundert und nicht zuletzt bei der Wiedervereinigung zu danken. Der beste Dank besteht darin, daß wir uns nach der Wiedervereinigung nicht in einer bequemen weltpolitischen Nische verstecken, sondern uns unserer internationalen Verantwortung stellen. Bundespräsident Roman Herzog hat in seiner Rede zum 8. Mai 1995 diese Aufgabe klar angesprochen: „Wenn es richtig ist, daß Westeuropa seit 1945 zu einer Insel des Friedens, der Freiheit und des Wohlstandes geworden ist, so ist es auch seine Pflicht, anderen dabei zu helfen, daß sie in den Genuß vergleichbarer Entwicklungen kommen. Wir werden schon alle Hände voll damit zu tun haben, die Insel, auf der zu leben uns gegönnt ist, zu sichern und zu bewahren. Aber es ist auch unsere Pflicht und Schuldigkeit, sie mit allen Kräften zu erweitern. Die Insel muß größer werden, Stück für Stück und Land für Land."

Zehn Jahre nach der Wiedervereinigung wird uns die Welt fragen, was wir aus der unverhofften Chance gemacht haben, und wie wir unser einzigartiges Wissen aus dem geteilten Deutschland mit zwei sich bekämpfenden politischen und ökonomischen Systemen genutzt und weitergetragen haben. Im Jahr 2000 wird die Welt fragen, welchen Beitrag unser Land zur friedlichen Entwicklung der Völker, zur Wahrung der Menschenrechte und zur Versöhnung mit der Natur leistet. Im Bewußtsein unserer Geschichte, der heutigen Erwartungen anderer Länder und der Herausforderungen der Zukunft muß Deutschland ein weltoffener, herzlicher und würdiger Gastgeber sein.

An der Schwelle zum neuen Jahrtausend kann die EXPO auch wesentlich zur Stärkung der Standorte Deutschland und Europa im weltweiten Wettbewerb beitragen. Die weltweite Konkurrenz ist schärfer geworden. Dies gilt nicht nur ökonomisch, sondern nicht zuletzt auch hinsichtlich der Weltanschauungen und der gesellschaftlichen und politischen Konzeptionen. Im Zuge der Weltaustellung können wir verdeutlichen, daß die Alte Welt nach wie vor über Kraft und Dynamik verfügt, neue Ideen zu entwickeln und umzusetzen. Zugleich haben in Hannover aber auch alle anderen Nationen, Völker und Kulturen die Möglichkeit, ihre Konzeptionen für die Gestaltung der Zukunft anzubieten und in einem großen, friedlichen Ideenwettstreit einzutreten. Das Patentrezept für die Lösung der Zukunftsaufgaben gibt es nicht. Wir müssen offen sein für alle Vorschläge, die eingebracht werden, und sie auf der Weltausstellung ohne ideologische Scheuklappen diskutieren.

Helmut Kohl hat 1992 in Rio de Janeiro auf dem Umweltgipfel die Unterschrift der Deutschen Bundesregierung unter die Agenda 21 der Vereinten Nationen gesetzt. Er sprach von einer gemeinsamen Verantwortung für die **Eine Welt**. Er wies darauf hin, daß künftige Generationen unser gegenwärtiges Handeln in erster Linie daran messen werden, ob wir unserer Verpflichtung zur Bewahrung der Schöpfung und zur Bekämpfung der Armut in der Welt nachgekommen sind. Was die Völker der Welt in Rio de Janeiro beschlossen haben, rührt noch nicht die Mehrheit in der Alltagswirklichkeit der Menschen. Trotz zahlreicher Versuche, die Agenda 21 auf lokaler, überregionaler und auch internationaler Ebene in praktische Handlungsprogramme umzusetzen und mit Leben zu erfüllen, ist sie bisher noch immer ein weitgehend abstraktes Gebilde. Aber sie ist das umfassende weltweite Aktionsprogramm der Staatengemeinschaft. Sie enthält wichtige Festlegungen zur Bekämpfung von Armut, Bevölkerungswachstum, zu Umweltfragen, Handel, Landwirtschaft und nicht zuletzt zur Zusammenarbeit von Industrie- und Entwicklungsländern. 170 Staaten der Welt haben das Aktionsprogramm verabschiedet.

Die in der Agenda 21 genannten Problembereiche stellen sich gegenseitig verstärkende Faktoren eines weltweiten Teufelskreises dar, der Menschheit und Menschlichkeit insgesamt bedroht. Bodenerosion, Desertifikation, Klimaveränderung, zunehmender Wassermangel, Verschmutzung von Boden, Wasser und Luft, Zerstörung der Ozonschicht, konstante Abnahme der Artenvielfalt, anhaltendes Bevölkerungswachstum und Verschärfung des Wohlstandsgefälles zwischen industrialisierten und unterentwickelten Ländern sind nur einige Stichworte, die charakterisieren, welche Aufgaben und Probleme bewältigt werden müssen. Dieser Teufelskreis kann nur durch ein neues Lebens- und Wohlstandsmodell durchbrochen werden, welches durch nachhaltige Entwicklung gekennzeichnet ist. Das bedeutet eine Entwicklung, die den Bedürfnissen der heutigen Generation entspricht, ohne die Möglichkeiten künftiger Generationen zu gefährden, in einer intakten Umwelt ihre Lebensvorstellungen zu realisieren. Natürliche Ressourcen dürfen nicht mehr ungehemmt und ohne Rücksicht darauf verbraucht und vernichtet werden, daß auch unsere Kinder und Enkel Rohstoffe benötigen werden. Vor allem die westlichen Industriestaaten müssen sich den Vorwurf gefallen lassen, ihren Wohlstand durch ein Entwicklungsmodell erworben zu haben, das – ohne eine ökologische Katastrophe herbeizuführen – sich nicht auf die ganze Erde übertragen läßt. Das Verhältnis Mensch – Natur – Technik am Prinzip der Nachhaltigkeit zu orientieren, stellt die entscheidende Zukunftsaufgabe dar. Sie erfordert weltweit neuartige, ganzheitlich vernetzte Lösungsansätze gegen den Raubbau an der Natur, für die Rettung des Planeten vor dem drohenden ökologischen Kollaps.

Die Globalisierung der Technik und die technische Durchdringung aller Lebensbereiche schreitet ebenso voran wie das Bevölkerungswachstum, der Energiebedarf, die Mobilitätsanforderungen und die ökologischen Probleme. Mit all unseren wissenschaftlichen und technischen Errungenschaften haben wir nicht nur die von der Technik erhofften nützlichen und segensreichen Wirkungen erzielt, so wie wir sie vorher berechnet und gezielt angestrebt haben. Wir haben damit – ungewollt und unvorhergesehen – auch negative Erscheinungen unterstützt und sogar hervorgerufen, deren Gefahr uns heute zunehmend und oftmals schmerzhaft bewußt wird. So verbinden wir mit dem Stichwort „Ökologie" heute eine Fülle von Problemstellungen, die in unmittelbarem Zusammenhang stehen mit technischen Entwicklungen und deren Auswirkungen.

Wir müssen erkennen, daß technische Eingriffe, und sei es auch nur aufgrund ihrer Quantität, hochkomplexe und mehrdimensionale Wirkungen haben, und daß eine umfassende Vorhersehbarkeit unseres Tuns in bezug auf mögliche Nebenwirkungen und Spätfolgen nicht gegeben ist. Wir ziehen und zerren am bestehenden Netzwerk der Natur und beeinflussen sie in einem Ausmaß, daß das Gesamtgefüge in Gefahr gerät.

Ähnliches bewirken wir gegenüber der Balance der Vielfalt der Kulturen, indem wir die Lebensweisen und insbesondere die Konsumorientierung der westlichen Industriestaaten in alle Welt „exportiert" haben. Die Folgen sind: Verdrängung ganzer Kulturen, radikale Brüche mit gewachsenen gesellschaftlichen Zusammenhängen, Verlust an kultureller Identität, Verlust bislang wichtiger gesellschaftlicher Stabilitätsfaktoren und Verlust anerkannter Wertmaßstäbe sowie umgekehrt „fehlschlagende" Technik, weil sie mit historisch tradierten sozialen oder kulturellen Gegebenheiten in Konflikt gerät.

Wir zerstören – unbewußt und ungewollt – wichtige natürliche und gesellschaftliche Zusammenhänge, deren Bedeutung und deren Wert wir erst jetzt wirklich erkennen, nachdem sie in höchste Gefahr geraten sind.

Es gilt daher, die Komplexität der Zusammenhänge anzuerkennen und in einem neuen Sinn nach den richtigen Wegen, die die Menschheit für eine nachhaltige Fortentwicklung gehen kann, zu suchen – den richtigen Wegen zwischen technischem Fortschritt einerseits und der Bewahrung des Bestehenden, der Umwelt, der Kultur und der gesellschaftlichen Werte andererseits. Dieser Problematik kann weder mit pauschaler Technikfeindlichkeikt noch mit eindimensionaler Befürwortung jeglichen technischen Fortschritts begegnet werden. Denn leistungsfähige Technik ist eine grundsätzlich notwendige, aber nicht hinreichende Antwort auf die ökologischen, sozialen und politischen Anforderungen der Zukunft.

Wir erkennen zunehmend, daß zwischen den verschiedenen Bereichen menschlichen und sonstigen Lebens ein komplexer Zusammenhang besteht, dem nur eine mehrdimensionale Betrachtung und entsprechendes Handeln gerecht wird. Die EXPO 2000 muß dieser komplexen Interdependenz Rechnung tragen, indem sie eine Zusammenschau von technischem Fortschritt, ökonomischen, ökologischen, kulturellen und sozialen Entwicklungen und Möglichkeiten bietet.

Diese Forderung beinhaltet auch, daß die EXPO nicht zu einem antikapitalistischen Öko-Happening werden darf. Ein auf Nachhaltigkeit zielendes Lebens- und Wohlstandsmodell kann nicht gegen, sondern nur mit der Wirtschaft entwickelt und umgesetzt werden. In der Entfesselung der wirtschaftlichen und technologischen Kräfte im Sinne der Bewahrung von Natur und Umwelt liegt der Schlüssel zur Rettung des Planeten.

Die Weltausstellung kann zeigen, wie sich Staaten und Organisationen die Symbiose von Ökologie und Ökonomie vorstellen, was für Erfahrungen dabei bisher gemacht wurden und wie Fehler der entwickelten Industrienationen bei der Entwicklung der sogenannten Dritten Welt vermieden werden können. In Wahrheit liegt der Hauptgrund für die Umweltgefährdung in veralteten politischen und ökonomischen Rahmenbedingungen. In Zukunft müssen die Preise, die wir für die Güter unseres Lebens bezahlen, die ökologische Wahrheit sagen, d.h. sie müssen die Umweltbelastung durch ein Projekt oder eine Dienstleistung einbeziehen (Ernst Ulrich von Weizsäcker). Die Zeiten, in denen reine Luft und sauberes Wassen als unbegrenzt vorhanden galten und deshalb umsonst oder zumindest fast umsonst zu haben waren, sind vorbei. Kosten, die durch die Schädigung der natürlichen, aber auch der kulturellen Umwelt entstehen, müssen „internalisiert“ werden, d.h. sie werden nicht mehr von der Allgemeinheit, sondern von den jeweiligen Schadensverursachern getragen. So müssen z.B. die Energiepreise die mit der Energieumwandlung verbundenen Auswirkungen auf die Umwelt zum Ausdruck bringen.

Verantwortliche Umweltpolitik muß aber auch akzeptieren, daß es neben der Ökologie auch andere legitime Ziele in Politik und Ökonomie gibt. Ökologie muß wirtschaftsverträglich seien. Das bedeutet, daß Umweltpolitik auch die Konkurrenzfähigkeit der Unternehmen eines Landes bedenken muß, bevor sie mit Verboten und Geboten, mit Abgaben und Steuern in den ökonomischen Prozeß eingreift. Sie muß langfristig berechenbar sein, soweit wie möglich übernational koordiniert werden und nicht auf einmal, sondern schrittweise erfolgen. Ökoabgaben dürfen nicht dazu führen, die steuerliche Gesamtbelastung für Wirtschaft und Bevölkerung zu erhöhen, da sonst die Leistungsfähigkeit der Volkswirtschaft leiden würde. Vielmehr müssen im Gegenzug andere Steuern gesenkt werden, z.B. die Einkommensteuer, die Gewerbesteuer oder auch die Kfz-Steuer (als Ausgleich für eine Erhöhung der Mineralölsteuer). Wir brauchen einen allmählichen ökologischen Umbau unseres Steuersystems, der für Bevölkerung, Wirtschaft und Steuerverwaltung nachvollziehbar sein muß.

Große Teile unserer Wirtschaft – nicht zuletzt der Bundesverband Junger Unternehmer oder die Wirtschaftsjunioren – haben das Gebot der Stunde erkannt, Ökonomie und Ökologie zu versöhnen. Die ökologische Umgestaltung von Ökonomie und Gesellschaft verspricht der Wirtschaft Milliardengewinne, Wettbewerbsvorteile für die Pioniere und neue Arbeitsplätze. Umweltschutz, lange als „Job-Killer" verschrien, wird zum „Job-Knüller". Ein neuer gigantischer Markt öffnet sich. Genau darin liegt der Schlüssel zur Rettung des Planeten: In der Entfesselung der ungeheuren wirtschaftlichen und technologischen Kräfte im Sinne des Umweltschutzes. Das ist die ökonomische Chance der ökologischen Krise.

Den Problemen, mit denen wir uns heute konfrontiert sehen, stehen **neuartige Chancen** gegenüber. Nie zuvor in der Geschichte der Menschheit hatten wir ein solches Wissen über Umwelt- und Entwicklungsfragen wie heute, nie zuvor war das Potential unserer technischen und wirtschaftlichen Möglichkeiten so groß, nie zuvor bestanden derartige Möglichkeiten eines global abgestimmten Angehens von Zukunftsfragen. Das Potential, das in den neuartigen Chancen steckt, darf nicht verschüttet werden, indem Resignation und Weltuntergangsstimmung die Initiative und Kreativität der Menschen lähmen. Gerade im Hinblick auf die Herausforderungen der Zukunft kommt es vielmehr darauf an, dieses Potential zu nutzen und konkret Wege zu einer nachhaltig tragfähigen Entwicklung im kommenden Jahrtausend aufzuzeigen und dazu zu motivieren, solche Wege auch zu gehen. Die EXPO 2000 bietet dazu eine einmalige Gelegenheit.

Die Chance der Weltaustellung im Jahr 2000 liegt nun darin, die programmatischen Aussagen der Agenda 21 mit Leben zu erfüllen und konkret werden zu lassen. Ein Themenpark zu den großen Fragen am Ausgang des 20. Jahrhunderts soll die komplexen Problemstellungen in Naturwissenschaft und Technik, Kultur und Gesellschaft einem breiteren Publikum durch eine Ausstellung zugänglich machen. In Zusammenarbeit mit Wissenschaftlern, Künstlern, Unternehmern und Austellungsbetreibern soll auf knapp 100.000 m^2 eine Austellungslandschaft entstehen, die unter dem Leitmotiv einer an Nachhaltigkeit orientierten Entwicklung die großen Herausforderungen der Zukunft aufzeigt: Die Zukunft der Arbeit, der Energieversorgung, von Leben und Lernen, Wohnen und Gesundheit,

Mobilität und Kommunikation, Umwelt und Entwicklung. Dieser Themenpark soll weltweit Impulse aufnehmen und durch seine Ausstellungsarchitektur und seine Präsentationsform den Menschen Anregungen geben, die von flüchtigen Fernsehabenden, politischen Akten und kurzen Kongressen in der Regel nicht ausgehen. Die Menschen können hier die neue, komplizierter werdende Welt auch emotional nachvollziehen. Dabei müssen modernste Formen der Ausstellungspädagogik berücksichtigt und die Zusammenarbeit mit technischen Museen, Wissenschaftszentren usw. gesucht werden. Insbesondere sollte die Ausstellung auch konzipiert werden, um junge Leute anzusprechen und zu beteiligen.

Neben den Pavillons der teilnehmenden Nationen und dem Themenpark sieht die EXPO auch dezentrale Projekte vor. In der ganzen Welt werden Projekte gesucht, die in beispielhafter Weise Lösungen zum Leitthema **Mensch-Natur-Technik** anbieten und so mit den Themen auf dem Ausstellungsgelände korrespondieren. Durch die Registrierung als dezentrale EXP0 2000-Projekte sollen diese Vorhaben besonders herausgehoben werden. Die Jury unter der Leitung des Präsidenten des Club of Rome, Ricardo Diez Hochleitner, die über die Auswahl der dezentralen Objekte entscheidet, hat mittlerweile aus rund 240 Vorschlägen 73 ausgewählt. Weiteren 80 steht die abschließende Bewertung noch aus, da die Juroren zusätzliche Informationen benötigen. Sämtliche Projekte müssen bereits laufen oder bis 1999 arbeiten, sie müssen praktische Lösungen aufzeigen und übertragbar, also auch andernorts anwendbar sein, sie sollten nachhaltig und langfristig wirken.

In Hannover werden dann die dezentralen Projekte dargestellt und diskutiert. Wo immer die Menschen an Lösungen arbeiten, sind sie eingeladen, sich mit Gleichgesinnten auseinanderzusetzen und sich mit ihnen zusammenzuschließen, um im Jahr 2000 gemeinsam Ideen und Konzepte für die Bewältigung der Probleme zu suchen, mit der die Menschheit konfrontiert wird. Ein Beispiel ist Wilhelmshaven, das sich mit der „EXPO am Meer" beteiligen will. Klima- und Küstenforschung, Küstenschutz, Off-Shore-Technik, Wohnen am Wasser oder ökologischer Schutz des Wattenmeeres sind nur einige Stichwörter, mit denen der Nordwesten Niedersachsens die Weltausstellung bereichern könnte. Auf internationaler Ebene ist u.a. Bolivien mit einem Projekt beteiligt, bei dem in einer mobilen

Ausbildungsstätte demonstriert wird, wie die arme Landbevölkerung mit einfachem Gerät dringend benötigte Brunnen bauen kann. Ein Vorschlag, wie sich unsere Arbeit in der Zukunft gestalten kann, kommt aus den USA: Im amerikansischen Chula Vista erübrigt ein Telecenter weite Anfahrtswege mit dem PKW zur Arbeit und leistet damit nicht nur einen Beitrag zur Emmissionsminderung, sondern auch zur arbeitnehmerfreundlicheren Flexibilisierung der Arbeitszeit.

Ein dezentrales Projekt besonderer Art bildet die alte Industrieregion Wittenberg-Dessau-Bitterfeld in Sachsen-Anhalt, die die offizielle Korrespondenzregion der EXPO 2000 sein wird. In einer alten deutschen Kulturregion, die immer wieder Quelle von neuen und revolutionären Entwicklungen war (Luther-Stadt Wittenberg, Bauhaus in Dessau) und die in den letzten Jahren in beispielloser Weise unter Raubbau und industrieller Verwüstung in der Zeit der DDR gelitten hat, wird gezeigt, wieviel davon in einer Periode von 10 Jahren ökologisch-sozialer Marktwirtschaft wieder aufgeholt und korrigiert werden konnte.

Die Weltausstellung in Hannover nutzt das vorhandene Messegelände einschließlich aller Infrastrukturen. Die Bürger der Stadt Hannover und der Region haben große Erfahrungen mit Weltmessen wie Hannover-Messe Industrie und Cebit. Hannover hat dadurch einzigartige Voraussetzungen, um umweltschonend und kostenbewußt eine Weltausstellung durchzuführen. Die teilnehmenden Nationen und Organisationen der Welt können sich zwischen einem Neubau oder dem Anmieten einer Halle entscheiden. Neubauten wird es in der Regel nur dann geben, wenn eine Nachnutzung gesichert ist. Dennoch besteht für die Nationen die Möglichkeit, vorübergehend Pavillons auf dem Gelände der EXPO zu errichten. Insgesamt aber gilt das Motto: Vermeidung temporärer EXPO-Bauten. Von den ca. 160 ha benötigten Geländes gehören ohnehin schon 100 ha zum Arreal der Messe. Es gibt keine harmonischere, unmittelbarere anschließende Nachnutzung einer Weltausstellung als die einer Messe. Wir stärken mit der EXPO 2000 den Messestandort Hannover – und das in Zeiten, in denen dies wegen der zunehmenden Härte des Messegeschäfts sinnvoller und vernünftiger denn je ist.

Die restlichen Gebäude werden nach der Weltausstellung als Wohn- oder Gewerbeflächen zur Verfügung stehen. Beides wird in

Hannover dringend benötigt. Eine jahrelang brachliegende Ruinenlandschaft ist in Hannover also auf keinen Fall zu erwarten. Welcher EXPO-Veranstalter war in der Vergangenheit in einer solch glücklichen Lage?!

Es kann nicht abgestritten werden: Die jetzigen Bautätigkeiten und das große Verkehrsaufkommen im Jahr 2000 werden zumindest kurzfristig zu einer ökologischen Mehrbelastung führen. Doch mittel- und langfristig ist das Motto **Mensch-Natur-Technik** ein Garant dafür, daß von der EXPO 2000 ein positiver Umwelteffekt ausgehen wird.

Wenn die – gemessen an anderen Weltausstellungen – durchaus realistischen Erwartungen an Besuchern und an Unterstützung durch Sponsoren aus der Wirtschaft erfüllt werden, ist damit zu rechnen, daß die EXPO 2000 Hannover GmbH, die für die Vorbereitung und Durchführung der Weltausstellung gegründet worden ist, mit einem ausgeglichenen Ergebnis abschließt. Für die teilnehmenden Nationen ist eine Weltaustellung immer mit einem finanziellen Aufwand aus öffentlichen Mitteln verbunden. Für den deutschen Pavillon auf dieser Weltausstellung hat der Deutsche Bundestag einen Betrag von etwa 200 Millionen DM vorgesehen. Die Länder wollen sich an diesem von Bund und Ländern gemeinsam gestalteten Pavillon mit ca. 100 Millionen DM beteiligen. Über den eigenen Pavillon hinaus ermöglicht das gastgebende Land einer Weltausstellung armen und ärmsten Ländern der Welt eine gewisse materielle Unterstützung zur Beteiligung an der EXPO. Für diesen Zweck sind Bundesmittel bis zu 100 Millionen DM eingeplant.

Aus Bonn gibt es aber nicht nur direkte Mittelzuwendungen. Rückenwind kommt vom Bund auch durch Maßnahmen im Umfeld der Weltausstellung. Vor allem genannt werden muß der sechsspurige Ausbau der Autobahnen 2 und 7 bis zum Jahr 2000, der angesichts des großen Verkehrsaufkommens zur EXPO von großer Bedeutung ist. Welches Bild hätte Deutschland als Gastgeber abgegeben, wenn die Gäste aus aller Welt schon auf dem Weg zur Weltausstellung auf der Autobahn steckengeblieben wären. Zu lange hatten viele gedacht, daß alle, die eine Veranstaltung unter dem Motto **Mensch-Natur-Technik** besuchen wollen, unbedingt mit dem Fahrrad anreisen müßten. Um das sonst unvermeidliche Verkehrschaos zu verhindern, wurde 1996 beschlossen, 572 Millionen DM für den Ausbau der Autobahnen zur Verfügung zu stellen. Die Aufwendungen für den Straßenbau im Zusammenhang mit der EXPO erhöhen sich damit auf ingesamt 713 Millionen DM. Darüber hinaus erhält die niedersächsische Landeshauptstadt mit der Schnellbahnverbindung Hannover-Berlin, dem Ausbau des Öffentlichen Personennahverkehrs (ÖPNV) zur EXPO und durch weitere Maßnahmen wie der Anbindung des Flughafens an das S-Bahn-Netz oder durch den IC-Bahnhof Laatzen eine hochmoderne Verkehrsinfrastruktur, die unsere Region attraktiver und wettbewerbsfähiger machen. Diese Vorhaben sind gut für die EXPO und Hannover, aber sie stärken auch den Wirtschaftsstandort Niedersachsen generell, der nach der Öffnung der Grenzen im Osten mehr als andere Länder vom zunehmenden Ost-West-Transitverkehr betroffen ist. Schon heute hat die Weltausstellung positive Auswirkungen auf die niedersächsische Wirtschaft. Ein Beispiel ist die Zementindustrie: Während in den alten Bundesländern im Jahr 1996 der inländische Absatz der Zementindustrie insgesamt zurückging, konnte in Niedersachsen ein Plus verzeichnet werden, was sonst in keinem anderen Bundesland gelang. Das Wachstum der Zementindustrie ist eindeutig auf die EXPO zurückzuführen, die zu zahlreichen Bautätigkeiten geführt und damit eine Sonderkonjunktur angestoßen hat. Natürlich sind nun erst einmal Baustellen und oft auch Staus die Folge, doch jeder, der sich darüber beklagt, sollte auch daran denken, daß die zur EXPO getätigten Investitionen Hannover und Niedersachsen zu einer modernen Verkehrsinfrastruktur verhelfen und darüber hinaus Arbeitsplätze sichern und schaffen.

Über die notwendigen infrastrukturellen Vorbereitungen hinaus ist das gastgebende Land dazu verpflichtet, ein Generalkommissariat einzurichten, das alle Pflichten des Gastgebers gegenüber den teilnehmenden Nationen wahrnimmt und diese bei der Vorbereitung der Entscheidung ihrer Teilnahme und danach betreut. Es war ein Glücksgriff für die Weltausstellung, daß Birgit Breuel im April 1995 die Leitung des Generalkommissariats übernommen hat und seitdem die Vorbereitungen mit Fingerspitzengefühl, aber viel Durchsetzungskraft und Überzeugungsvermögen vorantreibt. Die Zeit nach der Unterzeichnung der EXPO-Verträge im Mai 1994 war zu lange gekennzeichnet vom anhaltenden Streit zwischen den Vertragsparteien um die Auslegung der Vereinbarungen von öffentlichen

Schuldzuweisungen für offenkundige Fehler und – fast zwangsläufig darauf folgend – wachsender Skepsis in der Bevölkerung hinsichtlich der Realisierbarkeit des Vorhabens, des Sinns einer Weltausstellung in unserer Zeit sowie einer unverkennbaren Häme in der Berichterstattung überregionaler Medien. Noch im April 1995 stellte die SZ die Frage, ob die EXPO für Hannover nur ein lästiger Hagelschlag sei, den die Bürger mit eingezogenem Kopf über sich ergehen lassen würden, wissend, daß doch nur Schaden angerichtet werde.

Ich habe mich von der ersten Stunde an für die EXPO in Hannover eingesetzt und als Sprecher der CDU-Landesgruppe Niedersachsen im Bundestag meinen Beitrag zur Durchsetzung der EXPO in Bonn geleistet. Das war nicht einfach, da in Zeiten knapper Kassen zunächst weder bei der Regierung – vor allem dem Finanzministerium – noch im Haushaltsausschuß viel Sympathie für das Großprojekt vorhanden war. Außerdem mußte dem Neid von Kollegen aus anderen Regionen Rechnung getragen werden. Den Ausbau von Messegelände oder Nahverkehrssystem hätte man zu gerne auch in München gehabt! Und geht nicht der Ausbau von A2 und A7 auf Kosten einer lange gewünschten Umgehungsstraße im ländlichen Raum? Meine Aufgabe war deshalb die „Lobbyarbeit" in Bonn. Ich habe zusammen mit meinen niedersächsischen Kollegen die Bundestagsfraktion der CDU/CSU zu einem eintägigen EXPO-Hearing nach Hannover geholt und einen EXPO-Antrag im Bundestag eingebracht und durchgesetzt. Dabei hat es eine gute überparteiliche Zusammenarbeit mit FDP und SPD, leider nicht mit den Grünen gegeben. Ich möchte allen Beteiligten, die sich in Bonn für die EXPO eingesetzt haben, allen voran dem Bundeskanzler und Verkehrsminister Matthias Wissmann, herzlich danken.

Trotz des Engagements aller Beteiligten hinkt die EXPO auch heute in manchen Bereichen noch immer hinter den Erwartungen und Zeitplänen her: Die Einbeziehung der Wirtschaft in die Weltausstellung klappt noch nicht wie erhofft, obwohl das Weltereignis EXPO wie kaum eine andere Veranstaltung dazu prädestiniert ist, innovative Ideen und Unternehmen darzustellen. Auch bei der Konkretisierung der inhaltlichen Ausgestaltung – z.B. des Themenparks – wäre eine noch schnellere Planung wünschenswert. Für die Akzeptanz der Weltausstellung in der Öffentlichkeit, aber auch für die Akkreditierung von Werbepartnern und Sponsoren wäre es hilfreich gewesen, wenn bereits frühzeitig erste ausgearbeitete Konzepte vorgelegen hätten.

Dennoch: Insgesamt hat sich Stimmungsbild zum positiven geändert – und das zu Recht. Denn in den meisten wesentlichen Punkten ist in den vergangenen Jahren viel geschehen, es wurde erfolgreich gearbeitet und die Planungen sind gut vorangekommen. Wie so oft hat der Erfolg mehrere „Väter“: Das Engagement von Organisationen wie dem Förderverein EXPO 2000, die effizientere Ausgestaltung der Strukturen in der EXPO GmbH, das zunehmend bessere Zusammenspiel zwischen Messe AG, Stadt, Land und Bund, vor allem aber der unermüdliche Einsatz der Generalkommissarin Birgit Breuel. Frau Breuel bringt nicht nur ihre unbestrittenen Management-Fähigkeiten ein, sie ist darüber hinaus die aktivste Werberin für die EXPO im In- und Ausland. Ihre guten Kontakte zu Medien und Wirtschaft sind ein unschätzbarer Gewinn. Im Frühjahr 1997 übernahm sie zudem die Leitung der EXPO GmbH, wo sie, Reinhard Volk und Sepp Heckmann nun ein hervorragendes Team bilden, das mit großer Professionalität die Vorbereitungen zur Weltausstellung weiter voran treibt. Vergessen werden sollte aber auch nicht der Beitrag Theodor Dieners, der während seiner Tätigkeit viele Streitigkeiten beilegte und mit seiner Art Optimismus entfachte.

Es ist nicht zuletzt Birgit Breuel, die immer wieder betont, daß die einmalige Chance, die die EXPO bietet, im Interesse unseres Lande genutzt werden muß. Die Weltausstellung ist ein wesentlicher Beitrag bei der Suche nach einem neuen, an Nachhaltigkeit orientierten Verhältnis zwischen **Mensch-Natur-Technik** an der Schwelle zum nächsten Jahrtausend. Sie ist gleichzeitig ein konzeptioneller Beitrag zur Lösung der Zukunftsaufgaben der Menschheit, zur Versöhnung von Ökonomie und Ökologie. Doch dabei sollten wir eines nicht vergessen: Die EXPO ist nicht nur eine ‚Denkolympiade‘, sondern zugleich auch ein Fest der unterschiedlichsten Völker und Kulturen, die in Hannover zusammenkommen werden und dort das neue Millenium begrüßen können. Deshalb benötigt die EXPO auch ein umfangreiches kulturelles und touristisches Programm. Dazu gehören z.B. Auftritte weltbekannter Sänger und Orchester aus den Bereichen der ernsten Musik und des Pop, Theateraufführungen, Kunstausstellungen – aber auch Spontankunst und Happennings in den Straßen und Parks Hannovers. Alle Länder, die bei der Weltausstellung vertreten sind, sind eingeladen, uns auch ihre Kultur näherzubringen, gemeinsam mit Deutschen und den Gästen aus aller Welt zu feiern und sich kennenzulernen, denn die EXPO dient damit auch der Überwindung von Vorurteilen und Feindbildern. Die Weltausstellung wird ein Fest der Völker und keine nationale Veranstaltung.

Wer glaubt, daß das „nüchterne" Hannover dafür nicht die richtige Stadt sei, erinnere sich nur an die inoffizielle Tennisweltmeisterschaft, das ATP-Turnier, das übrigens ohne die EXPO nie in Hannover stattgefunden hätte. Dabei präsentierte sich die niedersächsische Landeshauptstadt nicht nur gastfreundlich, sondern in großem Maße weltoffen und begeisterungsfähig. Wer an dem Erfolg der EXPO zweifelt, erinnere sich nur an den verhüllten Reichstag in Berlin. Wieviel Unverständnis und Skepsis gab es vor der Verwirklichung des Projekts, wie schwierig war es damals für den Künstler Christo, die notwendige Unterstützung für seine Idee zu finden – doch wie überwältigend war dann der Enthusiasmus, mit dem das Kunstwerk von der Öffentlichkeit aufgenommen wurde.

Ich bin sicher, daß auch die EXPO 2000 trotz aller Unkenrufe und Skepsis im Vorfeld ein Ereignis sein wird, an das man sich in Deutschland – aber nicht nur dort – noch sehr gerne erinnern wird. Nun ist es die Aufgabe aller Bürger, Vereine und Organisationen, Kirchen, Verbände, Gewerkschaften und Politik, die EXPO 2000 im ureigenen Interesse als ihre Sache zu begrüßen und dabei mitzuwirken, daß die Weltausstellung ein Erfolg wird.

Quellenangaben

I.
Eine Sicherheitsarchitektur für das 21. Jahrhundert

1. Die Beherrschung des Wandels: Europäische Interessen und globale Verantwortung, in: Die Woche, 13.4.1995
2. Europa und der EURO: Krieg oder Frieden?, Vortrag vor dem National Committee of American Policy, New York, 30.4.1996
3. Weltmacht Europa, in: Matthias Wissmann (Hrsg.), Soziale Marktwirtschaft im 21. Jahrhundert, München 1998
4. OSZE: Konfliktverhütung und Krisenbewältigung, Rede im Deutschen Bundestag, 14.11.1996
5. Partnerschaft mit Rußland, in: Frankfurter Allgemeine Zeitung, 28.1.1997
6. Der NATO-Rußland-Rat: Auf dem Weg zum „appeasement"?, in: New York Times, 16.5.1997
7. NATO-Öffnung und Sicherheitspartnerschaft mit Rußland, Rede im Deutschen Bundestag, 26.6.1997
8. Neue Mitglieder im Bündnis – Von Freunden umgeben, Rede im Deutschen Bundestag, 12.2.1998
9. Die Allianz bleibt offen, Rede im Deutschen Bundestag, 26.3.1998

II.
Abrüstung und Nichtverbreitung von ABC-Waffen

1. Frieden schaffen mit weniger Waffen – Eine Erfolgsbilanz, in: Politische Meinung, 9/96
2. Ein Damm gegen die Verbreitung von Atomwaffen, Rede im Deutschen Bundestag , 16.2.1995
3. Die Ächtung der Chemiewaffen, Rede im Deutschen Bundestag, 7.3.1996

4. Konventionelle Abrüstung – Schlüssel zur Stabilität in Europa, Rede im Deutschen Bundestag, 30.11.1995
5. Verbot von Antipersonen-Minen, Rede im Deutschen Bundestag, 11.12.1997
6. Die Abrüstungsagenda für die Zukunft, in: Vierteljahresschrift für Sicherheit und Frieden (S+F), 2/97
7. Indien in der nuklearen Grauzone, in: Die Zeit, 22.11.1996 (eine ähnliche Fassung erschien unter dem Titel: „To Avoid a Nuclear Test by Delhi, Treat India as a World Power" im International Herald Tribune, 12.2.1997)
8. Die Atomtests Indiens und Pakistans: Dammbruch bei der Nonproliferation, Rede im Deutschen Bundestag, 28.5.1998
9. Warnung an Saddam Hussein – Solidarität mit den USA, Rede im Deutschen Bundestag, 13. November 1997

III.
Frankreich und Polen – Unsere Nachbarn, unser Schicksal

1. Vom deutschen Sonderweg zur Freundschaft mit Frankreich, in: H. M. Bock (Hrsg.), Projekt deutsch-französische Verständigung. Die Rolle der Zivilgesellschaft am Beispiel des Deutsch-französischen Instituts in Ludwigsburg, Opladen 1998
2. Bonn und die französischen Atomtests, Rede im Deutschen Bundestag, 29.9.1995
3. Ein „nuklearer Zweitschirm"? – Streitgespräch mit Daniel Cohn-Bendit, in: Die Woche, 15.9.1995
4. Konzertierte Abschreckung – Für eine Europäisierung der „force de frappe", in: Le Figaro, 25.7.1995
5. Polen – unser Frankreich im Osten, in: K. Kaiser / J. Krause (Hrsg.), Deutschlands neue Außenpolitik. Interessen und Strategien (Bd. 3), München 1996 (Eine ähnliche Fassung erschien in: W. Schäuble / R. Seiters (Hrsg.), Außenpolitik im 21. Jahrhundert, Bonn 1996)

6. Polen auf dem Weg in die EU, in: Außenpolitik, 3/95

7. Die Vertreibung – Ein neuer Konsens zwischen Deutschen und Polen, in: J. Kranz / K. Bachmann, Pressedebatte über die Vertreibung der deutschen Bevölkerung nach dem Zweiten Weltkrieg aus Polen, Bonn 1998

8. Bronisław Geremek – Patriot, Demokrat und Europäer, in: A. Laschet / F. Pflüger (Hrsg.), Polen in Europa, Aachen 1998

9. Jan Jozef Lipsky – Eine Stimme der Versöhnung, in: Die Zeit, 16.5.1997 (Buchbesprechung: „Wir müssen uns alles sagen")

IV.
Interessen, Moral und Außenpolitik

1. Jenseits von Eden – Die Bibel ist kein pazifistisches Rezeptbuch, Stadtpredigt in der Antoniterkirche (Köln), 23.6.1996 (Der Beitrag erschien in leicht gekürzter Fassung im Sonntagsblatt, 31.1.1997)

2. Menschenrechtspolitik im deutschen Interesse, in: Deutsches Allgemeines Sonntagsblatt, 28.10.1994

3. Die Last der Erde – Zum Kairoer Bevölkerungsgipfel, in: Deutsches Allgemeines Sonntagsblatt, 6.1.1995

4. Krieg und Völkermord in Bosnien beenden! Rede im Deutschen Bundestag, 6.12.1995

5. Griechenland – Im Herzen von Europa, in: P. Giakoumis (Hrsg.) Griechenland, Aachen 1997

6. Lukaschenko – Der letzte Erbe Stalins, Rede im Deutschen Bundestag, 30.4.1998

7. Władislaw Bartoszewski: Leben um jeden Preis ist eine Schande, in: Rheinischer Merkur, 5.1.1996 (Buchbesprechung: „Es lohnt sich, anständig zu sein" von Władislaw Bartoschewski)

8. Herausforderung Islam – Dialog oder Kampf der Kulturen? in: Politische Meinung, 2/98

9. Eine Blume für die Frauen in Afghanistan, Rede im Deutschen Bundestag, 5.3.1998

V.
Deutsche Daten und Debatten

1. Der 8. Mai: Militärische Niederlage – Politischer Sieg, Rede in der Bremer Bürgerschaft, 8.5.1995
   Der Abdruck des Gedichts „Die andre Möglichkeit“ von Erich Kästner © 1930, erfolgte mit freundlicher Genehmigung des Atrium Verlags, Zürich, und Thomas Kästner
2. Der 9. November – Ein Schlüsseldatum für Deutschland, Vortrag vor der „Arbeitsgemeinschaft ehemals verfolgter Sozialdemokraten“, der Deutsch-Israelischen Gesellschaft und dem Verein „Gegen Vergessen – Für Demokratie“, Bonn, 9.11.1997
3. Extremismus aus der Mitte, in: Frankfurter Allgemeine Zeitung, 10.12.1994 (Buchbesprechung: „Erbarmen mit den Deutschen“ von H. M. Broder)
4. EXPO 2000 – Eine Chance für Mensch, Natur und Technik, in: Festschrift für Egon Heinrich Schlenke, Hannover 1997